湛庐 CHEERS

与最聪明的人共同进化

HERE COMES EVERYBODY

The Mind

心智

关于大脑、记忆、人格和幸福的新科学

Leading Scientists Explore the Brain, Memory, Personality, and Happiness

[美] 约翰·布罗克曼
(John Brockman) 编著
黄珏苹 邓园 欧阳明亮 译

浙江人民出版社
ZHEJIANG PEOPLE'S PUBLISHING HOUSE

伟大头脑的伟大之处，绝不在于他们拥有“金手指”，可以指点未来；而在于他们时时将思想的触角延伸到意识的深海，他们发问，不停地发问，在众声喧哗间点亮“大问题”和“大思考”的火炬。

段永朝

苇草智酷创始合伙人，财讯传媒集团首席战略官

建筑学家威廉·J. 米切尔曾有一个比喻：人不过是猿猴的 1.0 版。现在，经由各种比特的武装，人类终于将自己升级到猿猴 2.0 版。他们将如何处理自己的原子之身呢？这是今日顶尖思想者不得不回答的“大问题”。

胡　泳

博士，北京大学新闻与传播学院教授

“对话最伟大的头脑”这套书中，每一本都是一个思想的热核反应堆，在它们建构的浩瀚星空中，百位大师或近或远、如同星宿般璀璨。每一位读者都将拥有属于自己的星际穿越，你会发现思考机器的100种未来定数，而奇点理论不过是星空中小小的一颗。

吴甘沙

驭势科技(北京)有限公司联合创始人兼CEO

一个人的格局和视野取决于他思考什么样的问题，而他未来的思考，在很大程度上取决于他现在的阅读。这套书会让你相信，在生活的苟且之外，的确有一群伟大的头脑在充满诗意的远方运转。

周　涛

电子科技大学教授、互联网科学研究中心主任

作为美国著名的文化推动者和出版人，约翰·布罗克曼邀请了世界上各个领域的科学精英和思想家，通过在线沙龙的方式展开圆桌讨论。“对话最伟大的头脑”这套书就是活动参与者的观点呈现，让我们有机会一窥“最强大脑”的独特视角，从而得到思想上的启迪。

苟利军

中国科学院国家天文台研究员，中国科学院大学教授
“第十一届文津奖”获奖图书《星际穿越》译者

未来并非如我所愿一片光明，看看大师们有什么深刻的思考和破解之道，也许会让我们活得更放松一些。

李天天

丁香园创始人

与最伟大的头脑对话，虽然不一定让你自己也伟大起来，但一定是让人摆脱平庸的最好方式之一。

刘 兵
清华大学社会科学学院教授

以科学精神为内核，无尽跨界，Edge 就是这样一个精英网络沙龙。每年，Edge 会提出一个年度问题，沙龙成员依次作答，最终结集出版。不要指望在这套书里读到“ABC”，也不要指望获得完整的阐释。数百位一流精英在这里直接回答“大问题”，论证很少，锐度却很高，带来碰撞和启发。剩下的，靠你自己。

王 烁
财新传媒总编辑，BetterRead公号创始人

术业有专攻，是指用以谋生的职业，越专业越好，因为竞争激烈，不专业没有优势。但很多人误以为理解世界和社会，也是越专业越好，这就错了。世界虽只有一个，但认识世界的角度多多益善。学科的边界都是人造的藩篱，能了解各行业精英的视角，从多个角度玩味这个世界，综合各种信息来做决策，这不显然比死守一个角度更有益也有趣吗？

兰小欢
复旦大学经济学助理教授

如果每位大思想家都是一道珍馐，那么这套书毫无疑问就是至尊佛跳墙了。很多名字都是让我敬仰的当代思想大师，物理学家丽莎·兰道尔、心理学家史蒂芬·平克、哲学家丹尼尔·丹尼特，他们都曾给我无数智慧的启发。

如果你不只对琐碎的生活有兴趣，还曾有那么一个瞬间，思考过全人类的问题，思考过有关世界未来的命运，那么这套书无疑是最好的礼物。一篇

文章就是一片视野，让你站到群山之巅。

郝景芳
2016年雨果奖获得者

关注 Edge 并阅读上面的文章已经十几年了，越到后来越发现，打动我的不是布罗克曼及其周围那批作家的睿智，甚至不是他们的渊博，而是他们讨论问题的边界感，一种在专业视角下对世界彬彬有礼的试探。

小庄
果壳联合创始人，“科学艺术研究中心”主编

布罗克曼是我们这个时代的“智慧催化剂”。

斯图尔特·布兰德
《全球概览》创始人

布罗克曼是个英雄，他使科学免于干涩无趣，使人文学科免于陈腐衰败。

杰伦·拉尼尔
“虚拟现实之父”

总序

1981 年，我成立了一个名为“现实俱乐部”（Reality Club）的组织，试图把那些探讨后工业时代话题的人们聚集在一起。1997 年，“现实俱乐部”上线，更名为 Edge。

在 Edge 中呈现出来的观点都是经过推敲的，它们代表着诸多领域的前沿，比如进化生物学、遗传学、计算机科学、神经学、心理学、宇宙学和物理学等。从这些参与者的观点中，涌现出一种新的自然哲学：一系列理解物理系统的新方法，以及质疑我们很多基本假设的新思维。

对每一本年度合集，我和 Edge 的忠实拥趸，包括斯图尔特·布兰德（Stewart Brand）、凯文·凯利（Kevin Kelly）和乔治·戴森（George Dyson），都会聚在一起策划“Edge 年度问题”，而且常常是在午夜。

提出一个问题并不容易。正像我的朋友，也是我曾经的合作者，已故的艺术家和哲学家詹姆斯·李·拜尔斯（James Lee Byars）曾经说的那样：“我能回答一个问题，但我能足够聪明地提出这个问题吗？”所以，我们要去寻找那些可以启发不可预知的答案的问题，那些激发人们去思考意想不到之事的问题。

现实俱乐部

1981—1996 年，现实俱乐部是一些知识分子间的非正式聚会，通常在中国餐馆、艺术家阁楼、投资银行、舞厅、博物馆、客厅，或在其他什么地方举办。俱乐部座右铭的灵感就源于拜尔斯，他曾经说过："要抵达世界知识的边界，就要寻找最复杂、最聪明的头脑，把他们关在同一个房间里，让他们互相讨论各自不解的问题。"

1969 年，我刚出版了第一本书，拜尔斯就找到了我。我们俩同在艺术领域，一起分享有关语言、词汇、智慧以及"斯坦们"（爱因斯坦、格特鲁德·斯坦因、维特根斯坦和弗兰肯斯坦）的乐趣。1971 年，我们的对话录《吉米与约翰尼》（*Jimmie and Johnny*）由拜尔斯创办的"世界问题中心"（The World Question Center）发表。

1997 年，拜尔斯去世后，关于他的"世界问题中心"，我写了下面的文字：

> 詹姆斯·李·拜尔斯启发了我成立"现实俱乐部"以及 Edge 的想法。他认为，如果你想获得社会知识的核心价值，去哈佛大学的怀德纳图书馆里读上 600 万本书，是十分愚蠢的做法。在他极为简约的房间里，他通常只在一个盒子中放 4 本书，读过后再换一批。于是，他创办了"世界问题中心"。在这里，他计划邀请 100 个最聪明的人相聚一室，让他们互相讨论各自不解的问题。
>
> 理论上讲，一个预期的结果是他们将获得所有思想的总和。但是，在设想与执行之间总有许多陷阱。拜尔斯确定了他的 100 个最聪明的人，依次给他们打电话，并询问有什么问题是他们自问不解的。结果，其中 70 个人挂了他的电话。

那还是发生在 1971 年的事。事实上，新技术就等于新观念，在当下，电子邮件、互联网、移动设备和社交网络真正实现了拜尔斯的宏大设计。虽然地点变成了线上，但这些驱动热门观点的反复争论，却让"现实俱乐部"的精神得到了延续。

正如拜尔斯所说："要做成非凡的事情，你必须找到非凡的人物。"每一个 Edge 年度问题的中心都是卓越的人物和伟大的头脑，其中包括科学家、艺术家、哲学家、技术专家和企业家，他们都是当今各自领域的执牛耳者。我在 1991 年发表的《第三种文化的兴起》（*The Emerging Third Culture*）一文和 1995 年出版的《第三种文化：洞察世界的新途径》（*The Third Culture: Beyond the Scientific Revolution*）一书中，都写到了第三种文化，而上述那些人，他们正是第三种文化的代表。

第三种文化

经验世界中的那些科学家和思想家，通过他们的工作和著作构筑起了第三种文化。在渲染我们生活的更深层意义以及重新定义“我们是谁、我们是什么”等方面，他们正在取代传统的知识分子。

第三种文化是一把巨大的“伞”，它可以把计算机专家、行动者、思想家和作家都聚于伞下。在围绕互联网兴起的传播革命中，他们产生了巨大的影响。

Edge 是网络中一个动态的文本，它展示着行动中的第三种文化，以这种方式连接了一大群人。Edge 是一场对话。

第三种文化就像是一套新的隐喻，描述着我们自己、我们的心灵、整个宇宙以及我们知道的所有事物。这些拥有新观念的知识分子、科学家，还有那些著书立说的人，正是他们推动了我们的时代。

这些年来，Edge 已经形成了一个选择合作者的简单标准。我们寻找的是这样一些人：他们能用自己的创造性工作，来扩展关于“我们是谁、我们是什么”的看法。其中，一些人是畅销书作家，或在大众文化方面名满天下，而大多数人不是。我们鼓励探索文化前沿，鼓励研究那些还没有被普遍揭示的真理。我们对“聪明地思考”颇有兴趣，但对标准化“智慧”意兴阑珊。在传播理论中，信息并非被定义为“数据”或“输入”，信息是“产生差异的差异”（a difference that makes a difference）。这才是我们期望合作者要达到的水平。

Edge鼓励那些能够在艺术、文学和科学中撷取文化素材，并以各自独有的方式将这些素材融于一体的人。我们处在一个大规模生产的文化环境当中，很多人都把自己束缚在二手的观念、思想与意见之中，甚至一些公认的文化权威也是如此。Edge由一些与众不同的人组成，他们会创造属于自己的真实，不接受虚假的或盗用的真实。Edge的社区由实干家而不是那些谈论和分析实干家的人组成。

Edge与17世纪早期的无形学院（Invisible College）十分相似。无形学院是英国皇家学会的前身，其成员包括物理学家罗伯特·玻意耳（Robert Boyle）、数学家约翰·沃利斯（John Wallis）、博物学家罗伯特·胡克（Robert Hooke）等。这个学会的目标就是通过实验调查获得知识。另一个灵感来自伯明翰月光社（The Lunar Society of Birmingham），一个新工业时代文化领袖的非正式俱乐部，詹姆斯·瓦特（James Watt）和本杰明·富兰克林（Benjamin Franklin）都是其成员。总之，Edge提供的是一次智识上的探险。

用小说家伊恩·麦克尤恩（Ian McEwan）的话来说："Edge心态开放、自由散漫，并且博识有趣。它是一份好奇之中不加修饰的乐趣，是这个或生动或单调的世界的集体表达，它是一场持续的、令人兴奋的讨论。"

约翰·布罗克曼

前言

这本书是“Edge最佳系列”的第一本，它的关注点是“心智”。我们很高兴能在这本书中呈现来自Edge.org的18篇文章，其中包含编辑过的访谈、受委托写作的文章以及转录的谈话，很多内容在网上配有视频。虽然网上的演讲无疑具有它的价值，但书籍，无论是纸质书还是电子书，仍是呈现重要观点的宝贵方式。因此，我们很高兴能向公众推出这一系列丛书。

在这本书中，前沿的理论心理学家、认知科学家、神经学家、神经生物学家、语言学家、行为遗传学家以及道德心理学家探讨了思考“心智”的新方式。

在《计算器官》中，哈佛大学心理学家史蒂芬·平克认为目前大多数有关心智的假设已经过时几十年了。他提出，人类心智是非常复杂的信息处理系统，用达尔文的话说就是“极其完美、复杂的器官”。而这种基本的认识并没有进入主流的学术视域。

在《肉身哲学》中，加州大学伯克利分校认知科学家乔治·莱考夫提出了这样的观点：“人类是神经构成的生物。大脑从身体其他部分获取输入，我们的身体形态及其发挥功能的方式构成了我们用以思考的概念。我们只能思考大脑允许我们思考的内容。”

纽约大学神经学家约瑟夫·勒杜在《平行记忆：将情绪放回大脑》中支持“我们必须将情绪放回大脑，与认知系统整合起来。我们不应该孤立地研究情绪或认知，而应该把它们当作心理的两个方面，一起进行研究”。

新墨西哥大学心理学家杰弗里·米勒在《性选择与心智》中指出，人类心智不是作为生存机器进化而来的，而是作为求偶机器。他认为为生存而进行的自然选择不是推动进化的唯一动力，有一种被达尔文称为“性选择”的过程同样重要，它是通过选择配偶进行的。米勒提出，人类心智能力中最令人难忘、最令人困惑的能力是求偶能力，它是为了吸引和取悦性伴侣进化而成的。通过将以生存为中心的进化观转变为以求偶为中心的进化观，米勒试图为我们阐释如何理解心智的奥秘。

英国开放大学名誉教授兼神经生物学家史蒂芬·罗斯对心智与大脑的关系非常着迷。在《拯救记忆》中，他概括了理解这种关系的方法，那就是寻找方法来解释行为、思想或行动的改变，这些改变会以某种方式体现在生理机能、生物化学过程以及大脑结构变化等可以进行生物研究的过程中。他的研究基本上聚焦于如何理解学习和记忆上。

进化理论家弗兰克·萨洛韦在《人格是怎样形成的》里写道：“在过去 20 年里，我的职业兴趣发生了巨大的转变。一开始，我是一位科学史学家，主要的兴趣是探究关于科学发展的历史问题。在试图理解科学上富有创造性的成就源自哪里的过程中，我逐渐对人类发展的问题产生了兴趣，尤其感兴趣的是达尔文的理论如何能帮助我们理解人格的发展。现在我认为自己除了是一名历史学家外，还是一名心理学家。”

加州大学圣迭戈分校的神经学家拉马钱德兰在他被广泛引用的文章《人类进化“飞跃”背后的推动力量：镜像神经元及模仿学习》中写道：“我在这篇文章中会探讨在猴子的前额叶皮质中发现的镜像神经元，以及镜像神经元对人类大脑进化的潜在重要性，这是近 10 年来‘未被报道的’（或至少是未发表的）最重要的发现。我预计，镜像神经元之于心理学的重要性就像DNA之于生物学的重要性。它们都能提供统一的框架，帮助我们解释许多迄今为止仍无法通过实验进行研究的神秘的心理能力。”

理论心理学家、伦敦政治经济学院名誉教授尼古拉斯·汉弗莱在《值得拥有的自我》一文中写道：“我正在思考的是，极其丰富的主观当下为自我提供了一个新领域，当然这还需要进一步研究。20世纪初，伟大的逻辑学家戈特洛布·弗雷格（Gottlob Frege）取得了显而易见但至关重要的观察发现，那就是第一人称的主体必须是某样事物的主体。在这种情况下，我们可以问，什么类型的事物能当此任？什么类型的事物具有充分的形而上的重要性，能够为自我提供体验的基底？如今我提出的答案是：具有内在深度与丰富性的现象性体验似乎最能为自我提供体验的基底。”

斯坦福大学心理学家菲利普·津巴多在《在醋桶里，你成不了甜黄瓜》中提出：“如果将可怕的工作条件和外部因素结合在一起，便形成了一个邪恶的桶。无论把谁放进去，都会产生这类邪恶的行为。五角大楼和军方称阿布格莱布监狱中的丑闻是几颗老鼠屎毁了一锅好汤。这是本性论者的分析。作为社会心理学家的我，以及很多实验社会心理学领域中的同事都一致认为，这种分析是错误的。不是几颗老鼠屎毁了一锅好汤，而是邪恶的桶腐蚀了好人。要解释阿布格莱布监狱中发生的虐囚事件，我们首先要分析作用在那些值夜班士兵身上的环境力量与系统力量。”

在拉马钱德兰的第二篇文章《自我觉知的神经学》中，他写道：“自我是什么？神经元的活动如何引起了人类有意识的感觉？尽管这是一个古老的哲学问题，但我相信可以运用实证科学的方法来探究。如今，自我似乎越来越不像是整个大脑的整体属性，而是来自一系列相互连接的特定的大脑回路。不过我们需要知道哪些回路更关键，它们的作用是什么。这是自我‘转向内部’的一面，也就是它的递归性，这使它具有了特殊而矛盾的性质。”

在《因理性而积极生活所带来的幸福：美好的生活》中，宾夕法尼亚大学心理学家马丁·塞利格曼解释了“第三种幸福”的含义：“知道自己最突出的优势是什么，并将它用于比你更宏大的事业上。没有捷径，这就是生活。可能会有让人产生快乐的药物，也可能会有能让人获得积极情绪的药物，但不可能有让人体验到心流的药物，而且不可能有让生活变得有意义的药物。”

法兰西学院实验认知心理学家斯坦尼斯拉斯·迪昂的《数字到底是什么？数字意识的大脑基础》指出，数字就像颜色一样：“我们生活的世界充满了独立的、可移动的物体，能够从中提取数字对我们来说非常有用，这能帮我们追踪捕食者，或选择最佳觅食地。正是因此，进化才将简单的数字机制配备到人类以及其他动物的大脑里。在动物的大脑里，这种机制非常有限、粗略，对于越大的数字，表征越粗糙；而且只涉及最简单的算术运算，也就是加法和减法。相比之下，人类具有卓越的天赋，发展出了加工语言和符号的能力。这使人类能发展出对大数字的准确表征，以及进行精确运算的运算法则。”

剑桥大学心理学家西蒙·巴伦－科恩在《同征择偶理论》中写道：“我的有关性别差异的文章相当温和。我没有贬低环境因素，只是说不要忘记生物学因素。对我来说，这听起来一点儿也不激进，但对性别研究领域的一些人来说，这也过于极端了。他们只想用环境来解释，完全不需要生物学。我可以理解这种立场，在 20 世纪 60 年代的社会改革中，这样的立场很重要。但是从科学角度看，这种描述是正确的吗？是时候把科学与政治分开，只用证据说话了。”

斯坦福大学的生物学家罗伯特·萨波尔斯基，在《弓形虫：操纵人类行为的寄生虫》一文中写道：“我的实验室开始关注一种寄生于哺乳类动物身上的寄生虫，这是一种叫作弓形虫的原生动物。如果你曾怀过孕或者周围有人怀过孕，那么你一定知道要小心处理猫的排泄物、猫的垫子以及与猫有关的所有东西，因为它们可能带有弓形虫。你是不会想让弓形虫进入胎儿的神经系统的，那将是一场灾难。”

“很久以来，我们一直知道，儿童是这个宇宙间最棒的学习‘机器’，”加州大学伯克利分校心理学家艾莉森·高普尼克在《神奇的宝宝》中写道，“但他们就像蜂鸟一样，始终是未解之谜。我们知道蜂鸟能飞，但不知道它们是怎么做到的。我们知道婴儿能够学习，但不知道他们是如何学习的。”

在《意识标志》中，斯坦尼斯拉斯·迪昂呈现了他最近的研究。在过去的 12 年中，他的研究团队运用了所有可用的大脑研究工具，从功能性磁共振成像，到脑电图、脑磁图，甚至将电极插入大脑，以了解大脑的意识机制。现在他们已经形成了初步的理论。在一次次的实验中，他们观察到了相同的意识标志，在一个人说自己意识到一条信息（比如一个词、一个数或一个声音）时，这些意识标志会同时显示出大幅的改变。

已故心理学家兼行为遗传学家、明尼苏达大学前名誉教授戴维·吕肯，在《受过教育的人怎么还会相信激进的环境论》中写道：“如果不是因为意识形态上的偏见，任何理性的人在看到证据后，都会赞同人类在天资、人格特质、兴趣和癖好，甚至一些社会态度上的差异，有 30%~70% 是遗传差异造成的。然后，接受这些事实似乎就意味着接受生物决定论、社会达尔文主义、种族主义或其他有害的思想，这是我们面临的意识形态上的阻碍。”他的观点来自他的著名研究，他比较了基因和环境对 4 000 对双胞胎心理的影响。“先天因素通过后天教养发挥影响。”他以此来支持自己的主张：“基因的影响非常强，大多数人基本上都是沿着基因决定的路径发展。”

弗吉尼亚大学心理学家乔纳森·海特在《道德心理学与对宗教的误解》中解释道：“你可能觉得契约社会显然更好，它是现代的、富有创造力的，也是自由的。而蜂巢社会充满了封建主义、法西斯主义和父权制的气息。作为一名非宗教的自由主义者，我赞同在如今越来越多元化的现代国家中，像西欧那样的契约社会有希望使人们能够和平地生活在一起（尽管对于欧洲能否解决目前的多元化问题，我们依然拭目以待）。我只想表明一个观点，那就是应该让契约主义暂时停下来。长期的调查显示，美国的宗教信仰者比不信教的人对彼此及慈善事业更慷慨。”

目录

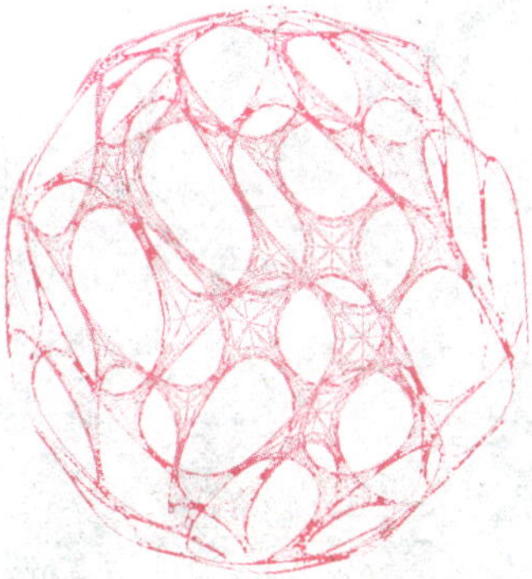

自然选择是解释心智结构的关键所在。

——《计算器官》

I
BELIEVE
THAT
NATURAL
SELECTION IS
THE KEY TO
EXPLAINING THE
STRUCTURE
OF THE
MIND.

01

ORGANS OF COMPUTATION
计算器官

Steven Pinker
史蒂芬·平克
世界顶尖语言学家和认知心理学家
著有《当下的启蒙》《白板》《心智探奇》
《思想本质》《语言本能》

Edge：我们究竟应该如何解释像人类心智这样复杂的东西？

平克：在我看来，要了解心智的秘密，关键就在于对它实施“逆向工程”（reverse engineer），弄清楚自然选择所设计出的心智系统是如何帮助我们适应进化环境的。在我的新书《心智探奇》（*How the Mind Works*）中，我把人类大脑看成是一组“计算器官”，正是在它的帮助下，我们的祖先才能理解自然万物以及自己的同伴，并且在智力上较其他物种显得更胜一筹。

Edge：这种研究方法与当今学界的一般观点有何不同？

平克：在当今学界的讨论中，绝大部分关于心理机制的理论假设都是几十年前的了。比如弗洛伊德的“液压模型”（hydraulic model），这种理论称，各种精神压力不断堆积于人的心灵深处，如果缺乏合适的释放渠道，就有可能突然爆发。然而，这种说法明显是错误的。大脑并不是通过液压现象或者能量流动来工作的，而是通过信息处理。又比如那些专家学者、社会评论家对人类现象所发表的种种评论。这些人认为，人的思想和行为都是“条件化”、“社会化”或者“被洗脑”的结果。这些观点从何而来？显然，它们源自20世纪20年代的行为主义、50年代拍摄的蹩脚的冷战电影，以及人们对家庭教育的过分迷信，如今，行为遗传学已经证明了这种迷信的谬误之处。其实，人类心智是一个异常复杂的信息处理系统，用达尔文的话来说，是“极其完美、复杂的器官”。但是，这个基本的认识并没有进入主流的学术视域。

Edge：为什么说人类心智是一个极度复杂的系统？

平克：面对人类心智，我们感到最不可思议的并不是它能够完成非凡的精神成就，例如莫扎特、莎士比亚的作品或者是爱因斯坦的理论。与之相反，那些丝毫不足为奇的日常生活能力才真正让人印象深刻。我们能够辨别颜色，认出母亲的面孔。我们能够力度适中地拿起一盒牛奶，不至于太轻，让盒子掉到地上；也不至于太重，把它捏扁。我们还可以来回摇晃盒子，通过手指的力感来判断里面还剩多少牛奶。我们能够对外部世界做出推断，比如打开冰箱门时，我们知道什么事情会发生，什么事情不会发生。这一切听起来平淡无奇，枯燥乏味，但其实不然。比方说，我们就制造不出一个能够完成上述任务的机器人。如果有人能发明一个收拾杯盘碗筷或者执行类似简单任务的机器人，我愿意花大价钱把它买下来。但这是不可能的，如果要制造这样一个机器人，你必须着手处理一系列看似简单的问题，例如识别对象、推理思考以及控制肢体，然而，这些都是目前尚未解决的工程问题，比登上月球或者人类基因组测序还难上百倍。但是，每个4岁的小孩子都能轻松地做到这一切，他可以准确无误地穿过房间，完成母亲吩咐的各种事。

我把大脑看成一种设计精密的工程化设备，当然并非指字面意义上的“工程化”，而是说大脑是由一种类似工程学的自然现象设计的，那就是自然选择。“工程化”的身体能够使各种动物做到许多不可思议的事情，例如飞翔、游泳和奔跑。同样，“工程化”的大脑也可以用来完成各种非凡的任务。

Edge：在研究大脑的工作原理时，这种方法有着什么样的优点？

平克：它会让你懂得心理学研究的正确途径，也就是一种逆向工程。比方说，当你在古董店里翻拣各种宝贝时，也许会突然发现一个设计精巧的小玩意儿，由许多严丝合缝、相互咬合的部件构成。你相信它被设计成这种构造显然是出于某种目的，只要明白了这个构造目的，就能够洞悉这些零部件的组合原则。对于人类心智也是一样，尽管它并非出于某个设计师之手，而是自然选择的结果，但你可以用这种视角来考察人类种种奇特的心理反应，并由此追问它们的合理之处。在适应外部世界的过程中，我们的祖先正是通过这些心理反应，来应对他们面临的特定问题。这可以让你深刻理解人类心智的不同“构件”各自扮演的角色。

即便是人类心智中看似非理性的部分，例如嫉妒、报复、痴迷和傲慢等强烈的情绪，都很可能是一种有效的手段，能够帮助我们的祖先妥善地处理各种人际交往的问题。比如说，为什么有人会做出一些如跟踪并杀死自己的旧爱等疯狂举动？人怎么能够通过杀死旧爱来重获其芳心？这似乎是人类心理程序中的一个漏洞。但是，一些经济学家提出了另外一种解释：如果人类心智的一个构造目的是应对某些必须不计后果地采取威胁手段的情况，那么这种威胁就得可信。当一个人向自己的恋人发出威胁，明里暗里地表示“只要你离开，我就不会放过你”时，如果他的恋人并不认为他真的会疯狂到将这种无谓之举付诸行动，她就会觉得他是在虚张声势。因此，对于那些同类之间会相互交流的动物而言，建立一种可信的心理威慑机制是必要的，由此产生的非理性行为就变成一种理性的解决手段。说它“理性”，是针对基因最大限度地复制自己的“目的”而言。当然，就人类社会追求幸福公正的总体目的而言，它又是“非理性”的。

还有一个例子，就是“幸福”这个奇怪的概念。幸福到底是一种什么样的心理状态？自然选择把它创造出来，显然并不是纯粹为了让人们在精神上感觉良好。我们大致可以推测，触发幸福感的大脑回路能够激励人们投入各项活动，以提高自身的生物适应性。顺着这个简单的思路，我们可以理解不少几千年来被历代哲人反复讨论和强调的“幸福之谜”。比如说，直接追求幸福常常导致不幸，因为我们的幸福感总是源自与他人的比较。就像犹太人的一句谚语所说：一个驼子什么时候最开心？当他看到一个背更驼的人时。

如果我们把自己想象成自然选择背后的“工程师”，或许就可以对这些问题做出解释。大脑“幸福回路”的工作任务是什么？可以想见，就是对当前的人生境况和自我表现做出评估，看是应该改变人生，努力做出一些不同的成绩，还是应该安于生活的现状和已有的成就，比如说你已经找到了人生伴侣，过着衣食无忧、舒适安逸的生活，而且即将养育自己的后代。但是，大脑怎么能提前设计出评估的标准？这个世界上没有绝对的幸福标准。旧石器时代的猎人不会因为没有跑鞋、暖气或者青霉素而感到懊恼。大脑是如何知道到底哪些事物是值得追求的呢？没错，它可以环顾四周，看看其他人的生活质量是怎样的，他们能得到的东西，你或许也应该拥有。可以说，你的幸福标准是由其他人帮忙设定的，也是其他人告诉你应该树立哪些可以实现的人生目标。

不幸的是，这种评估幸福的方式也成为许多人的痛苦之源：如果你比身边的人稍强一些，幸福感就会油然而生；但是，如果你过得不如他们，就会变得很不开心。如果你发现自己的薪水比上个月提高了 5%，你不免会为之眉飞色舞；但如果你得知其他同事的薪水都提高了 10%，恐怕会转喜为忧，倍感失落。

还有一个关于幸福的悖论是，相对于获得而言，人们对失去的感受更加敏锐，更加深切。正如吉米·康纳斯（Jimmy Connors）所言：“我讨厌失败，胜过我渴望胜利。”如果你获得加薪，心里只会有几分高兴；但如果你的薪水不升反降，减少了相同的数额，你恐怕会为此感到极度郁闷。这可能也是心理机制所具备的一种功能，让我们努力追求那些可以实现的目标，而不必有过多的奢望。当出现退步的时候，我们之所以会有强烈、深切的感受，是因为有曾经取得的成绩作为明确的参照，它清楚地显示着我们可以实现什么样的目标。但是，当我们进步时，就没有了参照，我们无法确切地知道自己到底能够实现多大的理想，过上怎样的生活。进化心理学家唐纳德·坎贝尔（Donald Campbell）将这种现象称为“幸福跑步机”（happiness treadmill）。无论你赢得了怎样的名声和财富，你的幸福感终将回落到起点水平，但如果你倒退一步，却会产生可怕的挫折感。这或许就是自然选择的设计目的，让我们拼命追求超出能力范围却又不那么远的目标。

Edge：许多人也撰写过关于人类心智的著作，例如丹尼尔·丹尼特（Daniel Dennett）[1]、约翰·塞尔（John Searle）、诺姆·乔姆斯基（Noam Chomsky）、杰拉尔德·埃德尔曼（Gerald Edelman）和弗朗西斯·克里克（Francis Crick）等，你和他们有着怎样的区别？

平克：我和不少学者一样，认为研究者不可能通过直接观察大脑的方法来探索心智问题。神经元、神经递质以及其他硬件元素广泛地存在于动物王国之中，但各个物种在认知与情感的表现方式上却千差万别。这些差异源自数以亿计的神经元为了处理信息而形成的不同连接方式。我把大脑看成一台计算机，当然，不是指一台内含硅片的商务计算机，而是一种智能设备，它实现智能的原理与计算机实现智能的原理有相通之处，那就是对信息的处理。在这一点上，我与丹尼特、乔姆斯基看法一致（尽管我们三人在其他问题上有着不少的分歧），而与塞尔等人形成对立。塞尔认为我们不能将大脑视为一个信息处理器，他坚称只有从生理学的角度才能真正理解大脑。埃德尔曼和克里克的观点虽然在表述上不像塞尔那样极端，但他们对心智计算理论（computational theory of mind）

[1] 世界著名哲学家、认知科学家，其著作《直觉泵和其他思考工具》中文简体字版已由湛庐文化策划，浙江教育出版社出版。——编者注

同样心存疑虑。

此外，我认为，自然选择是解释心智结构的关键所在。从自然选择的视角对人类心智实施逆向工程，能够充分解释我们的思想、情感的构造原理。在这个问题上，我与丹尼特、塞尔观点相同，而与乔姆斯基有所区别。

我也相信，人类心智并非是一堆血肉，它拥有异质多元的复杂结构。它由各种心理器官组合而成，这些器官有着不同的职能分工，比如视觉、肢体控制、推理、语言、社交以及社会情感。就像我们的身体可以划分为不同的生理器官一样，人类心智也可以划分出各种心理器官。在这一点上我与乔姆斯基看法相同，而与许多致力于神经网络建模研究的学者形成对立。这些学者认为一个单一类型的神经网络经过适当的训练就能够实现人类所有的心智奇迹。出于类似的原因，我并不认同现代知识领域的主导观念。这种观念认为，人的思想是社会建构的产物，我们从小受到各种媒体形象、社会楷模以及环境条件的影响，这种社会化过程决定了我们怎样思考。

Edge：想必有人并不赞成用计算机来比喻人类心智？

平克：一些批评者认为，我们总是喜欢把最新的科技成果强行塞进自己的研究理论之中，而计算机的比喻就是其中的一个例子。他们反对的理由是：当电话交换机诞生之时，人们认为大脑就是一台交换机；而在此之前，当构造巧妙的水力机械玩具风靡于世的时候，人们又说大脑是一台液压机，诸如此类的例子还有很多。当然，比喻很容易让人望文生义，但只要保持适当的警惕，这些机械比喻就能加深我们对研究对象的理解。例如，借助水泵管路系统，我们可以更好地理解心脏与血管。而与之前的各种模型相比，交换机的比喻也让我们更为清晰地了解到神经与脊髓的工作原理。

因此，在我看来，现代计算理论，包括现实生活中的计算机，能够为我们提供必要的理论模型，以理解大脑的工作机制。当然，这并不是说人类心智就等同于一台商务计算机，而只是表明，人脑与计算机有着某种共同的工作原理。早期的工程师在设计飞机的过程中掌握了大量的飞行原理，这让他们更为深入地了解了鸟类的飞行奥秘，因为空气动力学的各种原理，例如机翼的形状、升力与阻力的相互作用等，既适用于飞机，也适用于鸟类。很显然，飞机并非鸟类飞行的完美模型，比如说，鸟类没有推进器，没有耳机插孔，也不会提供饮料服务。但是，通过了解人造装置飞行的普遍法则，我们就可以解释自然“装置”的飞行原理。人类的大脑与计算机有着千差万别，但计算机的工作原理与人类心智是相通的，两者都在描绘外部世界的状态。换句话说，也就是记录信息，并根据一定的规则来操控这些信息，而这些规则来自对客观世界中真实事件与统计概率的关系的模拟。

Edge：对于你采用的生物学的探讨方法，是否也有人从政治角度提出反对？

平克：我们承认人类心智具有先天固有的复杂结构，但这不等于说人与人之间的差异都是由先天决定的。然而，许多人都将这两种观点混为一谈，其实它们之间存在着根本的区别。地球上的每个正常人都天生配备了一个规模庞大的精神机器，但是，人与人之间的各种差异却可能来自不同的生活经历，例如家庭教育、成长过程中的突发事件等，这些经历决定了张三和李四的不同。承认人类物种的每个成员都拥有丰富多彩的先天结构，并不等于说人们之间的差异，或者各个群体之间的差异，都源于先天结构的区别。举例来说，每个人都拥有两条腿，这是人类与生俱来的特征，它使人类区别于六条腿的昆虫、八条腿的蜘蛛或者四条腿的小猫。因此，两条腿是人的先天结构，但是，看看周围，为什么有些人只有一条腿，有些人又根本没有腿？这完全是由环境造成的，比如事故或者疾病。因此，我们必须将这两个问题区分开来，这个道理同样适用于人类心智。

Edge：如你所知，我对网络的广泛普及以及它对知识生活的影响越来越感兴趣。在你看来，我们对人类心智的了解，是否有助于计算机技术更为迅速地改变世界？

平克：如果忽视人类心智的运作机制，计算机技术根本不可能改变世界。为什么传真机被发明出来后会迅速得到普及？即便已经有了更方便快捷的电子邮件，人们为什么还继续使用传真机？如今，成千上万的用户将计算机中的文档打印成纸质稿，然后将它塞进传真机，让等在另一端的人接收传真，而接收的人在读完之后，不过就是将它揉成一团，随手扔掉。更糟糕的是，有些接收者会把传真件扫描进自己的计算机中，将它重新还原成一串字符。从技术的角度来看，这样做完全是多此一举，但许多人乐此不疲。他们之所以这样做，是因为心智的进化是为了应付各种物理实体，因此它仍然习惯于将人们储存和传递的信息内容进行实体化处理，使之成为可以装进盒中的有形之物。这就是人类心智对现实形成概念的方式，它总是努力将认知对象理解为存在于某一具体地点、并受到外力影响的物理实体。无论是计算机系统、电子邮件，还是摄像机、录像机，如果不能充分地利用人类心智的这一特点，人们将继续被这些设备所困扰，计算机革命的美好愿景也终将无法实现。

产生这种问题的部分原因，或许是在于目前最先进的技术大多来自日本，很多设备的操作说明书都是用日语写成后翻译过来的。但是我觉得，即使在日本，人们在拍摄录像、制作视频时也会遇到诸多麻烦。这不仅是操作说明书的问题，更是设备本身的设计问题，这才是关键所在。设计这些设备的工程师不大会考虑大脑的工作原理，他们习惯于按照自己的标准来设计，而没有考虑用户形成概念的思维方法，这些用户往往将这些科技设备看成是世界上的另一种具体的物质实体，并用人类几十万年以来所惯用的处理方式来对待它们。

Edge：我再反过来问。网络的出现以及现下的信息革命对人类心智的进化有着怎样的积极影响？

平克：恐怕没有太多的影响。你必须区分两种“进化”的概念。一种是我、理查德·道金斯（Richard Dawkins）、斯蒂芬·杰伊·古尔德（Stephen Jay Gould）以及其他进化生物学家所说的“进化”，指的是生物结构的改变，这种改变最终让人类演化成今天的样子。而其他大多数人所说的进化则是指一种持续的发展与进步。一个流行的观点认为，生物进化让我们“登堂”，而文化进化则让我们“入室”。在此处，这两方面的进化都被定义为一种“进步”。

我希望我们能够抛弃这种想法，因为建构大脑的基因选择机制，与推动帝国兴衰和科技进步的历史变化其实并不相同。

如果要严格地从生物进化的角度说的话，我们无法了解人类最终的发展命运。自然选择的奇妙作用一般需要几十万年的时间才会显现出来，而我们并不知道一万年、甚至一千年之后的人类将面临怎样的生存环境。此外，自然选择往往只帮助生物体适应局部的生态系统，通常只限于当地的环境，而人类则在世界各地漫游，不断地变换自己的生活方式。从进化的时间表来看，这些变化显得过于迅速，让人眼花缭乱。人类历史上的农业革命、工业革命和信息革命一个个接连出现，速度惊人，我们根本无法预测这些变化是否会改变我们的生物结构，甚至不知道它们是否算得上是一种变化。

网络的确创造了一种超人的智能形式，令地球上的每个人都可以迅速地交流信息，这与大脑不同部位之间的信息交换颇为相似。不过这并不是一种新现象，自从人类进化出语言以来，这种现象就一直存在。即便是工业文明到来之前，狩猎部落也懂得通过语言来汇集信息，这赋予了他们适应当地环境的卓越的生存技巧，例如抓捕动物、使用毒剂以及通过化学方法去除植物性食物的毒性等。也正是通过世世代代的知识积累，以及每一代人的分享传播，才最终形成了人类的集体智慧。此后发生的一切，比如文字记录、印刷技术以及如今的互联网，都只不过是人类已有手段的升级版本，即通过传播来汇集知识。在生物进化的道路上，语言才是一种真正的革新，此后的所有一切只是让我们的话语传播得更为遥远，更为长久。

平克的作品《当下的启蒙》《白板》《心智探奇》《思想本质》《语言本能》中文简体字版已由湛庐文化策划，浙江人民出版社出版。——编者注

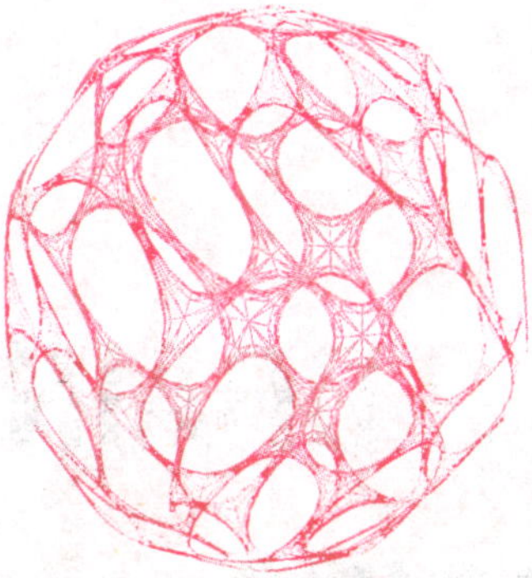

SCIENTIFIC UNDERSTANDING, LIKE ALL HUMAN UNDERSTANDING, MUST MAKE USE OF A CONCEPTUAL SYSTEM SHAPED BY OUR **BRAINS** AND **BODIES.**

科学的理解像所有人类的理解一样，必须运用由身体和大脑塑造而成的概念系统。

——《肉身哲学》

02

PHILOSOPHY IN THE FLESH

肉身哲学

George Lakoff
乔治·莱考夫
认知科学家兼语言学家
加州大学伯克利分校认知科学及语言学教授
著有《别想那只大象》

Edge：什么是身体？

莱考夫：这是一个有趣的问题。皮埃尔·布迪厄（Pierre Bourdieu）曾指出，不同文化背景下，人们的身体特征以及利用身体的方式都存在着很大差异。法国人不会像美国人那样走路，女性的身体与男性的身体不同，中国人的身体不像波兰人的身体。而且正如后现代主义者们所观察到的那样，人们对身体的理解也随着时间的推移发生了巨大的改变。

然而人们的身体存在着很多共同点。所有人都有两只眼睛、两只耳朵、两条胳膊、两条腿，都有用于呼吸的肺部，都有皮肤、内脏器官，血管里都流动着血液，等等。人类身体许许多多的共同点，构成了人体系统的概念中普遍的、约定俗成的部分。

Edge：人们起初认为人类的身体是一台机器，后来认为是信息系统，最终这些说法可能都不完全符合事实。

莱考夫：人们开始对大脑和身体进行科学研究时，不可避免地会运用隐喻。就像你说的那样，对心智的隐喻随着时间的流逝不断发展变化，从机器到交换机，再到计算机。在科学领域中，人们并不回避隐喻。在整个神经学领域里，"神经回路"这个隐喻无处不在，对于研究神经计算的人来说，它是非常必要的。在对神经计算细节的研究中，生物学意义上的大脑退居其次，而具有隐喻意义的"神经回路"才是真正的研究对象。但是无论一个隐喻被使用得多么广泛，追踪其隐藏的内容以及其引入的内容都是非常重要的。如果不这样做，那么隐喻的本体真的就失去了意义。我们会很小心地使用隐喻，就像大多数科学家应该做的那样。

Edge：35 年前并没有信息加工这样的隐喻，那么"身体"是真实存在的还是被发明出来的？

莱考夫：真正的身体与我们为身体建立的概念模型之间存在着差别。与35 年前相比，身体并没有什么不同，但身体的概念发生了改变。我们现在使用的身体的隐喻是过去没有的，这些隐喻建立在相对先进的科学基础上。从这个方面来看，如今人们所说的身体与大脑，也就是用神经回路或其他信息加工的隐喻来定义的身体与大脑，是被"发明"出来的。这类发明对科学极其重要，因为如果没有它们，我们便不可能理解心智的具身化。

Edge：这种隐喻的方法与你早期的工作方法有什么不同？

莱考夫：1963—1975 年，我完成了早期的工作，也就是探究生成语义学的理论。在那个时期，我尝试着将乔姆斯基的转换语法与形式逻辑统一起来。我协助解释了乔姆斯基的语法理论的大量细节。乔姆斯基当时宣称句法独立于语义、上下文、背景知识、记忆、认知过程、交际意图以及身体的各个方面，据我所知他的主张至今也没有发生改变。

在研究乔姆斯基早期理论的细节的过程中，我发现，在很多情况下，语义、上下文以及其他诸如此类的因素会成为规则的一部分，掌控着短语和语素的句法。1963 年我提出了一种可代替乔姆斯基的早期理论的雏形，在整个 20 世纪 60 年代，我与哈吉·罗斯（Haj Ross）和吉姆·麦考莱（Jim McCawley）等杰出的合作者共同发展了这个理论。1963 年时，语义学就意味着逻辑，也就是演绎逻辑与模型理论，我们的团队就在那时建立了一种将形式逻辑与转换语法结合起来的生成语义学理论。这个理论认为，语义（以逻辑的形式存在）是先于句法的。这个理论的基础证据是，在决定句法结构的普遍法则中已经纳入了语义及语用因素。乔姆斯基采纳了我们的很多创新观点，虽然在 20 世纪六七十年代，他曾强烈地反对这些创新观点。

1975 年，我开始逐渐熟悉各种认知科学的基本结论，这些基本结论都指向了心智的具身化理论，比如色觉的神经生理学原理、原型及基本层次范畴理论、莱恩·塔尔米（Len Talmy）对空间关系概念的研究以及查尔斯·菲尔莫尔（Charles Fillmore）的框架语义学。这些结论使我相信，整个生成语言学的研究以及形式逻辑的研究都是无望的。我与塔尔米、罗恩·兰盖克（Ron Langacker）和贾尔斯·法康尼尔（Gilles Fauconnier）共同创建了新的语言学，那是一种可以与认知科学、神经科学相兼容的语言学，叫作“认知语言学”，目前这种语言学正蓬勃发展。在 1978 年，我发现隐喻不是只在诗歌中采用的一种无足轻重的修辞手法，而是一种基本的心理机制。1979 年马克·约翰逊（Mark Johnson）访问加州大学伯克利分校哲学系，我们开始研究认知语言学的详细内容及其在哲学上的含义。

Edge：请说一说认知科学与哲学的不同。

莱考夫：这是一个深刻而重要的问题，也是我与约翰逊合著的《肉身哲学》（*Philosophy in the Flesh*）一书的核心。这个问题没有简单的答案，因为存在着两种形式的认知科学，一种是英美哲学假设的变型，另一种，就我们目前所知，是独立于任何特定的哲学假设的，这也就决定了这个问题的答案。

早期的认知科学与英美哲学的形式主义版本是一致的，我们称之为“第一代认知科学”或“非具身的认知科学”。也就是说，这种认知科学具有决定重要科学“结论”的哲学假设。追溯到20世纪50年代，一位非常有天赋的著名哲学家——希拉里·普特南（Hilary Putnam）提出了名为“功能主义”的哲学命题（后来他否认了这个命题）。这是一个先验的哲学命题，不以任何证据为基础。

功能主义命题认为，人们可以从认知功能的角度来研究心智，也就是从心智发挥的作用这一角度来研究，不必将心智与身体和大脑联系起来。我们可以通过模拟计算机程序操作无意义的形式符号的方式来建立合适的模型，描述心智如何发挥作用。这个哲学程序与当时一些学科中存在的范式是相一致的。

形式哲学认为，运用符号逻辑就可以充分地描绘出理性的特征，而符号逻辑采用的方式是对无意义的形式符号进行操作。生成语言学认为，一种语言的语法可以充分地用操作无意义形式符号的规则来描述。人工智能的观点认为，智能通常存在于操作无意义形式符号的计算机程序中。信息加工心理学认为，心智是加工信息的工具，而信息加工被认为是操作无意义的形式符号，就像在计算机程序中一样。

上述这些领域都发源于形式哲学。在20世纪70年代，这4个领域汇合在一起并形成了第一代的认知科学，认为心智是对无意义形式符号的非具身性操作。

Edge：第一代认知科学是如何适应实证科学的?

莱考夫：第一代认知科学没有实证基础，它源于先验哲学。但它的确开启了认知科学的领域。第一代认知科学的优点是精确。然而，这种认知科学也具有非常有害的一面，那就是其中隐藏着一种被伪装成科学结论的哲学世界观。如果你接受了这种哲学命题，那么与之不一致的所有结论都会被视为胡说八道。对于接受过这种哲学传统训练的研究者来说，认知科学就是在这个先验哲学命题的范围内对心智进行的研究。第一代认知科学家被训练以这种方式进行思考，很多教科书也依然以这种方式来描述认知科学。因此，第一代认知科学与哲学没有什么分别，它带着先验哲学的世界观，对“心智”是什么样的设定了许多限制。以下便是一些这样的限制：

- 概念必须是文字的，非隐喻的。如果用传统的形式逻辑来描述推理，那么就不能有诸如隐喻概念和隐喻思维之类的事物。
- 概念及运用概念进行的推理一定有别于心理表象，因为表象运用的是视觉机制，不能用对无意义的形式符号的操作来表示。
- 概念和推理一定是独立于感觉运动系统的，因为感觉运动系统是具身的，它不可能是非具身的抽象符号操作的一种形式。
- 同样，如果语言符合符号操作的范式，那么它也必定是非常精确的，非隐喻的，且与表象无关，与感觉运动系统无关。

从这个视角来看，大脑只是实现抽象“心智”的工具，“心智的程序”碰巧在大脑上运行。从这个意义上来说，心智并不是大脑的产物，大脑也不能塑造心智。心智是非具身的抽象物，人的大脑碰巧能够为它提供工具。这些都不是通过实验得到的结论，而是来自哲学假设。

在 20 世纪 70 年代中期，认知科学作为一门学科终于确立了下来，并且有了自己的学会和期刊。那时，认知科学领域的人们采用的是符号操作范式。我最初也是他们中的一员（基于早期我对生成语义学的研究），并受邀在美国认知科学学会第一次会议上发表学会创立演讲。然而，就在这个领域因符号操作范式得到官方承认并组织起来的时候，实证结果开始出现，并对这种范式本身提出了质疑。

各种实证结果都惊人地指向一种结论，那就是，心智不是非具身的，不能用独立于身体和大脑的无意义符号操作来表示。也就是说，心智关系到感觉运动系统，关系到我们在这个世界中发挥的功能。心智是具身的，大脑并非只是提供了实现心智的工具。身体与大脑的感觉运动系统最终产生并决定了概念结构和推理机制。

Edge：你能证明这种观点吗？

莱考夫：有大量的研究可以证明这种观点。以下是一些最让我感兴趣的结果：

- 色觉的神经生理机制、视锥细胞以及与颜色有关的神经回路决定了颜色分类体系的结构。颜色与颜色分类并不存在于外部世界，它们一方面是物体的波长反射比与光照条件相互作用的产物，另一方面是视锥细胞与神经回路相互作用的产物。由此，我们的身体和大脑构建了颜色的概念以及基于颜色的推理。
- 依据完形知觉、心理表象以及运动图式，概念结构中的基本层次范畴被构建出来。身体以及大脑的感觉运动系统通过这种方式进入了我们的概念系统，并占据了核心的地位。
- 语言中的空间关系概念，例如英语中的“在……里”“在……之间”“在……周围”，是由相同的基本“表象图式”构成的，也就是图式的心理表象。这些概念来自视觉系统及运动系统的结构。对于我们如何将语言和推理跟视觉和运动匹配起来，这种观点能够提供解释的基础。
- 描绘事件结构特征的体的概念（aspectual concept）似乎源自负责运动控制的神经结构。
- 范畴利用了许多种原型推导出整体的范畴。这些原型在一定程度上是以感觉运动信息来表示的。
- 用于推导身体运动的概念系统和推理系统可以通过一种神经模型来运作实现，而这种神经模型既模拟了运动控制，又模拟了推理。抽象概念在很大程度上是隐喻的，它所基于的隐喻运用了人的感觉运动能力以进行抽象推理。因此，抽象推理似乎主要产生于身体。

这些是令我印象最深的结果。它们使我们不得不承认身体与大脑在人类理性和语言中发挥的作用。它们指向的结论与“心智是非具身的”这一观点完全相反。正是因此，我放弃了早期对生成语义学的研究，开始研究心智与语言是如何具身化的。这一类结果导致了第二代认知科学的出现，也就是具身心智的认知科学。

Edge：让我们回到刚才有关认知科学与哲学有什么不同的问题上吧。

莱考夫：好的。认知科学是对心智进行的实证研究，不再受到先验哲学假设的局限。第一代认知科学认为心智是非具身的，执行的是一套哲学程序。第二代认知科学正在找出心智的本质，找出心智的真实模样——心智是具身的。第二代认知科学超越了第一代认知科学固有的哲学限制。

Edge：第二代认知科学是否预先进行了一种哲学假设？

莱考夫：我们认为没有。第二代认知科学只是预先承诺要严肃认真地对待实证研究，寻求最全面的概括，寻找来自许多方面、可以证实同一个观点的证据。有关具身心智的结论并不始于任何特定的心智理论，也不会以任何特定的心智理论为先决条件。是的，第二代认知科学需要与旧的哲学彻底区分开。

Edge：那么哲学将何去何从呢？

莱考夫：哲学应该从以实验为依据、负责任的立场出发，重新开始发展。年轻的哲学家们应该感到非常兴奋。哲学绝对不会消亡。哲学家必须重新进行思考，将有关具身心智的实证结论纳入考虑范畴。哲学思考的是有关人类存在的最深层的问题，现在是时候重新思考这些问题了，哲学的前景令人激动。

Edge：后现代哲学与分析哲学之间的学术争论是什么状况？

莱考夫：最终的结果表明双方都是在某些方面很有见地，但在其他方面存在着错误。后现代主义者正确地认识到一些概念会随着时间的流逝而发生变化，而且这些概念存在着跨文化的差异。但是他们提出所有的概念都是这样，这是错的，其实有几千个概念是不符合这种观点的。这几千个概念在全球各种文化中均存在，它们源自我们共同的具身化。

后现代主义者发现，在很多地方，民间的本质理论是无效的，这是正确的。然而他们错误地认为这种无效削弱了概念系统的力量，使概念系统变得随意而多变。分析哲学富有洞察力地描述了言语行为理论的特点。虽然形式逻辑并不能解释所有的理性，甚至不能解释大多数理性，但在有些地方，类似于形式逻辑的说法（经过了很多次修订）确实描述了理性某些方面的特征。然而传统的分析哲学在一些核心观念上存在着错误，比如真理的符合论、字面意义理论以及理性的非具身本质的观点。

目前学术界主张超越这两种哲学立场，并认为两者都做出了重要的贡献，也都需要一些修订。

Edge：是否存在东海岸与西海岸的学术划分？

莱考夫：早在20世纪80年代中期，丹尼尔·丹尼特提出了“东极”和“西极”，就好像所有非具身心智的支持者都住在东海岸，而所有具身心智的支持者都住在西海岸。虽然对具身心智的研究确实发源于西海岸，但这种地理上的划分也过于简单了。目前在美国，无论是东海岸还是西海岸，这两种立场都同时存在。过去美国剑桥市和普林斯顿的大多数学者倾向于旧的非具身心智的观点，至少在某些领域中是这样。然而现在在两个海岸上都有许多有趣的思想家，他们遍布全美，因此我认为现存的任何地理上的划分都不会持久。

在丹尼特最初做出这种区分的时候，神经科学以及神经建模领域刚刚开始发生变革，认知语言学刚刚出现。《我们赖以生存的隐喻》（*Metaphors We Live By*）才出版，而《女人、火与危险事物》（*Women, Fire, and Dangerous Things*）还没有写出来。杰拉尔德·埃德尔曼的《先有心灵，还是先有物质》（*Bright Air, Brilliant Fire*）、安东尼奥·达马西奥（Antonio R.Damasio）的《笛卡儿的错误》（*Descartes' Error*）[1]、特里·里

[1] 《笛卡儿的错误》是著名神经科学家安东尼奥·达马西奥的代表作，他在书中指出情绪对理性决策具有关键作用，从而打破了笛卡儿的身心二元论。该书中文简体字版已由湛庐文化策划，北京联合出版公司出版。——编者注

吉耶（Terry Regier）的《人类语义学潜力》（*The Human Semantic Potential*），以及帕特里夏·丘奇兰德（Patricia Churchland）和保罗·丘奇兰德（Paul Churchland）写的各种各样的图书也都没有出版。在过去 15 年中，神经科学和神经计算改变了认知科学，在未来 10 年或 20 年里它们还将使认知科学发生更多的改变。这些改变不可避免地会使我们更加认可、更加理解心智的具身化。没有大脑神经系统的参与，人什么都不可能思考。我们对大脑中神经连接的精细结构、它们与身体其他部分的连接以及神经计算的本质的了解会不断加深。我们发现的细节越多，对理性及具身理性概念系统的详细本质就会有更多的了解。

非具身理性的观念是一种先验的哲学观念，一直保持了 2 500 年。我相信，在未来 30 年里，它会在严谨的科学领域内逐渐消亡。

Edge：我们对这些学科应该抱有怎样的期待？

莱考夫：认知科学和神经科学正在引发哲学的革命。《肉身哲学》只是第一波革命浪潮的一部分。在未来 10 年或 20 年中，语言的神经学理论将会得到充分的发展，代替旧的乔姆斯基传统理论中的无意义非具身符号操作的语言观念。然而，最大且最重要的一种变革会出现在我们对数学的理解中。

这种变革的先驱是斯坦尼斯拉斯·迪昂所著的《数感》（*The Number Sense*）。这本书回顾了神经科学、儿童发展及动物研究中的证据，表明人类及某些动物的一部分大脑经过进化后，会主要负责计数和少量物体（大约 4 个）的简单运算。瑞菲尔·努纳兹（Rafael Núñez）和我从这些发现出发，探寻有运算规则的复杂运算是如何发展的，也就是人类思维中普通的概念机制是如何产生数学的。

我们的答案是普通的具身心智，连同它的表象图式、概念隐喻和心理空间，有能力使用日常的概念机制创造出最复杂的数学。迪昂的研究停留在简单运算上，而我们证明运用日常的概念机制，人类能够创造出集合论、符号逻辑、代数、解析几何、三角学、微积分和复数。另外，我们发现概念隐喻处于发展复杂数学的核心地位,这是不难看出来的。想一想数字线,它来自“数字是一条线上的点”的隐喻。数字不必被看成是一条线上的各个点。不需要从几何的角度来思考,算术也能很好地发挥作用。但是如果使用隐喻,就会出现更加有趣的数学。或者你可以想一下把数字看成集合的观点。在集合论中,数字是集合,0 是空集,1 是包含空集的集合,以此类推。这就是隐喻。数字也不必被看成是集合,在数字没有被概念化为集合时,算术就已经很好地发展了 2 000 多年。但是使用了集合的隐喻后,有趣的数学就出现了。还有一个不太出名的数字隐喻,那就是数字是组合博弈论中策略的价值。数字是什么?是点吗?是集合吗?数字本质上是组合博弈论中策略的价值吗?

这些数字隐喻是数学的一部分,每次你都会根据想要进行的数学运算的类别,选择一种隐喻。其中隐含的道理很简单:概念隐喻是任何复杂数学中数字概念化的核心。这是一种完全合理的观念。概念隐喻是保持推理结构的跨领域映射,数学隐喻提供了跨越不同数学分支的联系。我们得到的一个有趣的结果涉及无限性的概念化。有很多与无限性有关的概念,比如射影几何与反演几何中的无穷点,还有无穷集合、无穷并集、数学归纳法、超穷数、无穷序列、无限循环小数、无限和、极限、最小上界、无穷小等。努纳兹和我已经发现所有这些都能被概念化为无限性的简单基本隐喻中的特例。“实无穷”的概念指无限不仅是一直延续下去的,它还是一种事物,这个概念是隐喻性的。但这种隐喻非常简单,且存在于数学之外。数学家所做的就是为这个基本隐喻概念提供精心设计的特例。

由此我们得出结论,数学是人类大脑与身体的产物,不属于任何宇宙客观结构。我们的研究结果似乎证明所谓的数学传奇是错误的,数学传奇就是说数学的存在与具有身体和大脑的实体无关,在不依靠任何实体的情况下,数学构建了宇宙,从而创造了数学。当然,我们不能由此认为数学就像某些后现代理论家说的那样,是文化的随意性产物,而是说数学是人类大脑、身体以及我们在世界上的体验的稳定产物,是文化的一个方面。数学能“运转良好”的原因很简单:因为成千上万的聪明人仔细地观察了这个世界,调整或者创造了数学以符合他们的观察发现。这种良好的运转也是数学演化的结果：有许许多多的数学形式被发明出来以适应这个世界，但它们都失败了；而能够在这个世界上发挥作用的数学形式都是这种演化过程的结果。

认识到是人创造了数学并理解具身心智的哪种机制使数学得以产生是非常重要的，这让我们对自己在宇宙中的作用有了更加现实的认识。拥有身体和大脑的人是理性的来源，是数学的来源，也是观念的来源。人并不是飘浮在宇宙中的非具身概念、非具身理性以及非具身数学的工具。每一个具有身体的人都拥有无穷的价值，我们是来源，而不是容器。这使得身体具有了无穷的价值，它是所有概念、理性和数学的来源。

在过去 2 000 年里，我们一直低估人类身体的价值，也因此一直在贬低人类的生命。我们希望在未来的 1 000 年中，心智的具身化能够得到充分的理解与重视，由此进入更人性化的时代。

Edge：你接下来的研究方向是什么？

莱考夫：在过去 10 年里，杰里·费尔德曼（Jerry Feldman）和我在国际计算机科学研究中心（International Computer Science Institute）进行着有关神经语言学理论的研究。在很长一段时间里，我把大部分精力都投入了这项研究中。

从 20 世纪 70 年代开始，费尔德曼构建了结构联结主义（不是并行分布加工联结主义）的理论。结构联结主义使我们能够构建概念和语言结构及其学习机制的详细计算神经模型。

自 1988 年以来，我们一直在进行一个项目，它所涉及的问题对我们两人都非常有吸引力：从神经计算的角度看，人类的大脑由大量以特定方式连接在一起的神经元构成，这些连接在一起的神经元具有某些运算特征。如何将人类概念、人类理性的形式、人类语言范围的细节从大脑里许多连接在一起的神经元中提取出来？如何从神经元中提取思想和语言？我们在实验中试图通过思想和语言的计算神经建模来回答这个问题。

Edge：你如何将大脑结构与空间概念联系在一起？

莱考夫：特里·里吉耶在他的作品《人类语义学潜力》中已经迈出了第一步。他假设某些类型的大脑结构，比如视野的地形图、对方向敏感的细胞等，能够计算出语言学家发现的被称为“表象图式”的原始空间关系。令我吃惊的是，目前对于某些类型的神经结构如何能够产生空间关系概念，研究者不只是得出了合理的解释。最近由斯里尼·纳拉亚南（Srini Narayanan）进行的神经模型研究，对于大脑结构如何能够计算体的概念、概念隐喻、心理空间、混合空间以及人类概念系统的其他基本内容，为我们提供了类似的解释。我认为接下来的突破应该是语法的神经理论。

这些都是引人注目的技术成果。当你将这些成果与神经科学、心理学和认知语言学中有关心智具身化的其他成果结合起来，普通人日常生活中很多很重要的事情便能得到解释，而哲学家们在过去 2 500 多年里一直在对这些事情进行猜测。对于理解时间、事件、因果关系等，认知科学能够提供很多重要的观点。

Edge：比如什么观点？

莱考夫：当马克·约翰逊和我仔细研究认知科学的这些结果时，我们意识到有三个重要的结果几乎与除莫里斯·梅洛－庞蒂（Maurice Merleau-Ponty）和约翰·杜威（John Dewey）的观点外的所有西方哲学观点都不一致。这三个结果是：

- 心智天生是具身的。
- 大多数思维是无意识的。
- 抽象概念在很大程度上是隐喻性的。

这让我们在《肉身哲学》中提出了这个问题：如果我们从有关心智的新结果出发，重新构建哲学，会怎样？哲学会变成什么样子？

结果显示，新的哲学看起来完全不同于之前几乎所有的哲学。这些不同在人们的生活中都十分重要。从认知语义学的结果出发，我们发现了很多关于道德体系本质的新观点、关于自我内在结构概念化方式的新观点，甚至是关于真理本质的新观点。

Edge：这似乎是一种新的学问。

莱考夫：选择哲学作为认知科学实证研究的主题是非常有趣的做法。大多数哲学家把哲学看作先验的学科，因此认为没有必要对心智、理性和语言进行实证研究。英美哲学教导你要像哲学家那样思考，然后就假定基于你所受到的哲学训练，你应该能够对所有其他学科发表自己的见解。由此产生了哲学的很多分支，比如语言哲学、精神哲学、数学哲学等。约翰逊和我认识到，人们应该从认知科学的角度，尤其应该从用实证方法研究思维系统的认知语义学的角度，来研究哲学本身。我们的目标是为哲学带来科学的视角，尤其是心智科学的视角。

Edge：这与传统的哲学有什么联系？

莱考夫：大多数西方哲学理论与心智科学的基本结果相矛盾，这是令人吃惊的，也不是一种好的现象。我们尊重并重视哲学，我们的研究出自对哲学深切的爱，也出自过去几十年里对它的失望。我们想要看到哲学历史上的伟大时刻，比如产生前苏格拉底哲学、柏拉图、亚里士多德、笛卡儿、康德的时代，甚至是产生分析哲学家的时代，然后指明认知科学给哲学带来的启示能够揭示出哲学的本质。

我们的发现令人着迷：每位重要的哲学家似乎都会把一些隐喻当作永久的、不证自明的真理，然后采用严密的逻辑和完整的理论体系，顺着这些隐喻的蕴含关系导出结论，有时这会导向一些非常奇怪的观点。柏拉图的隐喻蕴含着哲学家应该管理国家的观点；亚里士多德的隐喻蕴含着真空不可能存在的 4 个理由；笛卡儿的隐喻蕴含着思想完全是非具身的，且所有思想都是有意识的；康德的隐喻导出了这样的结论：世界上存在普遍的理性，它决定了所有的道德法则。哲学家们采纳的诸如此类的立场并不是随机的，而是将普通隐喻当作真理并进行了系统性的研究后得到的结果。

Edge：认识到隐喻是早期哲学家的研究核心具有怎样的意义呢？

莱考夫：隐喻不仅是早期哲学家的研究核心，也是当代哲学家的研究核心。我们不会因为这种隐喻性而轻视他们的工作，恰恰相反，由于大多数抽象思维是隐喻性的，而且不得不使用隐喻，因此所有严密的抽象思维系统都会像我们分析过的那些伟大哲学家的思维系统一样令人敬佩。而且，每个人在日常生活中的推理通常也具有相同的特征，尽管从总体上来看几乎不会是前后一致的。从认知科学的视角审视哲学不仅让我们明白了伟大的哲学家是如何思考的，还使我们深刻地了解所有人的思维方式，至少是在思维保持前后一致且有系统性时的思维方式。这种视角还告诉我们，在很多情况下，有关人类存在的最深层问题的答案很可能是隐喻性的。这并没有什么不对。我们只需要认识到那些隐喻是什么，以及它们蕴含着什么意义。

我们还在进行一种积极的尝试，从认知语义学的角度来看待大多数基本哲学概念。约翰逊列出了这些基本概念的清单，除了真理以外，我们还详细察看了时间、因果关系、事件、心智、自我、道德和存在。幸运的是，在认知语义学中，相当数量的工作已经完成了。我们将结果汇总在一起，进行整合，从而进一步搞明白细节。意料之中的是，事实证明所有这些抽象概念基本上都是隐喻性的，它们使用了多重隐喻，而且每个隐喻都具有不同的逻辑。因此，因果关系不是一个概念，而是大约 20 个概念，每个概念都是隐喻性的，而且每个都具有不同的推理模式。所以，因果关系可能是链接、路径、来源、力量、相关性、本质等，随便选一个表示因果关系的隐喻，你就会发现这个隐喻伴随着不同的推理。

自然科学和社会科学都会采用因果关系的理论，但是对因果关系的隐喻可能千差万别，由此进行的因果关系推理也会是千差万别的。这仍然没有什么不对。你只需要意识到因果关系不是单一的，存在很多种因果关系的模式，每一种都有不同的逻辑推理。物理学家、社会学家以及认知学家运用不同的因果关系的隐喻，为现实做出了贡献。此外，知道自己正在使用因果关系的哪种隐喻也很重要。如果没有各种各样的隐喻，科学根本就无法发展，因为科学正是始于对因果关系隐喻的选择。最有趣的是，如果你看哲学史，就会发现相当数量的"因果关系理论"。仔细研究几个世纪来的因果关系理论，你就会发现，它们都是普通的因果关系隐喻之一。哲学家所做的就是挑选他们最喜欢的因果关系隐喻，然后把它作为永恒真理提出来。

Edge：道德与隐喻有怎样的关系？

莱考夫：有一组研究结果令我们非常满意，那就是隐喻的集合控制着道德思维。我们发现这些隐喻似乎都以具体的方式自然而然地从包括健康、财富、正直、光明、完整、清洁等各种形式的幸福中产生。一个特别有趣的发现是道德系统在整体上似乎是隐喻地围绕着家庭的替代模式而组织起来的。我们同样不应该对此感到吃惊，因为人正是在家庭中懂得了什么是道德行为。

我们现在可以研究各种道德系统的隐喻结构。认知科学使我们能够比以往更详细、更深刻地分析隐喻系统。比如，在研究康德的道德理论时，我们认为有 4 个基本隐喻构筑起这个伟大的智慧体系。这让我们看到康德道德理论的各个方面是如何结合在一起的。

认知科学不仅阐明了道德系统的概念框架，也使我们能够更充分地理解政治及社会问题。一些同事和我目前正在组建政治理论研究中心，试图把认知分析的研究方法运用到日常政治和社会问题上。

或许最令人清醒的结果也是最根本的：人类是神经构成的生物。大脑从身体其他部分获取输入，我们的身体形态及其发挥功能的方式构成了我们用以思考的概念。我们只能思考大脑允许我们思考的内容。

隐喻似乎是一种神经机制，它使我们能够适应感觉运动活动中使用的神经系统，从而创造出各种形式的抽象推理。如果这是正确的，那么似乎就是感觉运动系统决定了我们能进行怎样的抽象推理。由此，我们的身体、大脑以及我们在世界中的具体互动赋予了我们进行思考或理解的能力，同时塑造并局限了我们能够思考什么，或者能够理解什么。对此，我们必须建立起相关理论来解释。从科学角度来理解世界就足够了吗？

我们有理由认为，具身概念的资源可能不足以用于完成所有的科学任务。我们从物理学研究中找到案例，并讨论其中关于时间和因果关系的部分。广义相对论就是一个很好的例子。

Edge：那么由此带来的巨大改变是什么？

莱考夫：在描述时空的特征时，爱因斯坦就像之前的牛顿一样，使用了常见的隐喻，将时间看成一种空间维度。当前的时间和位置被隐喻地概念化为四维空间中的一个点，而“现在”是时间轴上的一个点。为了使时空存在曲率，时间轴必须是延展的，它不能只是“现在”这一个点。如果时间轴需要足够长以形成空间时间的曲率，那么除了现在，时间轴必须包括未来和过去。正如哲学家反复观察到的那样，这似乎意味着至少一部分未来和过去是与现在同时存在的。如果未来存在于现在，那么宇宙便是确定性的。坦率地讲，过去、现在和未来同时存在的观点看起来是可笑的，但是时空的曲率似乎暗示出这个观点。

Edge：问题出在哪里？是物理理论本身还是用来描述它的数学模型？

莱考夫：问题在于“时间是一种空间维度”的通用隐喻，它被用来理解爱因斯坦关于物理宇宙的数学理论。“宇宙是确定性的”这种决定论的哲学含义不是来自数理物理学，而是来自数理物理学中的一个隐喻。这是否意味着我们能够或者应该丢弃隐喻？

不，不管怎样我们都不能丢弃隐喻，即使它确实具有愚蠢的含义。物理学是关于某样事物的。我们需要把相对论的数学与对空间和时间的理解联系起来。“时间是一种空间维度”的隐喻发挥的就是这种作用。我们没有更好的隐喻，具身心智也产生不出能够代替这个隐喻的字面概念。普通的隐喻可能有着愚蠢的含义，但是它是具身化的人类概念系统所能想出的最好的隐喻了。这意味着将数理物理学与用来理解它的普通隐喻区分开是很重要的。同样重要的是，我们不应该从字面上来理解这些隐喻，即使这会导致我们根本无法用文字来解释它们。我们不应该从字面上将时间理解为一种空间维度，而应该认识到自己正在使用通用的隐喻，这个隐喻包含着一种决定论的累赘，那就是它蕴含着现在、过去和未来同时存在的含义。

这说明你不能想当然地理解概念系统。它们既不透明也不简单，而且不能完全照字面意思来理解。从心智科学的角度来看，科学本身便和我们日常所知的科学定义有所不同。科学的理解和人类的所有理解一样，必须运用由身体和大脑塑造而成的概念系统。

莱考夫的作品《别想那只大象》中文简体字版已由湛庐文化策划，浙江人民出版社出版。——编者注

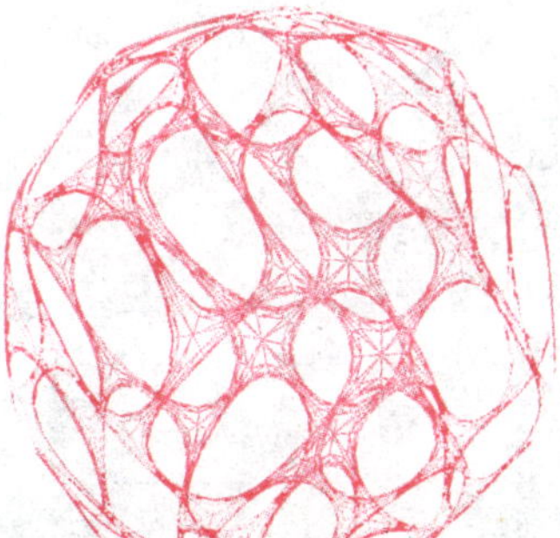

WE HAVE TO
PUT EMOTION
BACK INTO THE
BRAIN AND
INTEGRATE IT
WITH COGNITIVE
SYSTEMS.

我们必须将情绪放回大脑，与认知系统整合起来。

——《平行记忆：将情绪放回大脑》

03

PARALLEL MEMORIES: PUTTING EMOTIONS BACK INTO THE BRAIN

平行记忆：将情绪放回大脑

Joseph LeDoux

约瑟夫·勒杜

纽约大学神经学家

著有《突触自我》（*The Synaptic Self*）

Edge：情绪和大脑对科学家们来说是新的研究主题吗？

勒杜：20年前没有人关注情绪与大脑，但最近几年似乎掀起了一阵研究的热潮。一个原因可能是因为这个主题被忽视了太长时间，需要有人来填补由此造成的空缺。另一个原因是，在探究这个问题的过程中，科学家们取得了一些成功，这改变了人们的看法，让大家认识到了研究大脑中情绪的可行性。

最大的成功来自对恐惧的研究。恐惧是相对容易进行实验操纵的情绪，不像爱或希望那么难以把握。对于能够清晰界定刺激与反应的情绪，研究其相应的大脑功能也会比较容易。拿恐惧来说，研究者很容易创造出预示着危险即将来临的实验室情境，由此引发如老鼠等动物的一系列特定反应。老鼠在面对危险时做出的反应与人类的反应很类似。通过在大脑中追踪从刺激加工通路到反应控制网络的刺激流，研究人员便有可能找到与恐惧有关的神经回路。我们已经对恐惧做过这样的研究了。

Edge：你是如何开始研究情绪与大脑的？

勒杜：我对情绪开始产生兴趣的时候，研究的主题与情绪完全没有关系。当时我是一名研究生，和迈克尔·加扎尼加（Michael Gazzaniga）[1]一起进行裂脑研究，探究信息如何在裂脑患者的两个脑半球间传递。我们提出的问题之一是，当我们将信息输入患者的右脑时，会发生什么。记住，语言通常是左脑的功能，因此，在正常情况下，裂脑患者应该不能说出被输入右脑的信息。结果发现，我们在右脑中输入能够引发情绪的信息时，患者的左脑无法告诉我们它看到了什么，但能告诉我们它感受到了什么情绪。这使我们产生了一个想法，那就是能够引发情绪的信息和关于刺激是什么的信息可能是在大脑不同的通路中进行加工的。这看起来非常有趣，我决定去研究这种现象。

当时我认为研究情绪加工通路的唯一方法是采用动物模型。在动物研究中，研究者可以根据实验需要来损害动物的某种功能，还可以进行细胞记录、通路追踪等。做这类研究的目的不是进行简化，而是帮助我们理解情绪如何被整合到大脑中，告诉我们情绪这种功能本身是如何运作的。如今我们已经有更先进的方法用于研究人类大脑，比如功能性成像技术。这些先进方法能提供大脑处于某种情绪状态时的图像，但我们无法从中获得更多的信息。我们想知道被激活的

[1] 迈克尔·加扎尼加，认知神经科学之父，美国国家科学院院士，美国艺术与科学学院院士。他的作品《谁说了算》讲述了人类大脑的作用机制、意识的来源、社会意识的进化以及自由意志观念对于整体社会的影响。该书中文简体字版由湛庐文化策划，浙江人民出版社出版。——编者注

脑区是如何与更广泛的神经系统进行配合的，但又不能对人类进行这样的研究，只能转而从动物模型中寻求答案。换句话说就是，动物研究可以提供理论框架，来解释人类脑成像研究中所获得的大脑图像。如果没有动物研究，很多人类研究可能永远都不会出现。即使进行了这种人类研究，其结果也难以解释。

因此，我离开了人类神经心理学的世界，在完成博士学业并从事了短期的博士后研究之后，开始进行动物研究。迈克尔和我来到了威尔康奈尔医学院，大约一年后我在那里的神经生物学实验室中结识了唐·赖斯（Don Reis）。实验室的任务是研究大脑对自主神经系统的控制。实验室对我的研究要求是必须记录血压，在这个前提下想研究什么都可以。于是我建立了条件性恐惧反应的血压模型。

我之所以选择条件性恐惧反应，是因为它看起来比较简单：给动物播放毫无意义的声音后，进行轻微的电击，重复几次后，这种声音很快就会引起血压的变化。这是让动物对这种声音产生情绪反应的好方法。在一开始的实验中，动物并不害怕这种声音，也不会由此产生任何情绪反应。由于声音通过听觉系统传入大脑，而情绪反应通过自主神经系统传出大脑，因此这种巧妙的实验设计能够帮我们发现听觉系统与自主神经系统间存在怎样的联系，这种联系可以通过结合大脑损伤、神经记录以及通路追踪技术找出。简而言之，我发现杏仁核是听觉系统和自主神经系统之间必要且充分的连接物。然而，从一般意义上来说，杏仁核是所有感觉系统和所有恐惧反应系统之间的连接物。无论刺激如何进入大脑，无论反应如何传出大脑，杏仁核都会参与到这个过程中。

Edge：你研究的第一种情绪就是恐惧，我觉得这很有趣。

勒杜：20 世纪 80 年代初，我刚开始进行情绪研究的时候，采用的是条件性恐惧反应的方法，因为这种方法非常方便。正如我说过的，将刺激与电击组合在一起，一两次之后便会引发动物比较强烈的情绪反应。当时我认为，采用这种方法可以识别出大脑中通用的情绪系统，那会是一种类似边缘系统的大脑结构。但是，现在我认为对边缘系统的研究，或者更宽泛地说，“大脑中存在着情绪系统”的这种想法，都是被误导的结果。我通过实验得出了这个结论。当我勾勒出恐惧反应的神经回路时，发现边缘系统在其中并没有发挥什么作用，唯一有所介入并可以被纳入边缘系统的结构就是杏仁核。边缘系统的核心结构海马，其实与记忆和空间行为等非情绪加工有关。如果边缘系统确实存在的话，那么显然它也没有以任何明确的方式系统化地参与情绪加工过程。我因此认定，思考恐惧在大脑中的运作方式时，不需要使用边缘系统的概念。不过，这依然不能完全证明专注研究恐惧而忽略其他情绪是正确的。

我逐渐认识到情绪是不同系统的产物，每一个系统经过进化后会负责处理生存问题，比如抵御危险、寻找配偶或食物等。这些系统解决的是与生存有关的行为问题。与寻找配偶或食物相比，发现危险并做出反应所需要的感觉过程、认知过程、动作输出以及反馈网络是不尽相同的。由于存在这些独特的需求，我认为不同种类的情绪与大脑中不同的系统有关。

一个与此相关的观点是，情绪系统最初并不是为了产生相应的情绪感受而出现的，比如恐惧系统并不是为了在身处危险中时产生害怕的感受而出现。我认为感受在进化中出现得比较晚。所有动物都必须能够发觉危险并做出反应，无论它们具有的是哪种类型的认知结构。蜜蜂、蠕虫和蜗牛是这样，鱼类、青蛙、鸟类、老鼠和人也是如此。顺便说一句，条件性恐惧反应能够发生在所有具有杏仁核的动物身上，杏仁核是关键。这类动物包括爬行类、鸟类、许多哺乳类，当然也包括人类。我认为，说恐惧行为在进化中先于恐惧感受出现应该没有什么错。如果真是这样，那么在研究情绪的时候，将注意力集中在感受上可能是错误的。从这个意义上来说，动物先是无意识、无感情、无语言的，然后才变得有意识、有感情、有语言。我们将更基本的加工定义为人类大脑所特有的否定加工，这非常糟糕。可能的情况是，一旦出现了意识和感受，与之相关的各种新情绪便进化出来了。不过，我试图搞明白的是在人类和动物中都很类似的情绪，这样我就能通过大脑来研究情绪了。

我赞同某些理论家的说法，他们认为在大脑的架构中天生就被设定了一些基本情绪。人类脑皮质面积大的优势之一是我们能够将一些固有的情绪混合起来，形成更复杂的情绪，其中认知发挥了重要的作用。比如说，发现危险并做出反应是大脑天生的能力，而害怕恋爱的能力则需要将寻找配偶的系统与抵御捕食者的系统通过认知整合起来。虽然我赞同关于基本情绪的观点，但我并不认为这种观点可以给出完备的解释。这些理论家们要能说出各种不同的情绪都是什么，那只会引发争论。我宁可在一种被普遍接受的情绪及其在大脑中的组织上投入研究精力，也不愿意花时间争论某一种心理过程是不是情绪。

Edge：那么感受是什么？

勒杜：情绪研究聚焦于有意识的感受，几乎将其他可研究对象都排除在外。情绪研究者由于某种原因似乎承担着“心身问题”的负担，但我认为，感受的问题与意识是相同的，情绪研究者没有任何责任要先于其他人解决这个问题。拿视觉来说，哲学家们曾思考过，当看到一个苹果的时候，我们对红色的感受来自哪里。然而视觉研究者发现，在研究我们如何加工红色之前，不必先搞明白我们是如何感受红色的。对情绪的研究也是如此。即使我们不知道大脑是如何感受危险的，也可以研究大脑如何发现危险并做出反应。因此，从某种意义上说，在危险情境中产生的恐惧感与其他类型的有意识感受并没有差别。唯一的差别在于意识所关注的系统，是危险加工系统，还是颜色加工系统或语言加工系统等。所以，当我们有意识地感知到情绪系统活动时，就会产生情绪感受。其实，情绪系统的大部分工作是我们的意识感知不到的。

Edge：情绪记忆与认知记忆之间有什么区别？

勒杜：我假定你所说的认知记忆就是外显的、有意识的记忆，是我们在日常语言中所说的那类记忆。情绪记忆和外显记忆虽然会同时产生，但这两个过程是分开的。比如说，杏仁核负责调节情绪记忆，而颞叶的记忆系统负责调节外显记忆。

这里有一个例子。想象你沿着一条马路开车，发生了事故。你的头撞在了方向盘上，汽车喇叭被卡住了。你流血了，觉得很疼，这太糟糕了。过了一会儿，你听到了汽车喇叭的声音。那声音传到你的杏仁核，激活了自主神经系统，使你血压升高、心跳加快并开始出汗，使你全身的肌肉绷紧，向血液中释放出应激激素，等等。喇叭的声音还抵达了颞叶系统，它提醒你发生了事故，还有你与谁在一起、你要去哪里，还提醒你这一切是多么可怕。然而，这些都是有关事故状况的事实，是对引发情绪的经历的记忆，而不是情绪记忆。一般来说，情绪加工与认知加工的一个不同点在于：情绪加工通常会引发身体反应，而认知加工会引发更多的认知加工。人们很少用某些特定的身体反应来描述认知，但通常会这样来描述情绪。尽可能多地了解这些系统的生物特点是非常重要的。

许多人在情绪记忆上出现了问题，那些挤进心理学家的办公室咨询的人从根本上说是试图解决情绪记忆问题。他们想要应对、改变、消除或抑制情绪记忆。如果说情绪记忆和外显记忆有什么不同的话，那就是情绪记忆比外显的有意识的记忆更基本。比如，情绪记忆出现的年龄更早。一个在年幼时受到虐待的孩子很有可能通过杏仁核形成了无意识的情绪记忆，那时孩子的颞叶记忆系统可能还没开始发挥作用。如果是这样，那么一些永远无法被有意识地理解的体验形成了情绪记忆，因此调节有意识记忆的系统无法对这些体验进行编码，因此这些记忆永远也不会被提取出来。

我们需要知道无意识的情绪记忆是如何形成的，因为这不仅发生在童年早期，人一生中的各年龄阶段都会形成情绪记忆。这些记忆似乎是永不磨灭的。研究人员能通过实验消除它们，精神病医生能够治疗它们，但它们通常会再次出现。最近我们已经在杏仁核中找到了引发这种现象的机制。我们的发现比较复杂，简单来说是这样的：在前面说的引发条件性恐惧反应的实验中，我们在条件作用之前和之后，分别记录下杏仁核中的神经活动。在声音出现后，神经细胞的放电增加了。随着声音的消失，放电活动又恢复到基线水平。除了测量刺激引发的这些反应之外，我们还测量了不同神经元在没有刺激时的自发放电反应在时间上的相关性。条件作用之后，一些之前不相关联的神经元变得相关联了，而有些神经元在条件反射消退后依然保持着关联。换句话说就是，令人恐惧的刺激虽然不再引发杏仁核中的活动，但杏仁核细胞依然在功能上相关联。同理，消退和治疗没有消除情绪记忆，只是削弱了刺激激活记忆的能力。因此为了让刺激再次生效，我们要做的就是改变刺激与记忆之间突触连接的强度，而不是重新创造记忆。

恐惧症也是如此。恐惧症能够得到缓解，比如看到蛇不会再引发严重的焦虑，但之后患者的母亲去世了，蛇有可能再次引发恐惧反应。恐惧症还可以很好地说明对情绪的认知记忆与情绪记忆之间的区别。我们并非生来就患有恐惧症，一些经历以某种方式使我们患上了恐惧症，这种恐惧症被储存在大脑中，成了如蛇和高处等刺激与恐惧反应之间的连接物。虽然恐惧症被成功治愈了，蛇不再引发明显的恐惧反应，但患者仍记得自己曾经得过蛇恐惧症。换句话说就是，治疗抑制了杏仁核的病理性反应，但并没有消除颞叶记忆系统中关于曾患过蛇恐惧症的记忆。

Edge：你为什么称之为无意识的情绪记忆？这与发明一个“被压抑的记忆”的概念有什么不同？

勒杜：我所谈论的并非被压抑的记忆，只是人的意识触及不到它。我来举一个简单的例子。颞叶记忆系统受到损伤的患者记不起 5 分钟前发生的事情。如果你让这些患者听一种声音，随之进行一次电击，然后你再让他们听这种声音，他们的自主神经系统会做出反应，但他们不记得是什么经历触发自己产生这种反应。记忆存在于大脑中，我们能够测量到它对系统产生的影响，包括自主神经系统和行为系统，但患者对此没有有意识的记忆。在日常用语中，“记忆”一词通常指的是有意识的记忆，但作为科学工作者，我们使用的是更广义上的“记忆”，它表示能够反映过去经历的神经系统的改变。按照这种定义，我们可以看到各种各样在意识中没有痕迹的记忆。内隐记忆和程序记忆就是如此，它们虽然存在于大脑的系统中，但没有反映到意识里。

20 世纪初，有一个著名的病例很好地说明了这个观点。一位患者患有非常严重的健忘症，她的医生每天不得不向她重新介绍自己，因为她已经不认识医生了。一天，医生在自己的手里放了一枚图钉，然后和患者握手。当他们的手握到一起时，患者的手指被刺痛了。医生走出了房间，过了一会儿又走回来，并问患者以前是否见过他。患者说她没有见过医生。但当医生伸出手要和她握手时，患者退缩了。尽管我们不知道她的大脑中发生了什么，但似乎握手有危险的内隐记忆已经铭刻在她的杏仁核中，这使她不再伸手，由此保护自己。她隐隐地知道握手是危险的，但无法说出原因，因为她不记得是什么经历导致了这种印象。杏仁核在形成自己的记忆，但颞叶记忆系统没有形成记忆。

在正常情况下，这两个系统会同时工作，产生对引发情绪的经历的有意识记忆以及无意识的情绪记忆。从这种意义上说，情绪记忆显然是无意识的。但是这种无意识性并不是因为记忆被压抑了，而是因为它们不是由有意识的记忆系统形成的。有意识的记忆系统会形成有关情绪的记忆，但不会形成直接连接情绪反应系统的情绪记忆。

Edge：你希望自己的研究能够取得怎样的进展？

勒杜：目前我的研究越来越深入到情绪的细胞与分子层面，探究情绪在细胞与分子层面上是如何被认识和储存的。我们正试着尽可能多地了解这些记忆是如何在细胞层面上形成的，这让我们开始研究突触可塑性，以及当这种记忆过程发生时，单一突触的层面上发生了怎样的改变。我们提出了这样一些问题：哪些神经递质参与了情绪记忆的形成？为了长期保持这些记忆的稳定，发生了哪种分子改变？这些研究刚刚开始，会延续到 21 世纪。同时非常重要的一点是，我们不应该忽视一个事实，那就是我们研究的是一个具有重要行为结果的心理问题。我们既需要研究分子，也需要研究行为。我们尽量在所有层面上进行研究，既包括行为系统层面，也包括细胞与分子系统层面。

Edge：你的研究说明了什么？

勒杜：大脑能够以某种方式使我们产生情绪反应，而这些情绪反应与当时我们所思所想、所说的话、所做的事情可以毫无关系。换句话说就是，情绪反应的触发可以独立于有意识的思维过程。例如，我们发现信息可以不先通过新皮质而直接进入杏仁核，而为了搞明白传入的信息是什么并且觉察到它，人需要在新皮质中加工这些信息。由此可见，情绪可以在无意识层面上被加工，而且其实可能主要是在无意识层面上被加工的。在无意识加工之后，我们才会意识到一切。因此，有意识的恐惧感不是连接危险刺激与情绪反应的必要步骤。我们对情绪的控制程度可能不像有时自己认为的那样高，或者不像我们希望的那样高。

以这种迅速而隐秘的方式产生的情绪反应对生存来说是非常重要的。这种反应的优点是允许进化而来的本能替你进行思考，这样你才能赢得考量当时的情况并做出最合理行为的时间。例如，当突然出现危险时，人类和其他动物的第一反应是定住不动。捕食者通常会对运动的物体做出反应，因此定住不动可能是最先能够做出的最佳做法，至少对我们远古的祖先来说是这样。如果他们还得先思考一开始应该怎么做，那便会沉浸在思考过程中，这可能会让他们坐立不安，结果被捕食者吃掉。

亚特兰大奥运会爆炸案发生时的情形很好地说明了这种现象。炸弹爆炸后，所有人都将身体蜷缩起来，在几秒钟里一动不动，然后才开始奔跑。在他们定住不动的那几秒钟，你几乎能够看到他们的认知系统在运转。尽管我们不能直接控制那些迅速被激发的无意识情绪反应，但我并不认为它们可以成为做出某些事情的合理借口，比如精心策划的犯罪、谋杀、强奸或这类性质的事情。在威胁到生命的情境中，这种反应迅速而隐秘的系统会产生相对简单快捷的反应，比如定住不动。做出这些反应的人更有可能是受害者，而不是犯罪者。

Edge：你的研究对心理治疗有什么启示？

勒杜：杏仁核与新皮质之间的连接是不对称的。杏仁核投射到新皮质上的信号比新皮质投射到杏仁核上的信号强得多。戴维·阿马拉尔（David Amaral）对灵长类大脑的研究已经证实了这一点。这说明杏仁核控制新皮质的能力比新皮质控制杏仁核的能力更强，或许这可以解释为什么我们很难用意志力来克服焦虑。一旦情绪开始发挥作用，便很难被关掉。在情绪发作期间，身体会释放出激素及其他能长期发挥作用的物质。一旦你处于那种状态，新皮质便很难对杏仁核产生作用并将其关闭。

正是因此，心理治疗可能是一个漫长而艰难的过程，因为新皮质用于与杏仁核沟通并控制杏仁核的通道是存在缺陷的，就像通过乡村小路而不是高速公路从纽约前往波士顿。与之相反，杏仁核能够非常轻易地控制新皮质，因为它所要做的就是以非特定的方式唤起大片脑区。然而对于新皮质来说，关闭这些区域则是一项非常困难的任务。大脑只进化到了这一步，我们不具备可以使认知系统更有效地控制情绪的神经连接。但是，我目前还不清楚这是不是件好事，因为史波克先生（Mr. Spock）[1]不一定是我们想要成为的理想人类。

[1] 电影《星际迷航》中的人物，属于瓦肯人族群，瓦肯人的特点是信仰严谨的逻辑和推理，摒弃感情的干扰。——译者注

化合致幻药可能真的具有实际效用，我很奇怪，制药公司居然没有来敲我的门，以了解如何制造出比现有药物更具有明确药效的药物。我们知道恐惧感是通过哪些回路被激发出来的，还知道这些回路在什么时候参与了进来。我们开始研究哪些神经递质参与到引发恐惧的过程中，由此似乎可以找到杏仁核中恐惧感的化学成分，制药公司可以研发出攻击这些成分的药物。比如说，如果你服用安定，那么它除了能减轻焦虑之外，还会让你感到困倦、性欲减弱，因为它会影响大脑中 γ-氨基丁酸的传递。但是如果你能开发出一种只作用于杏仁核的安定，那么便能拥有一种只影响与恐惧相关的脑区的药物。目前这只是一种不切实际的梦想，但他们应该予以考虑。

Edge：如今学界对你的研究的认可程度如何？

勒杜：令我吃惊的是，几乎所有的心理学领域不仅赞同我及像我这样的研究者的研究成果，而且正努力尽可能多地了解这些研究。更令人吃惊的是，这些研究已经扩展到了精神分析领域。一些精神分析团体邀请我去给他们演讲，我还受邀参加了一些精神分析团体的会议，这些会议的目的是尝试了解情绪大脑的观念如何能帮助他们理解精神分析，并带领他们进入21世纪。目前，精神分析学正处在比较糟糕的状态中。年轻的精神病学家不想进入精神分析领域，因此老一辈的精神分析学家正试图找到让该领域变得更有吸引力的方法。我想他们把神经科学看成是一种可行的媒介。

Edge：还有其他领域的认可吗？

勒杜：发展心理学家和社会心理学家对情绪大脑的研究持非常开放的态度。发展心理学家之所以很感兴趣，是因为在有意识记忆开始发挥作用之前，杏仁核就出现了早期的发展。社会心理学家之所以感兴趣，是因为杏仁核似乎在无意识地起作用。社会心理学领域中有一个专门处理无意识情绪知觉的研究方向，就是研究人们如何利用自己都不知道何时发出的微妙的暗示，以及人们的无意识思维如何获取了这些暗示，这样你的无意识思维与我的无意识思维便能够彼此进行交流，而我们的有意识思维对此一无所知。这一方向的研究者们对有关杏仁核的研究很感兴趣，对杏仁核可能是一种无意识的情绪处理器的观点也很感兴趣。

认知科学家最初将情绪排斥在他们的研究领域之外，但他们开始意识到，这样的认知科学不是关于心智的科学，而只是关于一部分心智的科学。现在他们想将情绪和认知结合起来研究，这是一件好事。许多人工智能的情绪建模以及一些联结主义的建模也正在进行着。

Edge：丹尼尔·丹尼特或史蒂芬·平克的研究与你的研究有什么关联？

勒杜：我注意到在平克最近的谈话《计算器官》中，他确实谈到了情绪。他探讨了激情在人类心智中扮演的角色。我认为我们对很多观点的意见是一致的，比如情绪的进化方向以及它们的无意识本质。我更感兴趣的是进化如何使人类和其他动物保持了相同的情绪系统，而他更感兴趣的问题似乎是什么使人类的大脑具有了独特的语言功能，而其他物种却没有这种功能。我们之间最大的差异可能在于处理问题的方式。我从大脑入手，这样我就能知道我的理论与人的身体硬件是相关联的，而且这种关联从生物学的角度来看似乎是合理的。我认为他的研究并不依赖于大脑。我想，两种方式各有优缺点，也都是必要的。

我所说的与丹尼特的观点在某种程度上是互相兼容的，因为我并没有把情绪当作一种有意识的感受来进行研究，而是把它当作神经系统的计算功能。我在谈论情绪的时候，将它放在了认知科学家所说的亚符号层面上。从这个意义上来说，情绪系统是在无意识层面上众多并行运作的系统中的一个。按照丹尼特的观点，在所有这些亚符号系统之上存在着一个符号系统。不严格地说，这个符号系统就是意识的诞生地。

这个符号系统与无意识情绪系统的输出有一些联系，也能触及其他所有感知系统、其他亚符号系统的输出。某一时刻吸引住符号系统的输出就是我们所感知到的东西，因此我们能够感知到情绪事件或日常事件。我想说，并不存在一个与处理其他有意识体验的系统相分离的、专门处理情绪体验的特殊系统。只存在一种意识机制，它既可以被日常事件所占据，也可以被情绪事件所占据。我认为我对心智的看法与丹尼特的看法没有什么不兼容的地方。这并不是说我赞同丹尼特对意识的解释。相反，我认为大多数心智活动不是通过意识发挥作用的。

Edge：你会如何描述你自己？

勒杜：最近有人说我是伪装成神经学家的激进的行为主义者。我认为这是一种有趣的扭曲。我确实在尽力把情绪当作无意识过程来研究，但我没有否认意识的重要性，只是认为意识妨碍了对情绪的研究。我并不是一个真正激进的行为主义者。我意识到我的研究方式在简化并可能在过度简化情绪，但我希望通过对简单的事物形成确凿的理解来逐步探究复杂问题，而不是从复杂问题中摸索，尝试解释比较简单的过程。

Edge：你能否再多解释一下被压抑的情绪与亚符号系统的区别？

勒杜：要讨论这个主题，我们先来了解几件重要的事情。研究者最近收集到了有关压力对记忆的影响的数据。基本的发现是，在有强烈压力感的时候，颞叶记忆系统的外显记忆功能会失效。在生理学层面上，压力通常是以肾上腺释放的应激激素的量来定义的。这种物质被释放出来后，进入人的血液循环并进入大脑。海马和杏仁核就是应激激素攻击的目标。这些激素会对海马产生不利的影响，例如使海马内很难产生长时程增强效应，因此从生理学意义上讲，海马开始关闭。同时，空间学习也受到了干扰。如果这种压力保持下去，树突会开始萎缩，如果压力持续更长的时间，海马本身的体积会开始缩小。布鲁斯·麦克尤恩（Bruce McEwen）和罗伯特·萨波尔斯基对压力和海马进行了大量的研究。最近还出现了一些对创伤后应激障碍患者，如越战老兵的研究，他们海马的体积减小了很多，记忆都受到了干扰。

与此相反，压力似乎增强了杏仁核的功能。压力会使杏仁核更好地执行自己的任务。假设一个人被抢劫或被强奸了，压力系统会释放出应激激素，这可能是因为杏仁核发现威胁并激活了应激激素系统。激素进入大脑，海马受到了不利的影响，因此无法有意识地形成关于这段经历的记忆。不过这个人的杏仁核的功能被增强了，它不仅无意识地形成了记忆，而且比以前记得更好。因此，导致海马的有意识记忆受损的情境，恰好能通过杏仁核促进无意识情绪记忆的形成。

现在这个人走在街上，对受到伤害的经历没有形成有意识的记忆。目击者告诉他发生了什么，但他予以否认。事实上，在这种情况下，人们经常会否认发生过的事情。他带着无意识的创伤记忆，但意识不到发生了什么。我不知道在现实中是否存在这种情况，但从生物学的角度看，这是非常合理的。我们完全可以理解一个人受到了这样的伤害，但对此完全没有有意识的记忆。我相信存在这种现象，这与我们目前所了解的有关记忆的科学是相符的。

接下来的问题是，你能通过心理学的策略、疗法或其他任何手段让这个人恢复从来没有过的记忆吗？答案显然是不能。人们不可能唤起未经海马编码的记忆，并把它转化成海马的记忆。由此可见，杏仁核拥有自己的记忆，而且不会与海马分享，因为两者的运作方式不同。杏仁核和海马各司其职，它们之间有交流，但它们的编码与表征信息的方式是不同的。因此，你无法从杏仁核中提取信息，并将它转化为海马能够读懂的内容。我认为，这种研究能够告诉我们很多有关记忆和情绪的心理学原理，而不只是它们的生物学细节。

Edge：在未来5年中你想要实现什么目标？

勒杜：目前我们对情绪的几个方面知之甚少，未来我希望能够了解它们。我们已经开始对一个方面有了更好的了解，那就是最初的情绪反应是如何被激发的。换句话说就是，当公共汽车靠近时，你向后一跳，躲过了它，在这之后你才意识到自己刚刚跳开了，才开始感到害怕，这个过程是如何被激发的。我们对无意识反应系统的细节已经非常了解了，但不了解情绪行为的系统。你以这种无意识的方式做出反应后，如何自发地做出决定并控制自己的情绪行为呢？大脑中的哪些回路参与了心理学家所说的应对（coping），也就是人在面对并试图应对情绪唤起时产生的认知和行为反应？或许基底神经节和皮质区域参与了这一过程。真正令我感兴趣的问题是，什么使我们既参与了情绪的产生，又成了情绪的作用对象。

这使我又想到了一个问题，那就是有意识的感受在什么时候进入了情绪？我们如何更深入地理解情绪感受？我们都想知道感受来自哪里以及它们是如何运作的。过去有许多研究从感受出发，试图回归到上述问题中，结果一无所获。正是如此，我要从基础的反应开始，向上研究到感受。我还想更多地了解情绪记忆。大多数使我们产生情绪的事物是通过经验习得的。因此关于情绪系统，还有一个很关键的问题是它是如何学习并储存信息的。把这些研究目标简单总结起来就是：我想要更多地了解认知与情绪的相互作用。我们必须将情绪放回大脑，与认知系统整合起来。我们不应该孤立地研究情绪或认知，而应该把它们当作心理的两个方面，一起进行研究。

在有关选择配偶的研究中，
我们看到，人们的选择依据
不只是外表，还包括丰富的
心理特质。

——《性选择与心智》

WHAT WE'RE SEEING HERE IS IN STUDYING HOW PEOPLE CHOOSE THEIR MATES, NOT JUST FOR PHYSICAL APPEARANCE BUT FOR ALL THESE RICH PSYCHOLOGICAL TRAITS.

04

SEXUAL SELECTION AND THE MIND

性选择与心智

Geoffrey Miller
杰弗里·米勒
新墨西哥大学进化心理学家
著有《交配脑》（*The Mating Mind*）和《消费：性、进化与消费者行为》（*Spent:Sex,Evolution,and Consumer Behavior*）

我当前的目标是将进化心理学向前再推进一步，尽可能运用标准的进化理论全面地解释人类思维、人类情绪、人类社会生活及人类性行为。我对研究那些被标准的进化心理学相对忽视的领域特别有兴趣，例如史蒂芬·平克在《心智探奇》中对视觉、记忆、情绪进行了细致的探讨，但忽视了人类心智最有趣的一些方面，比如艺术、音乐、幽默和宗教。显然，我们目前对这些方面的心理学原理还没有很好的解释。我很有兴趣用性选择的理念来解释其中某些方面，但也很乐于接受有关这些方面的任何新观点。

目前，还令我感兴趣的一件事是在进化心理学与行为遗传学之间建立更多的合作关系，特别是为了理解心智，区分其中普遍的部分（每个人都具有的相同结构）以及人与人之间存在很大差异的部分（某些差异具有遗传性）。

行为遗传学与进化心理学这两个领域曾经是敌对的，彼此间存在着很多误解。

进化心理学研究的是人类的共性，也就是每个人的大脑中进化出的相同的结构和每个人都具有的相同的能力。传统的行为遗传学研究的是人与人之间的差异，例如智力的差异、人格的差异。因此，这两门学科的目标是不同的。

行为遗传学试图搞明白人与人之间的差异是源自遗传差异还是源自环境差异，到目前为止答案似乎是遗传差异的影响力非常大。进化心理学还没有消化这个答案，也没有充分利用新的强大的 DNA 研究方法。关于人类智力的本质还存在一些悬而未决的重大问题。通过智力研究，我们知道存在着所谓的一般智力，也存在一般智力因素，人们在这个维度上是有差异的。一般智力能够对一些非常重要的事情做出解释，比如在学业及生活中取得的成功。我们知道有些人擅长某类思维任务，比如掌握大量单词，同时也擅长其他思维任务，比如数学或空间导航。为什么这些能力间存在相关性？

人们有一种错误的看法，就像在智力研究中所说的那样，认为一般智力与进化心理学的观点在某种程度上是相反的。进化学家认为人类心智是各种不同能力、不同适应结果的集合。从这个观点来看，根本就不会存在诸如一般智力这种跨越各种能力或凌驾于其他智力之上的、掌控一切的智力。其实这与智力研究者的观点并不冲突。优秀的智力研究者承认不存在诸如一般智力这样的能力，一般智力因素只是统计学上的抽象概念，用来表示擅长某件事情的人也擅长其他事情中的相关性。智力研究与进化心理学没有必要发生争执，两者之间的冲突很容易解决。我希望很快能为此召开会议，解决这个纷争，之后两个领域都能繁荣发展。

一些顶尖的进化心理学家，比如史蒂芬·平克、莱达·科斯米兹（Leda Cosmides）和约翰·图比（John Tooby），非常了解人类心智的结构，但他们有时似乎不知道有关个体差异和智力研究的最新进展。

一些顶尖的智力研究者，比如阿瑟·詹森（Arthur Jensen）、伊恩·迪里（Ian Deary）和罗伯特·普洛明（Robert Plomin）知道心智可能是不同能力的集合，但他们也开始发现一些有力证据表明不同的人大脑的运作效率存在差异，一部分是遗传差异造成的。

对人类智力的研究在意识形态、政治及社会层面上都是极容易引起争议的。对于早期的进化心理学家来说，尽可能远离遗传学、远离个体差异和智力研究不失为一种好策略，因为他们可以躲开围绕着这些问题的政治炮火，继续研究人类的本质以及人类的本质来自哪里、如何运作、为什么会存在。然而目前，进化心理学这一学科已经确立了起来，我们不必再犯相同的错误，不必再小心而胆怯地避开那些有争议的问题。

在对个体差异的研究中存在着严重的不利之处，需要进行严密的思考。进化心理学已经成功地告诉人们如何恰当地看待性别差异。在过去，这个领域非常容易引发争议，现在人们开始能够积极地面对这样的观点了：男性心理与女性心理之间存在着重要的差异，尤其是从社会行为和性行为的角度来看。过去谈论进化或遗传上的性别差异完全是禁区，是被禁止的议题。

在个体差异领域，要让普通大众正确地理解这个领域的研究，从而正确地理解遗传学，便需要教会他们相关的概念和态度，这是非常困难的任务。

要先让人们明白遗传学积极的一面，父母们尤其应该知道基因遗传与个体差异的重要性。如今，玩具制造商和教育资料承办商正努力说服父母们，让他们为孩子提供最有利于智力发展的环境。如果父母们不对此进行投资，或者说不买他们的玩具，不在儿童保健、选择学校上进行正确的投资，那么他们的孩子就会成为失败者。如果父母们不督促、激励孩子，以为玉不琢也能成器，那么孩子就会成为失败者。这完全是错误的观念。罗伯特·普洛明指出，你对遗传学了解得越多，便越能放松下来，爱孩子原本的自我，爱他将成为的那个人，爱他表现出来的兴趣。你会抛弃孩子生来是一张白纸，你必须自己来塑造他们所有愿望和能力的观念。这让父母们轻松了很多，不再感到万分焦虑。

对于制定教育政策的人来说，了解个体差异也是至关重要的。在英国，人们会根据高中考试成绩来对高中进行排名，学费最高的私立高中总是名列前茅。当然它们之所以排名靠前，可能是因为它们招收了比较聪明的学生，聪明的学生学习会更好，与它们的教学质量毫无关系。

要想正确地测量教学质量，就必须测量学生们刚入学时的水平，再测量他们毕业时的水平，进行增值测量。因此，唯一的方法是在入学的时候对他们进行一些能力与知识的测验。目前在英国没有人这样做，在美国也只有非常少的人实施这种测验。少数测验发现不仅是智力的差异，学生们的人格差异以及其他一些差异在一生中都会相对保持稳定，比较难以改变。人们会很难接受这样的观点。不过从某种意义上说，所有人其实已经知道了这个事实，尤其是从外貌吸引力和身高等其他方面。孩子们逐渐长大，基于各种各样的特点对自己进行分类，将自己排进小小的社会层级中。所有人都必须学会面对一些天生的特点和能力，比如外貌是否有吸引力、能长多高、运动能力强不强、智力水平如何，以及具有什么样的人格特征。这样在整合进化心理学与新的遗传研究成果时，我们便不会遇到什么新问题，这只不过是在一个我们长期抱有侥幸心理的领域里学会更现实地面对自我。

至于性的问题，生物学领域的研究已经取得了极大的进展，而几乎没有社会学家对此有所了解。一个多世纪之前，达尔文在他的著作《人类的由来及性选择》（*The Descent of Man and Selection in Relation to Sex*）中提出了关于雌性选择的杰出理论：许多物种的雌性动物不只根据外表来选择配偶，还会根据行为特质来选择，比如歌声、舞蹈和求偶行为。达尔文用了数百页的篇幅罗列证据，来证明这一科学理论。一石激起千层浪，这一理论遭到了维多利亚时期生物学家们的普遍反对。他们拒绝相信雌性选择的心理过程可能是进化的原因。

雌性选择的理论在一个多世纪中都被丢弃在科学的冷宫里，直到最近15年才重新恢复了活力，但它的崛起非常迅速。这个理论占据了顶尖的进化学期刊、动物行为学期刊的版面，从事生物学工作的人都知道配偶选择是目前动物行为研究中最热门的主题。但是，心理学和社会科学几乎完全错过了这场变革。在20世纪，心理学、人类学、人文学科、政治学、经济学一直在不了解性选择如何塑造了人类行为的情况下向前发展着。

性选择理论没有作为一种正式的观点被提出来。形形色色的人以及人类本质的各个方面都必须用自然选择理论来解释。这对我们能够解释的问题设定了过多的限制，自然选择理论似乎很容易解释工具制造，但很难解释音乐；很容易解释养育儿女，但很难解释求偶行为。如今这一切都发生了变化。我们从生物学领域里获得了一些关于性选择的新理论，正适合用来解释人类的本质。这就是我和其他很多人正在努力做的事情，目前这是心理学中最令人激动的研究领域。

性选择理论的复兴当然离不开如乔治·威廉姆斯（George Williams）、爱德华·威尔逊（Edward Wilson）[1]、以色列天才生物学家阿莫茨·扎哈维（Amotz Zahavi）等许许多多理论家的大力推动，他们写下了很多数学证明，显示性选择确实具有达尔文所认为的那种作用。

如今出现了一些令人兴奋的新观点，那就是当我们选择配偶时，对许多特质的选择并不是随心所欲的。这些特质不是随机的、无意义的，它们其实是一些对繁衍后代具有重要作用的指标。比如，漂亮是健康和生育能力的指标；如善良、热情、创造力、聪明、想象力等很多吸引我们的心理特性也不是随意的，它们表明一个人在物质世界和社交世界中的生活能力。选择具有这些心理特质的配偶可以确保我们拥有积极有益的人际关系、养育成功的后代，并将他们优质的基因传递给我们的孩子。在有关选择配偶的研究中，我

[1] 爱德华·威尔逊，进化生物学先驱，蚂蚁研究方面的权威，有“社会生物学之父”之称。他的《人类存在的意义》《半个地球》中文简体字版已由湛庐文化策划，浙江人民出版社出版。——编者注

们看到人们的选择依据不只是外表，还有丰富的心理特质。在这里，进化生物学、人格理论和进化心理学很好地融合在了一起。对我来说这是非常令人激动的。

戴维·巴斯（David Buss）是研究配偶选择的一流进化心理学家。20世纪80年代末，他对全球37种文化的性偏好进行了研究，他向文化、语言、传统及历史各异的16 000名被试发放问卷，并吃惊地发现在每一种文化中，无论是男性还是女性，选择配偶时首选的特质都是善良和智慧。他们最渴求的特质不是外貌、金钱或地位，而是这两个心理特质，它们具有普遍的重要性。达尔文也正是用这两个特质解释人类的——为什么我们对彼此那么友善，为什么我们那么聪明？与其他灵长类相比，人类是比较友好的。这非常令人着迷，将我们与其他灵长类区分开的两个主要特质也正是我们希望配偶拥有的特质，目前它们属于最强有力的配偶选择标准。我的假设是，如今，它们已不是选择配偶的主要标准，但在过去上万年的时间里，它们一直是择偶的主要标准。人类之所以如此聪明、对他人比较善良，是因为聪明和善良程度超过平均水平的祖先能够吸引更多更好的配偶。

还有一个有趣的问题是关于语言的。语言真是一个难以捉摸的东西，因为正如史蒂芬·平克所指出的，语言对许多功能来说都是极其有用的。你可以跟朋友们沟通如何狩猎，如何合作追捕猎物。女性可以告诉朋友们，在某个季节，哪里长着最好的根茎、浆果或块茎。父母可以在孩子成长的过程中，告诉他们各种各样有益的信息。当然人们主要也是通过语言来求偶，对话是人类求偶的主要手段。说性选择是决定语言的唯一因素显然是愚蠢的，生存选择以及其他许多因素也影响了语言的形成，但我想说，语言的一些比较神秘的方面只能从求偶的角度来理解。

当下非常令我兴奋的一个研究项目是，解释人类为什么拥有庞大的词汇量。每个人到成年时平均认识10万个单词，这需要人们记住单词的发音与意义的对应模式。也就是说，在从18个月大到18岁的年龄段中，人们每天需要记住10个单词。这是一项惊人的学习壮举。人类的成就中没有任何事情与此类似。有趣的是，我们在一般对话中使用的词汇量却非常小。只需要几千个词，我们就能应付日常对话，这几千个词大约占我们全部口语词汇的95%。

我们学习了大量不常用的词，不怕麻烦地记住它们，但在日常生活中它们似乎不是很有用。不过我们有时在与他人的交流中仍会使用这些词。我想要探究的不是最常用的5 000个词，而是那95 000个具有装饰性的词。我的预测是，人们主要在求偶的过程中用到它们。从本质上看，人们将这些词用于炫耀，显示他们有多么聪明、具有多强的学习能力、多么擅长记忆词汇。我们知道这些词被存储在大脑中的什么位置，粗略地说就是威尔尼克区，那是位于大脑左半球的一个区域。我们知道大脑中具有专门学习这些词的区域，还知道词汇量大小是测量智力的一个非常有力的指标，因此智力测验中会有词汇量的项目。与一个人交谈几分钟，你就可以通过他使用的词来判断出他有多聪明。因此这是在配偶选择中非常有用的一招。我对此的假设是，性选择有力地影响了词汇量的大小，人们之所以学习这么多词并不是因为它们有利于生存，而是因为在求偶中用得到。

还有一个我感兴趣的谜题是为什么人非常喜欢音乐，这也是尼古拉斯·汉弗莱在Edge论坛上提出的一个问题。音乐对情绪具有强大的影响力，但没有人发现音乐还具有很好的生存功能。第一次有关音乐进化的正式会议去年在意大利一个名叫菲耶索莱的小镇召开。这个美丽的小镇坐落在群山中，俯瞰着佛罗伦萨。在那次会议上，我非常清楚地认识到，人类的音乐与小鸟的鸣叫、鲸鱼的叫声，以及其他所有动物向同伴发出的复杂的听觉信号，都具有惊人的相似性。最有乐感的猿类是长臂猿，它们能与同伴，尤其是性伴侣，唱出优美的二重唱，发出长长的呼叫。在自然界中，无论你研究什么动物，只要它们会发出复杂的听觉信号，那么这些信号基本上是求偶信号，与性选择有关，鸟类的鸣叫、鲸鱼的叫声以及长臂猿的歌声都属于这种情况。

达尔文认为这也适用于人类的音乐，人类的音乐在很大程度上也是用于求偶炫耀的。这是一个被忽视的绝妙的理论。令人奇怪的是，人们苦苦摸索了一个世纪，对音乐的功能提出了各种各样愚蠢的假设，比如让一个群体中的人们感到与彼此更亲近，或者为了促进群体合作（这是最受欢迎的观点）。你走进伦敦、纽约、柏林或东京的任何一家夜总会，便会看到理解音乐功能的恰当情境。尽管那是群体中的音乐，但关键在于个人的炫耀行为。

音乐恰好融汇了进化生物学家预测的特征，它能够体现出个体的创造力、运动控制能力、自信，以及其他对于求偶非常重要的特质。构成音乐的基本元素是音符，音符根据特定的节奏与音调规则被组合到一起。我们知道，尽管存在很多风格各异的音乐，但节奏、音调和旋律的基本规则具有跨文化的普遍性。演奏者和舞者可以运用音乐这种具有固定不变的基本单元的系统来展示他们的协调性与精湛技艺。节奏的本质作用是让你能看出某人是否具有节奏感和协调性。如果不存在节奏，那么你就很难判断某人是否跟上了节拍，是否能够根据有规律的节拍协调他们的身体或演奏出协调的音乐。

要判断某人有多擅长某事，就必须有一定的规则。但是对于想展示自己的创意的人来说，他们必须能够巧妙地运用那些基本元素与规则。音乐还为曲调和歌词的创新、即兴创作以及演唱或演奏时音色的创新提供了极大的空间。对于性选择理论家来说，音乐真是完美的炫耀形式。艺术、语言及其他许多炫耀形式都遵循一些相同的规则，也就是以创新的方式组合固定不变的基本元素，这是人向可能的性伴侣展示自己特质的方法。

我们尽可以讨论各类进化历程、遗传学的假设以及各种事物为什么进化出来。不过，进化心理学为了验证这些理论，必须采用复杂得多的实验和观察方法。非常棒的一点是，生物学家在研究动物配偶选择时已经逐步确定了大量的研究方法，用于对人类配偶选择的研究。同样重要的是，存在大量研究这些求偶炫耀行为本身的方法，以检验这些炫耀行为的特点是否展示了行为者的才能，以及如何展示的。

接下来，我想要验证自己提出的绘画、音乐、语言及意识形态都是求偶炫耀的假设，看一看它们是否真的能够展示出潜在的性伴侣希望看到的特征。我需要测量大量的相关性，看看词汇量是否真的是衡量智力的合适指标；它是不是一种展示才能的炫耀方式？人们关注词汇量的大小吗？目前，我之所以试图让进化心理学界以及普通大众更多地了解我的观点，是因为检验这些假设是个艰巨的任务，凭我个人无法完成，需要几十或上百人进行合作。想到达尔文的性选择观点只需要一个人，但需要成百上千的理论家和动物实验者去验证他的理论。要将达尔文的性选择理论用于理解人类本质，同样需要进行这样的验证。

遗憾的是，很多生物学家不愿将进化理论应用于人类心智，其中很大一部分原因是缺乏勇气。如果进行动物研究，他们就很容易获得研究基金；而如果公众知道有关动物的理论被同样应用于人类，便会引发一些质疑，可能会使他们的研究基金受到威胁。对于像斯蒂芬·杰伊·古尔德或史蒂芬·罗斯这样的生物学家来说，泛泛地写一写进化和动物是很舒服的事。他们会提一句人类心智，并尽量避免人们来分析这句话，尽量让它处在科学范畴之外。

我相信科学的统一性，不应该对科学划出人为的界限。我有志尽量推广进化理论，让它深入心智的领域，将其应用到人类意识、亲密关系、自我概念，以及其他具有重要意义的方面。我还有兴趣将进化理论引入诸如智力这样可能引发政治争议，但具有极其重要的社会意义的领域。

我们应该成长了，该去研究音乐，该去面对这些问题了。以往从来没有这么多人阅读科普读物、观看有关科学的电视节目或者表达对科学的兴趣，人们已经准备好面对这些问题了。然而，这对某些能从现状中享受既得利益的生物学家来说是一种屈尊俯就，他们试图将人类心智置于科学领域之外。

科学是有趣的，它本身的功能很强大，但人们赋予了它过多的意识形态上的重要性。从政治上说，人们相信他们想要相信的东西。行为遗传学的证据表明人们绝大多数的政治观来自基因遗传。无论一个人的成长背景如何，他对政治问题和社会问题的态度与信念在某种程度上并不受所处的知识环境影响。人们选择符合他们先入之见的观点，排斥那些与之不符的观点。认为科学在塑造人们对他人、政府及社会优先事项的态度上极为重要是完全错误的。对于如何有效地发展某一社会优先事项，科学能够提供有益的方法。但将科学与意识形态混淆是一个严重的错误。空想家们总是选择符合他们目标的科学理论，歪曲它，然后呈现给公众。他们试图用科学来说服其他人，但这并不意味着科学家应该进行自我审查，以防自己的理论被错误的人所利用。无论如何，总会存在着许许多多的理论。好人可以用这些理论做好事，而坏人可以用它们来做坏事。

我们举一项非常容易引发争议的研究。目前行为遗传学已经找到一些证据，不是很多，证明幸福感本身在一定程度上是可遗传的。一个极端保守的人对此会说："看哪，我们不能为人们做任何事，他们幸福不幸福都是已经决定好了的，尝试改善人们的生活毫无意义。"相反，反对资本主义的人便会将这些证据看作对资本主义消费的深刻批判，他会说，人们受骗了，以为他们拥有更多的物质就会更幸福。你可以将这些证据引向任何方向。你也可以说，从实用的角度考虑，如果你想生一个幸福快乐的孩子，那么应该和一个幸福快乐的人结婚。任何科学发现都可以为了达成上千种不同的目标而被引向上千种不同的意识形态方向。

THE EARLY
TAGES OF
LZHEIMER'S
ISEASE TO
EMAIN IN THE
OMMUNITY, WE
EED TO BE ABLE
HOLD THEIR
HORT-TERM
EMORY.

为了让处于阿尔茨海默病早期阶段的患者可以继续生活在群体中，我们必须帮他们保持住短时记忆。

——《拯救记忆》

TO HELP PEOPLE IN THE EARLY STAGES OF ALZHEIMER'S DISEASE TO REMAIN IN THE COMMUNITY, WE NEED TO BE ABLE TO HOLD THEIR SHORT-TERM MEMORY.

05

RESCUING MEMORY

拯救记忆

Steven Rose

史蒂芬·罗斯

英国开放大学生命科学系名誉教授

著有《生命线：超越决定论的生物学》（*Lifelines:Biology Beyond Determinism*）

和《21世纪大脑》（*The 21st Century Brain*）

罗斯：我还是个孩子的时候，就开始在后院里鼓捣化学了，后来我进入大学学习化学，发现有一个令人激动不已的领域，叫作生物化学。20 世纪 50 年代末，我从剑桥大学生物化学系毕业。那正是生物学家发现 DNA 双螺旋结构的时候，也是弗雷德·桑格尔（Fred Sanger）获得他第一个诺贝尔奖的时候，生物化学系里洋溢着胜利的气氛。我当时相当自大，认为所有有趣的生物化学问题以及遗传问题都已经被解答了，下一个前沿的研究主题将会是大脑。因此，我进入伦敦的精神病学研究所（Institute of Psychiatry）攻读硕士学位，然后在剑桥大学攻读神经学博士后。最终我在开放大学建立了自己的实验室，并在那里工作了 30 年。

对于任何一种科学来说，至关重要的是要找到可以研究的可靠模型。我以前的一位导师，伟大的生物化学家汉斯·克雷布斯（Hans Krebs）说，对于科学中的任何问题，自然界中都已经存在研究它的适当生物体。在我看来，研究大脑与记忆的适当生物体就是小鸡，因为刚出生几天的小鸡就具有迅速了解周围环境的惊人能力。20 世纪 70 年代，我与帕特里克·贝特森（Patrick Bateson）和加布里埃尔·豪恩（Gabriel Horn）做过一系列有关小鸡的印刻作用的实验，这些实验为该领域的研究方法设定了某种标准。

最近，我的研究转向了一个更简单的模型。当研究者给小鸡一个发亮的小东西时，比如一颗小珠子，它们便会自发地去啄它。它们这是在探索自己周围的环境，了解什么是好食物，什么是坏食物等。如果你把小珠子弄成苦味的，那么它们只会啄一次。它们不喜欢这个味道，摇着头，想把嘴擦干净，以后便不会再啄这样的珠子了。这些小鸡只用 10 秒钟尝试了一次，便学会了能够保持大半生的知识。

在这种情境里，小鸡的大脑里发生了什么变化？为了研究这个问题，我需要使用各种现有的技术探查与大脑中的变化有关的电特性、细胞特性和分子特性。我们真能通过显微镜来研究这种变化吗？我们能够识别出与其有关的分子吗？

目前我们已经清楚地知道，当小鸡学习这项任务的时候，脑中发生了怎样的一系列分子改变。从结果来看，小鸡脑中产生了一些新的蛋白质，它们按照新的结构将细胞之间和突触之间的连接固定在一起。我们已经找到了这类蛋白质，目前正在采用各种方法分析它们的结构。我已经对此进行了 30 年的研究，我完全被迷住了。

我一直认为这是一种纯科学的追求，让人类能更了解自己，更清楚自己是如何发挥功能的，除此之外不会有其他回报。然而最近三四年发生的事情真的非常有趣，事实证明，参与融合记忆的过程的一些分子也是在阿尔茨海默病中出现问题的物质。

因此，我们实验最近两三年的主要工作是观察这些分子，试图搞明白，在记忆形成的时候，它们是如何有助于黏合细胞的；当这些分子外部的一小部分发生破损时，它们出现了哪些问题；做什么能够逆转或防止这种情况发生。我在冷泉港实验室的一项工作，就是研究新发现的分子。那是一个小的缩氨酸，有 5 个氨基酸那么长，它似乎能够挽救引起阿尔茨海默病的蛋白质造成的记忆丧失。这个最初只在学术上令人激动的研究，看起来似乎对人类也大有益处，这是一个好消息。

Edge：你是如何发现这一现象的？

罗斯：我是通过相当典型的科学途径发现的。我们最初想证明，为了形成长时记忆，也就是保持时间超过半个小时的记忆，大脑需要制造出一些新型的蛋白质。然后，通过标准的生物化学技术，我们便能够分辨出那是什么类型的蛋白质。它们原来是一群细胞黏附分子，这些分子的任务是将突触连接的两面黏合在一起，最终在两个细胞之间建立起关系。这个过程本身就很有趣，我可以了解这些分子是如何运作的，还可以将它们分开并按照新的结构重新黏合。

我在观察这个过程的时候，突然意识到这些重要蛋白质中的一种是阿尔茨海默病的主要风险因素，它本身就是一个细胞黏附分子。问题是，这种分子也参与了记忆吗？事实证明，这类分子正常发挥功能是形成长时记忆所必需的。如果我们阻止这类分子发挥作用，比如将一种抗体植入大脑中，让它与这类分子结合，或者引入特定的 RNA，阻止这类分子的合成，那么长时记忆就无法形成。

这类分子就是淀粉样前体蛋白，我查看了它们的结构，发现其中有很少一部分的分子只有几个氨基酸那么长，似乎具有某种特殊的性质。通过制造人工缩氨酸，我们可以模拟这些性质，并因此挽救会丧失的记忆。显然，距离生产出能够治愈或预防阿尔茨海默病的药物还有很长的路要走，但对我来说，能够拯救记忆便是向着正确的方向迈出了一步。

Edge：从取得这一发现到可供人类使用，必须要做的是什么？

罗斯：先是需要对动物进行大量的研究，必须完成药物研发的标准程序，然后还必须证明口服不会导致药物失效（目前我们只能采取注射的方法）。否则我们就得找到保护药物的方法，让它能进入大脑。之后还需要进行各种各样零七八碎的缩氨酸控制。我们目前谈论的都是后期的工作，不过我们正在朝着那个方向前进。

Edge：科学家们对此有什么反应？

罗斯：大家都非常兴奋，正式的科学论文也即将出版了。

Edge：会在什么时候出版？

罗斯：我估计还要过几个月，我们还没有取得它的专利权。

Edge：因为意识形态的原因吗？

罗斯：我猜是这样。

Edge：然后，其他人会取得这项发现的专利权。

罗斯：不会，一旦正式的论文发表了，他们就不能再申请专利了，只有新发现才能申请专利，欧洲的专利法与其他地区有点不同。我相当多的分子神经学的同事已经建立了公司，正努力开发能够治愈或预防阿尔茨海默病的分子。这很好，但我更喜欢在科学杂志上发表论文，以这种方式发展。

Edge：你看过施瓦辛格主演的电影《全面回忆》（*Total Recall*）吗？需要多长时间你能够开始植入记忆？

罗斯：这完全是两码事。人们不清楚我们所说的提高记忆力的药物的意思。旧金山的时尚酒吧里卖的那些健脑药和促进记忆的药（我得说它们都不管用，但对保健品商店和酒吧来说，这是很好的买卖），不会让你获得其他人的记忆，甚至不能帮你找回童年时的记忆，它们只是有助于让短时记忆转化为长时记忆。

如果你和患有阿尔茨海默病的人生活在一起，你最先注意到的问题可能是他们不记得把车钥匙放在什么地方了，不记得早上是否去购过物，或者认不出按门铃的人是谁。在患这种疾病的早期阶段，人们的记忆只能保持几分钟，然后就会遗忘。我们需要做的是找到一种方法，帮助处于阿尔茨海默病早期阶段的患者继续生活在群体中，而不必受到监护。为了实现这个目标，他们必须能够保持住短时记忆。大多数所谓的健脑药正是希望达到这个目的。

进一步探究，我们会提出这样一个问题：为什么人们会患上阿尔茨海默病？通过神经保护的方法我们是否能预防这种疾病？是否有一种类似维生素E或阿司匹林的东西，让人们服用后便可以形成某种保护？有趣的是，神经保护的最佳证据不是来自实验室，而是来自流行病学研究。事实证明，绝经后的女性如果接受激素替代治疗，那么她们患阿尔茨海默病的可能性远远低于不接受激素替代治疗的绝经女性。这种效果与雌激素有关，尽管发挥作用的可能不是大脑中的雌激素本身。

在大脑中，性激素类固醇被转化为被称为神经类固醇（neuro-steroid）的东西。我猜，如果我们想获得神经保护，便需要我所观察的缩氨酸、神经类固醇和大脑中其他某些生长因子的相互作用，由此可能会形成一种混合的加工过程来提供神经保护。这将是一个长期的目标。

有很多导致人们患阿尔茨海默病的风险因素。其中一些是遗传因素，或者是一个人带有高风险的基因，这些基因与环境中的某些因素相互作用会导致疾病。我们正在研究的蛋白质就是导致阿尔茨海默病的风险因素。它们被称为早老蛋白、淀粉样前体蛋白等。一个人是否携带这类蛋白质与他是否有过某些问题存在着某种形式的交互作用，比如他年幼时得过脑震荡，或头部受到过重击，或出过车祸，或曾感到全身麻木。如果这个人曾出现过以上这些问题，那么年老时便更有可能患上阿尔茨海默病。环境中存在太多风险因素，没人知道它们是如何相互作用的。

Edge：这方面的研究如何与达尔文的观点发生了联系？

罗斯：这取决于你所说的达尔文的观点是什么。达尔文的基本观点非常简单明了。毫无争议的观点是人类进化了，存在争议的是进化变异的机制。达尔文对进化过程的某些观点也是毫无争议的，比如种属、变异，比如生物体生育的后代不能全都活到成年并繁衍后代，所有生物体都是如此。最适合生存的变异体更有可能活到成年并养育后代，进化变异的基本机制就是如此。

然而，如果你去阅读达尔文本人的作品，就会发现，他清楚地表明还存在其他变异方式。性选择就是其中之一，还有随机变异。斯蒂芬·杰伊·古尔德所说的偶然性也是非常重要的。达尔文提出的基本机制能够非常好地解释某个物种为什么变得越来越好，但不能很好地解释为什么会出现新的物种。达尔文自己也承认这个问题，正是因此，加拉帕戈斯群岛才非常重要。这些非常临近的小岛上居住着看起来很相似的物种，但不同小岛上的物种又有独特的差异。

达尔文仔细研究了从不同小岛上收集的标本，尤其是雀类，不同的小岛上一般有 13 种不同的雀类。经过长时间的观察后，他得出结论：这些雀类的始祖一定来自大约 640 公里以东的厄瓜多尔本土。来到这些小岛后，它们不断繁育并向周围扩散开来。在不同的小岛上，可以获得的食物不尽相同，这些雀类因此变得更加特化。有些雀类吃仙人掌，有些吃昆虫，有些是地雀，其中有些是啄木雀，还有吃昆虫的莺雀等。所有这些雀类可能最初都源自同一个原种。新物种就是这样出现的，原种来到一个新地方，然后从这里向周围扩散。因此讨论进化时，所有这些变异机制都是非常重要的。

现在我们来说一说你提出的问题，它关系到人类的进化、大脑与大脑加工过程的关系，以及进化机制。人类是进化的产物。人类之所以能成为成功进化的物种之一，是因为人类个体发展出了越来越大的大脑。目前，拥有大脑并不是进化成功的唯一方法。细菌的数量超过了人类，而且也许能比我们在这个世界上生存得更久。然而，只要你走上了以大脑为目标的进化路线，且只要你是杂食动物，那么你必然要捕食，或者要学会逃脱捕食者。这样就存在着让你变得更聪明的进化压力，这就是人类进化的路线。

进化让人类拥有了大脑。大脑非常强大，极具适应性，它使我们能够生活在非常复杂的社会环境中，能够创造出我们自己的历史和科技。极端达尔文主义在自由意志的问题上存在很多争论。

理查德·道金斯在自己著作的结尾谈到了人类的力量，说只有人类能够逃避自私基因的暴政，自由意志以某种方式让人从基因控制的决定论中逃离出来。但我并不这样看待自由意志。

我没有把自由意志太当真。我想表达一种与之不同的观点：我们绝不应该割裂先天与后天。大脑的发育以及我们作为有机体的发育并不是先天与后天的划分，而是特异性与可塑性或者过程与结果之间的划分。我们需要一种发展系统，既能在一定程度上不受环境影响而改变，又能在一定程度上能够响应环境。

为什么一定要不受环境影响而改变呢？举一个非常简单的例子，新生儿的眼睛与大脑后部视觉皮质的连接会经过其他脑区。随着孩子的成长，眼睛、不同的脑区以及视觉皮质都会生长，但它们的生长速度不同。我们必须保持来自眼睛的输入与进入视觉皮质的输入之间的有序关系，否则就会看不到东西或者不知道自己看到的是什么。因此，我们真的不希望大脑过于受到环境的左右，必须有特定的发展机制来保持先天的“线路”，确保以有序的方式形成连接和断开连接。这就是特异性。

同时，大脑也必须具有可塑性，也就是有能力依据经验来改变对环境的反应。我们再以视觉系统为例。视觉系统进行微调的能力在很大程度上取决于人年幼时看到的形状和图案。因此，我们也必须学习，学习意味着我们会随时形成、打破、重塑大脑中的连接。

这种动态关系是理解发展过程的基础。极端达尔文主义者的观点中缺失了这个角度的理解，他们认为基因与表型之间几乎是直线关系，环境的改变不会造成任何影响。我们必须明白的关键问题，也是我作为一名科学工作者想知道的问题是，从理论与实验的角度来讲，先天与后天的相互影响在发展过程中是如何发生的。从某种意义上说，什么是记忆便是其中的一个特例，帕特里克·贝特森在他的新作《生命的设计》(*Design For a Life*)中详细探讨了这个问题。

Edge:让我们聊一聊你与帕特里克的加拉帕戈斯群岛之旅吧。

罗斯:其实,这个想法最初来自我的妻子希拉里,她是一名科学社会学家。一天她对我说,我们已经拜访过马克思和弗洛伊德生活过并发展出他们理论的地方了,是不是该寻访一下其他杰出的现代理论创立者的故乡了。那个创立者就是达尔文。当然,你可以去伦敦郊外的达尔文故居看一看,那也会挺有趣,但我们显然应该去加拉帕戈斯群岛。我邀请了10位社会科学家和生物学家,租了一艘名为小猎犬3号的船。小猎犬1号是达尔文曾乘坐的小猎犬号,2号归加拉帕戈斯群岛的查尔斯·达尔文研究中心所有,它在几年前沉没了。3号是一条新船。我们一行人飞抵厄瓜多尔,团队由英国、美国和意大利的生物学家、社会学家组成,其中包括希拉里和我、帕特里克·贝特森和他研究欧椋鸟的女儿,以及一位来自哈佛大学的生物化学家兼基因决定论和基因技术的评论家鲁斯·哈伯德(Ruth Hubbard)。我与帕特里克曾一起研究小鸡的印刻作用,研究了很多年。我们一起工作,而且在生活中的很多事情上观点一致。不过,他作为一名动物行为学家,对野生动物的了解比我多得多。

帕特里克对鸟类懂得非常多。我们还设法从查尔斯·达尔文研究中心招募了一位年轻的博物学家和我们同行,给我们当向导。这个研究中心位于加拉帕戈斯群岛中最大的圣克鲁斯岛上。在加拉帕戈斯群岛中只有3个小岛上有人居住,这片群岛整体上的生态平衡非常脆弱。在达尔文来到这里时,岛上的动物特别温顺。他曾写过,小鸟会飞来落在他的帽子上,一只鹰曾飞落在他步枪的一端。那时的他当然不会有我们如今的生态敏感性,他和同事们非常开心,猎食了小岛上的动物,比如山地龟,这给他们带来了很大益处。

现在,一些岛上的原住民受到了农业、狗、野猫、野猪和山羊的威胁。之前,厄尔尼诺现象在较大的伊莎贝拉岛上制造了一场灾难。伊莎贝拉岛上有两片土地肥沃的区域,中间隔着面积非常大的熔岩区。山羊被限制在其中一片土地肥沃的区域里,人们以为它们无法穿越熔岩区。另一片肥沃区域是火山区域，山地龟就是在那里寻找食物。在厄尔尼诺现象肆虐期间，发生了干旱，山羊真的穿越了熔岩区，目前这片肥沃区域里至少有一万只山羊，它们破坏了山地龟赖以生存的植被。因此，现在有人试图消灭这些山羊。这是一个非常有趣的观点，为什么我们更看重山地龟，而不是山羊？可能是因为山地龟只生活在那里，而山羊到处都是。但是，对于一只山羊或一只山地龟来说，问题又更复杂了。

为了保护岛上的生态环境，我们不能在那里过夜，只能跟随导游按照指定的路线行走。你可以靠近动物 1 米之内的距离，不过动物会更向你靠近，因为它们依然非常不怕人。那里真是观察海鬣蜥、陆地鬣蜥、海狮，以及小小的熔岩蜥蜴和鸟类的天堂。雄性军舰鸟有着巨大的喉囊，为了吸引雌性，它们会让喉囊中充满气，就像胸前绑着一个大红气球。岛上还有热带海鸟、信天翁、蓝脚鲣鸟、朱红霸鹟，当然也有达尔文雀族。这些雀鸟都是小小的，相当不引人注目，不过非常有趣。

从生态学的角度看，我们的旅行非常引人入胜。这里我只说了一些动物，还没有提及植物。另外，同行的团队也是让这次旅行难忘的一个原因。对于进化过程的本质，我们不断探讨、争论达尔文所写的内容与极端达尔文主义者目前的主张有什么联系。我们还讨论了选择的本质、适应的本质，等等。那真是一段令人陶醉的经历，而且群岛的景色非常美丽。

我们常常在晚上行船，乘船从群岛的一端到达最远的另一端大约需要 20 个小时。其中有些岛很小，面积只有几公顷，而有些岛则大得多。它们主要是火山岛。有些岛几乎完全是裸露的熔岩，上面根本没有植物和其他生物。有些岛上的火山是活火山。这些岛大约在 300 万年前形成，从地质学的角度看，这仍是最近发生的事情。这些岛处在若干海流的交汇点上，比如洪堡海流、克伦威尔海流及其他海流，因此这里的海洋生态学也非常有趣。

Edge：在你们的船上有一些世界一流的生物学家，大家的看法与达尔文的有什么不同？

罗斯：令帕特里克和我着迷的问题是基因与发展之间的关系，这个问题从达尔文所处的时代就开始困扰着生物学界。在20世纪初，发展生物学与遗传学都是同一门科学的一部分，之后由于达尔文主义与孟德尔遗传学说合并了，因此遗传学与发展生物学分开了。这是生物学的悲剧。发展生物学成了有关相似性的研究：为什么我们都有两条胳膊、5根手指？为什么大多数人的身高都在1.5~2米？造成这些普遍现象的发展过程的本质是什么？

遗传学则与之相反，成了研究差异的科学，比如一个人有褐色眼睛、另一个人有蓝色眼睛的差异，或者其他任何差异。什么造成了你与我之间的不同？发展生物学与遗传学研究的问题其实是一枚硬币的两面，然而，在科学发展的过程中它们变得两极化了。我认为，帕特里克作为一名发展生物学家，真正关心的问题是发展规则的本质。如果你看一看他的新作，会发现全书都贯穿着一个烹饪的隐喻：厨师从处理原材料开始着手，在烹饪过程中转变它们，发展和烹饪过程是一样的。

你无法把最终完成的烹饪菜肴分解成X%的这种原料、Y%的那种原料。鲁斯·哈伯德和我最初是生物化学家，从我们的视角来看，问题在于理解在发展过程中，基因在分子与细胞的相互作用中发挥了怎样的作用。不过生物化学家所说的基因与理查德·道金斯或约翰·梅纳德·史密斯（John Maynard Smith）等理论生物学家或进化生物学家所说的基因在意义上有很大的不同。对于他们来说，基因几乎就是理论假设。他们观察动物的行为方式，形成关于相互作用的数学模型，探究什么会产生进化上的成功。然后他们假设一种基因产生了甲作用，另一种基因产生了乙作用。从这种意义上看，是否真的存在基因并不重要，基因只是等式中的一个小角色。如果你仔细查看约翰自己建立的进化稳定策略或者其他模型，你就会发现它们都是数学概念。

举一个不同领域的例子，罗杰·潘洛斯（Roger Penrose）和史蒂芬·霍金之间有过一场很有趣的探讨，他们为自己所使用的物理模型的真实性进行辩论。潘洛斯相信自己使用的架构是真实的；霍金则反对，他说据他所知，重要的只是等式是否成立。如果他能列出一些不同的等式，这些等式也能起到相同的作用，那么重要的只是这些等式，而它们是否反映了“现实”并不重要，无论现实是桌子、椅子、分子还是其他什么东西。

从某种意义上说，当前进化生物学领域的纷争在一定程度上就是回归到了这种哲学上的辨别。然而，如果你是一位生物化学家，或者像我一样是一位神经科学家，真正接触过 DNA 片段，手指被弄得黏糊糊的，并且看到过细胞间真实的相互作用，那么你会以完全不同的方式来看待基因。对你来说，重要的是这些真实的过程，而不只是理论上的数学模型。这些争论可能一部分涉及意识形态，一部分涉及哲学或者其他什么，这些都没关系，但真正做研究、把手弄得黏糊糊的生物学家与坐在那里创造模型的生物学家之间存在着根本的不同。

Edge：你在岛上学到了什么？你会对达尔文说些什么？

罗斯：这是一个有趣的问题。我们应该会跟达尔文交流他在接近生命终点时开始思考的问题，尤其是发展问题，比如他对观察自己孩子的发展很感兴趣。当他的孩子们做出特别的手部动作、模仿面部表情以及做出其他诸如此类的事情时，达尔文都会详细地描述出来。我认为学习以及整个发展过程是非常有趣的，可以就此与达尔文进行深入的探讨。

与当代的基要主义者、如威尔逊等宗教达尔文主义者以及一些自称为进化心理学家的人相比，达尔文的思想要开放得多。我想，达尔文不会同意这些人的遗传决定论。

帕特里克、梅丽莎和我都很感兴趣的一件事情，也是我们会不断探讨的一件事情是，如果你看到动物以某种特殊的方式采取行动，或者它的行为根据所处的环境发生了改变，那么我们应该怎么解释这种情况呢。我们应该把它解释为学习还是先天发展规则的表达，其中有多少是适应的结果？

例如，热带鱼身上极其丰富的色彩，我们会认为每一种颜色都是选择的结果吗？让我举一个经典的例子：在一些岛上生活着粉红色的火烈鸟。在 20 世纪初，当前有关发展的争论出现之前，美国博物学家兼插画家塞耶（Thayer）

提出，火烈鸟的粉红色是一种适应，这样在落日余晖中，捕食者不太容易看到它们。

然而，其实是火烈鸟的饮食决定了它们的毛色。如果它们吃很多虾，羽毛就会显现出鲜艳的粉红色；如果它们的饮食中没有虾，羽毛就会变成淡淡的粉色。我们很难说火烈鸟的粉红色是为了躲避捕食者的一种进化适应，而不是饮食的附带结果。在生物学领域中，这其实是非常重要的问题：什么是适应，什么不是适应，什么在某种程度上只是一种偶然。火烈鸟是一个非常好的例子。

帕特里克和我又谈到了另一个例子。我养猫，他养鸟。除了鸟之外，他还知道很多有关猫的遗传和养育的知识。我们都知道猫喜欢趴在人腿上发出满足的呜呜声。发出呜呜声是一种适应吗？猫为什么要发出呜呜声？

我们对此一无所知，尽管有人会认为这是某种社交信号机制。但是人们如何能通过实验来研究它？你可能需要研究猫发出呜呜声数量的变化与社交伙伴的回应之间的相关性，或者尝试相当残忍的手术干预方法，使猫不能发出呜呜声，你还必须弄聋和它同窝出生的其他小猫和猫妈妈，观察这对这只猫的行为及其社会组织有什么影响。没人想做这样的实验。

然而，如果你问极端达尔文主义者，猫为什么发出呜呜声，他们可能会说这一定存在着进化适应方面的解释。比如斯蒂芬·杰伊·古尔德所说的扩展适应，也就是在进化过程中由于其他原因偶然出现了某种行为或特征，然后便被用来满足当前的需要。重要的是，关于大自然中为什么会发生某事的解释是多种多样的，我们需要不拘一格，放开思维。存在各种解释是显而易见的，但对它们不能简单地归结为出于自私基因的需要。

PEOPLE WHO M
SCIENCE, AND
DO SO IN PART
PERSONALITIE
PARTICULARLY
TO THINK IN N
AND UNCONVE

有些人之所以能在科学及其他领域中做出创造性飞跃，一部分是因为他们的人格，更具体地来说是因为他们能够以新的、不同寻常的方式来进行思考。

——《人格是怎样形成的》

KE CREATIVE LEAPS IN

OTHER FIELDS,

ECAUSE OF THEIR

—AND MORE

ECAUSE OF THEIR ABILITY

/

TIONAL WAYS.

06

HOW IS PERSONALITY FORMED?

人格是怎样形成的

Frank Sulloway
弗兰克·萨洛韦
人格与社会研究学院（School of Personality and Social Research）访问学者
著有《天生反叛》（*Born to Rebel: Birth Order,Family Dynamics,and Creative Lives*）

萨洛韦：在过去 20 年里，我的职业兴趣发生了巨大的转变。一开始，我是一位科学史学家，主要的兴趣是探究关于科学发展的历史问题。在试图理解科学上富有创意的成就源自哪里的过程中，我逐渐对人类发展的问题产生了兴趣，尤其感兴趣的是达尔文的理论如何能帮助我们理解人格的发展。目前，我认为自己除了是一名史学家外，还是一名心理学家。

Edge：你是如何做出这个突然的转变的？

萨洛韦：我提出的问题的类型决定了我必然会做出这个突然的转变。最初吸引我的问题是为什么科学家会接纳新的观点。如果你研究科学史，便会发现不少人接纳了激进的创新，这显然不只是因为他们知道某些别人不知道的证据。达尔文就是一个很好的例子，他乘坐小猎犬号旅行回来，并在伦敦展示了在著名的加拉帕戈斯群岛上收集的标本。在他回来后的6个月里，英国大多数顶尖的博物学家都看到了达尔文收集的雀类和爬行类动物的标本，以及让达尔文提出进化论的重要证据，还有如今在教科书中引用的进化实例。身为19世纪最伟大的鸟类学家之一的约翰·古尔德（John Gould）对加拉帕戈斯群岛上鸟类的了解比达尔文的更多。古尔德还修正了达尔文在乘坐小猎犬号旅行期间犯的许多错误，比如达尔文认为加拉帕戈斯群岛上的雀鸟是通过生物进化模拟而成的。达尔文还误以为莺雀是莺亚科鸟类，他以为仙人掌地雀属于拟鹂科，其实那是完全不同的一类鸟。古尔德纠正了这些错误，还指出一些达尔文认为不属于雀类的鸟其实属于一种雀类的近亲。1837年3月，当达尔文从古尔德那里获得这些重要的信息后，他震惊了，很快便成了一名进化论者。奇怪的是，古尔德却没有成为进化论者，即使在《物种起源》出版之后，他依然坚持信奉创世论。懂得比较多的人领会得比较少，而懂得比较少的人领会得却比较多。科学历史上这种令人困惑的故事给我留下了深刻的印象，这应该与性格或人格存在某种联系，而肯定与科学证据本身没有任何关系。达尔文、古尔德和其他许多同时代的博物学家都知道相同的证据。由此可以推论，有些人之所以能在科学及其他领域中做出创造性飞跃，一部分是因为他们的人格，更具体地来说是因为他们能够以新的、不同寻常的方式来进行思考。总之，我对心理学产生了兴趣。

Edge：这是纯粹凭直觉做出的突然转变吗？

萨洛韦：其中可能有很多直觉的成分。幸运的是，在凭直觉做出转变之后，我进行了假设检验，这种方法让人们免于成为占星家或精神分析学家。

Edge：你是如何慢慢地产生这种想法的？

萨洛韦：一部分是出于直觉，一部分是基于确凿的证据。在20世纪70年代初，我开始阅读自己能找到的所有关于人格心理学，尤其是关于认知风格的文献。我还开始在这个领域中做研究。最后我偶然发现了出生顺序这个主题，然后用了20年的时间研究这个主题。然而，出生顺序只是这个研究领域的冰山一角。我一开始研究有关家庭动力学的问题，就遇到了其他影响人格形成的重要因素。

Edge：你的背景是什么？

萨洛韦： 当我对什么样的人格能够促成科学创新开始感兴趣时，我正在读研一。那时我正开始上科学史的硕士预科课程并写了相关的课程论文，我希望将来能写一篇有关达尔文的一生的博士论文。为此我对达尔文进行了相当多的研究，比如我在南美洲重走了小猎犬号旅行的路线，拍摄了一系列有关达尔文之旅的影片。我还了解了大量关于达尔文如何转变成进化论者的史实，并且了解了为什么会发生这个转变。我开始写有关这个主题的各种论文，最终它们都发表了。回想起来，对达尔文发生转变的研究完全改变了我的职业生涯。我曾经认真地考虑过再取得一个心理学的联合学位，并且在这个领域中完成了大量必要的课程论文。尽管最终我没有取得联合学位，但我由此走上了一种跨学科的职业道路。我继续阅读大量的心理学文献，进行心理学研究。同时我依然保持着对进化生物学的兴趣，继续进行着科学史的研究，尤其是有关科学领域的变革。

Edge：当时你在什么地方？

萨洛韦： 当时我在哈佛大学读研究生。大约在读研二的时候，我成了学者协会（Society of Fellows）的初级研究员。那是一段非常棒的经历。成为初级研究员后，我便可以按照自己的意愿在任何领域内进行研究，不再受系里任何人的直接管理。那真是绝妙的体验，这种独立性让我获得了成长与成功。

Edge：让我们来谈一谈那篇促使你写了《天生反叛》（*Born to Rebel*）一书的论文吧。

萨洛韦： 1970年，我偶然发现家庭生态位（Family niches）对人格的某些方面具有很强的影响力。从这个角度看，出生顺序特别重要，因为在家庭环境中，它是差异的系统性根源。然而出生顺序本身不是原因，它是家庭动力学模式（Family dynamics）的替代物，塑造人格的其实是家庭动力学模式。比如说，长子或长女比其他兄弟姐妹个头更大，年龄也更大，比较可能拥有更重要的地位，可以运用某些其他兄弟姐妹无法运用的策略。年龄小的孩子可能会产生打年龄大的哥哥姐姐的想法，但这通常不是一个聪明的决定，因为年龄大的哥哥姐姐能够反击得更有力。一般来说，长子或长女更好斗，他们会充分利用自己块头较大的优势。

有一个衡量人格的重要维度叫作“宜人性”，这是大五人格中的一个维度。出生顺序会导致这个维度上的巨大差异。出生顺序的差异反映了长子长女与比较年幼的孩子所处的生态位的差异。长子长女通常占据着代理父母的生态位，所谓代理父母就是要协助父母履行养育孩子的职责，这是讨好父母的绝佳方法。因此，长子长女通常更会与父母站在一边，也更有可能认同父母的价值观。如果父母重视孩子的学业，那么长子长女会非常认真地做作业，通常在学业上表现得更好。在学术界人士以及名人录中，长子长女可能占了绝大多数。最年长的孩子最有可能占据成功者的生态位，一旦这个生态位被占据了，年龄比较小的孩子便很难争得相同的生态位，尽管他们会经常尝试。弟弟妹妹使用的典型策略是争夺已经被哥哥姐姐占据的生态位。如果他们不能成功地争得那个生态位，那么最佳策略就是扩大范围，对经历变得更开放，并试着找到一些替代的生态位，在那里他们不会与哥哥姐姐直接竞争。如果哥哥很擅长投掷长矛，而弟弟无法超越哥哥，那么他便会去用弓箭。如果有另一个哥哥已经在使用弓箭了，那么弟弟就会去发明弩。通用的规则是做一些与哥哥姐姐们所做的不同的事情，为整个家庭贡献价值。就像达尔文有关生态位的著名理论所说的那样，弟弟妹妹会忙着多元化发展，试着从哥哥姐姐所擅长的事情上发散出去，发展其他能力。

兄弟姐妹间的“对比效应”解释了出生顺序与某种创造力之间的关系。家庭中年龄较小的孩子更有可能接纳科学及社会思想方面的激进创新。在原生家庭中，他们处于社会等级的底端，因此他们倾向于认同处于劣势的一方，拥护平等主义。家庭中年龄较小的孩子是最早支持宗教改革的人，也是最早支持之后的启蒙运动的人。历史上大多数注定要失败的事业都曾得到家庭中年龄较小的孩子的支持，而长子长女则通常持反对态度。这种历史差异可以直接追溯到家庭中兄弟姐妹在占据战略生态位时的心理差异。

Edge：你曾说过，比起哥哥姐姐，弟弟妹妹与同龄人的共同之处更多。

萨洛韦：一般来说，长子长女在人格上与其他家庭的长子长女更相像，而不是像自己的弟弟妹妹。与此类似，家里的老幺通常与其他家庭中的老幺更相似，而不是像自己的哥哥姐姐。同样，较晚出生的孩子之间比较像，而不像家庭中的长子长女。

Edge：你如何检验这个假设？

萨洛韦：有几种检验方法。我在《天生反叛》中采用了两种主要的实证方法来检验这个问题。第一种方法是分析历史证据。我收集了 6 500 多名重大的科学、政治及社会思想革命参与者的数据，还将每个人在争议中所持的立场罗列出来，并且得到 6 位以上历史学家的确认。我总共请了 110 名历史学专家来检查我列的革命参与者清单，评估这些清单在整体上是否具有代表性。我还请专家们提出遗漏的人选，并在接纳与拒绝量表上对每位参与者进行评分。收集这些专家的评分真的是一项巨大的工程，一部分是因为我亲力亲为。我飞往英国、法国、德国、意大利和美国收集专家的评分，走过的总里程超过了 40 万公里。第二种方法是对有关出生顺序的文献从整体上进行重新评估。关于出生顺序这个主题的出版物超过 2 000 种，我需要对它们进行元分析，确定其中是否有显著的发现。在元分析中，我运用大五人格维度作为基准，检验了关于手足策略的特定假设。我预测，相对于后出生的孩子，头生孩子会（1）更尽责，（2）更好斗，（3）更保守，（4）在管理他人上会更外向（而从好交际的角度评估，后出生的孩子更外向），（5）情绪更不稳定（从更容易发怒的角度评估）。我的元分析中包括对 196 项有关出生顺序的研究进行的统计调查，这些研究控制了社会阶层和兄弟姐妹人数这两项因素，分析结果证实了以上 5 个假设。

Edge：你得到了怎样的研究经费支持？

萨洛韦：我与 110 名专家评分员的合作，是我在学者协会当研究员期间完成的。研究员基金是我进行这个项目的主要资金来源。研究员的身份为我大量的实证研究提供了便利，并且有利于我战胜一个最显而易见的反对理由，那就是别人为什么要相信我通过历史样本得出的研究结果？因此非常重要的一点是，应该由其他人来确定这些历史人物中谁是激进变革的支持者，谁是反对者。我将身为研究员获得的所有的津贴都用在了研究和生活花费上。

Edge：在收集到这些结果后，你做了什么？

萨洛韦：当我将121个历史性事件的样本都汇总在一起后，根据256种不同的背景对每个个体进行编码。《天生反叛》这本书最不寻常的一个特点是它调查了100多个激进思维背后的潜在原因，并试着从整体影响的角度来对它们的影响进行排序。社会阶层能够很好地预测出激进主义吗？我的数据库中有社会阶层这个变量，因此我可以回答这个问题：社会阶层不是良好的预测因素。那么年龄能够很好地预测出激进主义吗？是的，年龄可以，就像普朗克和其他人认为的那样，但是年龄的预测能力不像社会态度或出生顺序那样好。我还检验了与手足策略和家庭动力学有关的一些子类别的变量，结果证明其中一些变量同样是激进主义重要的预测因素，例如兄弟姐妹间的年龄差：兄弟姐妹间的年龄差如果很大，那么出生顺序的效应就会消失。与父母的冲突也是一个重要的预测因素，它对长子和长女尤其重要。后出生的孩子不需要有一位像《绿野仙踪》中的西方坏女巫一样的母亲，就可以变得激进，因为哥哥姐姐可以促使他们产生这种行为倾向。然而，生长在幸福家庭中的长子和长女通常会认同父母和权威，与父母的显著冲突会破坏这种认同模式，导致长子和长女反而与弱势群体站在同一个阵营里。在同时检验所有这些不同的变量时，我发现激进主义的最佳预测因素是出生顺序，但是它不是唯一的重要预测因素，还有两个重要的预测因素是社会态度和年龄，此外，父母与子女间的冲突也较为重要。

Edge：你抽取的变革参与者样本似乎都是非常成功的人。他们的成功使他们成了历史人物。如果将普通人纳入你的样本，会产生相同的结果吗？

萨洛韦：我可以用两种方式来回答这个问题。第一种方式是通过我的样本，我已经根据著名程度对6 500位历史人物进行了排名，这排名使用了18

种衡量著名程度的指标。其中有些人，比如达尔文和牛顿，是极其著名的。不过按照顺序来看这张清单，也会看到一些非常不出名的人物，甚至连相关的学者都没听说他们。在根据著名程度对这些个人进行排名后，我会提出这样一个问题，在这个排名靠上和靠下的位置，出生顺序的效应是否减弱了？换句话说就是，声名显赫是否与更强的出生顺序效应相关？事实证明，出生顺序对样本中大多数无名之辈的影响与对最声名显赫者的影响相同。我确实没有在样本中纳入根本就没有生平信息的无名者。但是依据外推法，如果我的研究中存在因为选择知名人物而导致的偏差的话，那么根据著名程度进行排名后，我们应该能发现这种偏差。

回答这个问题的第二种方式是研究普通人。幸运的是，已经有人做过这项研究了。正如我前面提到的，已经发表的关于出生顺序的研究有 2 000 多项。我在《天生反叛》一书中的贡献主要是对这些广泛的文献做出解释。因为很多研究设计得不够好，或者没有控制重要的背景变量，所以这些文献一再受到批评。对此最简单的解决办法是抛弃所有设计不良的研究。从剩下的 196 项控制了社会阶层和兄弟姐妹数量的研究中，我们便可以查看其中包含多少重要的发现。结果显示，其中包含 86 项重要发现。接下来的关键问题是，这些重要发现偶然发生的频率有多高？要回答这个问题，需要使用元分析。答案是这 86 个重要发现偶然发生的概率是 10 亿分之一。事实上，与心理学领域中其他大多数研究相比，关于出生顺序的文献已经相当完好了。

Edge：让我们来聊一聊科学界的先驱们吧。

萨洛韦：有关出生顺序与人格的文献数量非常庞大，当然有关我在《天生反叛》中探究的其他许多变量，比如性别、父母与子女冲突的文献也很多。例如弗洛伊德通过研究父母与子女的冲突，建立了他的人格发展理论。其他人也曾对我所研究的家庭动力学的大多数方面进行过广泛的研究。在我看来，《天生反叛》最有益的贡献之一就是，我同时评估了从弗洛伊德到现代的理论家都认为很重要的许多不同因素的影响。

Edge：这里有两个问题：第一，独生子女会怎样；第二，出生顺序对女性有什么影响？我听你谈到的所有例证都是关于男性的。

萨洛韦：在我的书里有一章是论述女性的。我特别找了一些有大量女性参与激进事件的历史性样本，因此我可以对性别及性别差异发表一些实质性的观点。一般来说，能够作为激进事业支持者而被载入史册的女性通常属于一个不同寻常的群体。一开始她们就比普通男性更不受传统观念束缚，她们也更有可能曾与父母发生过大的冲突，而且她们更有可能是家中较小的孩子，通常是老幺。换句话说就是，能够被载入史册的女性一般都是家庭的反叛者。她们不愿意做那些在20世纪前通常被认为是女性该做的事情，因此她们大胆地越界到男性的世界中。她们的第一次“革命”便是进入我的样本范围。她们后来参与的历史性革命，也就是让我注意到她们的革命，是她们的第二次革命。在研究中我纳入了相当大比例的参与激进运动的女性，这些激进运动包括宗教改革以及美国历史上61次社会改革运动，因此我可以自信地说，出生顺序对男性和女性的激进性格具有相同的效应。

独生子女是一个有趣的问题。我将独生子女看成是理想的控制实验，他们身上应该不出现任何出生顺序的效应。独生子女没有兄弟姐妹，因此不存在手足竞争，这让我产生两个预测。一个是独生子女在很多人格特征上都应该是中等水平的，因为没有弟弟妹妹促使他们变得特别尽责或特别争强好胜，也没有哥哥姐姐促使他们变得特别大胆或不合常规，因此独生子女的行为应该是中庸的。另一个预测是，独生子女在童年时可以自由地占据他想占据的任何生态位，不用担心会有谁来侵占他们的生态位，他们可以自由地在各个生态位间游荡。由此产生的结果是，他们在人格特征和兴趣上比普通人更具有变化性。独生子女是最不可预测的群体。人们很难准确地预测他们的行为，因为他们童年时的选择比有兄弟姐妹的人多得多。

Edge：人们对你的书有什么反应？

萨洛韦：人们对这本书有着各种各样的反应，有些在我意料之中，有些则完全出乎我的意料。最令人奇怪的一种反应是谴责我为“决定论者”。这些谴责分两种：一种涉及广义上的决定论，另一种涉及遗传决定论。这两种形式的谴责都令我感到困惑。如果他们认真阅读我的书，便会发现手足策略显然不是严格地“预先决定的”。相反，那是个体自主做出的决定。为了适应家庭生活，个体可以在相当多的策略中做出选择。比如说，弟弟妹妹一般不像他们的哥哥姐姐那么咄咄逼人，但弟弟妹妹可以选择变得咄咄逼人。没有什么拦着他们一拳打在哥哥姐姐的鼻子上。不过这种挑衅行为通常是欠考虑的，因为哥哥姐姐可以更猛烈地还击，弟弟妹妹从小就吸取了这个教训并会采取相应的行为。兄弟姐妹在人格发展过程中做出的大多数选择都是自愿的，因此这些选择是自我的决定，将这种行为与决定论扯上关系实在太牵强了。我们都知道，当巨型卡车开过的时候不应该过马路，因为我们很可能会被它撞到。大多数人明智地做出适应行为并不意味着我们的行为都是预先决定的。总之，生活中有些事情是确定的，有些则不是，但我认为我们不必对此过于激动。

Edge：你谈论的是可能性，并没有断定每个长子长女都会具有这样的性格。

萨洛韦：是的，我的理论只是对行为的“概率性的”解释，部分原因在于影响人格的变量非常多，其中包括性别、父母与子女间的冲突、出生顺序和其他许多我在书中所写的变量。人们或许可以合理地谴责我是多元决定论者。我的书讲述的是一个非常复杂的现象，其中个人具有很大的选择空间。

对我的第二种谴责认为我是一名遗传决定论者。提出这种谴责的评论者并不理解纯粹的遗传观点与发展的遗传观点之间的区别。《天生反叛》确实是一本大量体现出达尔文主义的书，但它与遗传决定论的观点是不同的。这本书最微妙的特点之一是它提出了一个既体现达尔文主义，又体现环境论的观点。一般情况下我们听不到这类观点，因为人们还不能很好地理解人格发展的这个方面。

以下是对这个观点的简单概括。基于达尔文的理论，我认为孩子们从基因上注定会争夺父母对他们的投入。在这个过程中，环境不可避免地会发挥作用，因为基于偶然的出生顺序、性别和年龄差距，个体倾向于占据不同的家庭生态位。这部分观点根本不是基于遗传决定论得出的，因为没有任何基因能够决定先出生或者晚出生。兄弟姐妹变得非常不同在很大程度上是不同的家庭环境或家庭生态位导致的。由于长子和长女的块头比弟弟妹妹大，因此他们更容易采取具有侵略性的强硬策略，这成了他们人格的一部分。这部分理论非常具有环境论和相互作用论的特点。我在《天生反叛》一书中的推理就像史蒂芬·平克在《语言本能》中的论证。毫无疑问，人类具有进行语言交流的固有能力，这是其他猿类所不具有的。然而我们所成长的国家决定了我们将学会哪种语言。从达尔文主义的意义上说，我们同样先天就具有与兄弟姐妹竞争父母投入的倾向，但每个人的性格是家庭环境特点的产物，就像在德国说德语，在法国说法语一样，同样的语言本能在不同环境中产生了语言差异。总之，我的观点不只是关于先天的，也不只是关于后天的，而是一个结合先天与后天的观点，其中很多心理学细节显然是支持环境论的。

大多数读者能够正确地理解书中的观点。斯蒂芬·杰伊·古尔德在《夜线》（*Nightline*）节目中接受泰德·科佩尔（Ted Koppel）的采访时，强调了这个普遍的逻辑，他说出生顺序为环境的力量提供了最佳证明。我觉得非常具有讽刺意味的是，有些人谴责我是遗传决定论者，而这位持遗传决定论的知名评论家却公开为我辩护。

Edge：有趣的是，经常意见不一致的古尔德和平克似乎都支持你的观点。那么适应主义者，比如约翰·梅纳德·史密斯、乔治·威廉姆斯和理查德·道金斯对你的书有什么评价？

萨洛韦：我不知道史密斯或威廉姆斯怎么看待我的书。1995 年我在人类行为和进化学会（Human Behavior and Evolution Society）中做过演讲，当时理查德·道金斯是主讲嘉宾。我的论点似乎给他留下了深刻的印象。在会议结束时，他在自己的主题演讲中多次提到我的论文。

Edge：那么丹尼尔·丹尼特有什么评价？

萨洛韦：在《天生反叛》出版后，丹尼特给我寄来一封热情洋溢的信，他说他读了我的书，从总体上来说，他赞同我的论点。对此我一点儿都不奇怪，因为对于像丹尼特这样一位富有经验的达尔文主义者来说，书中真的没有很多会引发争议的内容。我们很容易理解孩子们会争夺父母的投入，他们会运用策略，以便在竞争中处于有利的地位。

Edge：有人对你发起攻击吗？

萨洛韦：批评并不只来自某一学科。目前对这本书最有趣的反应来自心理学家，他们正忙着检验我的一些发现并进行重复实验。由于以下的原因，这会引起有趣的争议。关于出生顺序的研究已经有 2 000 多个了，其中半数以上没有得出显著的结果。如果出生顺序对人格具有重要的影响，那么结果又为什么会是这样呢？原因有两重，其中一重原因是自我报告的数据并不可靠。如果我可以问罗伯斯比尔（Maximilien de Robespierre）[1]，他是不是一个刻薄、有报复心的家伙，我想他会承认。如果我可以问路易斯·阿加西斯（Louis Agassiz），达尔文坚定的反对者，他是否认为自己不愿意接受新观念，他肯定会说："没有啊，我非常乐意接受新观念。我是发展冰川期理论的先驱。"然而阿加西斯对冰川期理论的开放态度与他对进化论的强烈反对其实没有什么区别。进化论是一种激进的变革，而冰川期理论是比较保守的变革，与灾变说属于一类理论。后来阿加西斯把冰川期理论当作攻击进化论的武器，声称每一次冰川期都会让地球上的生命灭绝，需要造物主在地球上创造出新的生命。当人们被问到诸如"你乐意接受新观念吗"这样的问题时，

[1] 罗伯斯比尔是法国大革命时期的政治家，是雅各宾派的实际首脑及独裁者。——译者注

大多数人会以符合自己的价值观和偏见的方式来理解这个问题。所有人都会乐意接受某一些新思想或新事物。我们想要知道的是，出生顺序以及人格的其他影响因素如何塑造我们对某些特定经历的开放性。人格测试特别不擅长发现这些对情境敏感的效应。

在《天生反叛》中，我仔细地辨别出自己研究的每一种变革的社会背景和知识背景。对于我所研究的每一场科学变革，我从这场变革在意识形态上有多激进、人们用了多长时间做出了变革的决定以及其他各种各样衡量“激进主义”的标准上对社会背景进行操作化的衡量。这些用以衡量争议程度的指标被证明是预测出生顺序效应大小的绝佳因素。另外，它们还能很好地预测其他因素，比如年龄、父母与子女间的冲突以及社会态度的有效性。我在书中频繁地探讨了人与情境相互作用的效应。如今心理学家们正试图重复验证我的发现，他们不必担心其中的背景。

大部分出生顺序研究结果不显著的另一重原因是，自我报告的数据倾向于得出很小的出生顺序效应。考虑到统计功效，我们需要一个包含500~1000个个体的样本，从而可以合理确保研究者不会因为取样错误而遗漏掉真正的效应。而那些心理学研究的样本平均包含大约250个个体。心理学家们基于200~400个被试的样本，设计出了检验我的观点的研究。这些研究通常不能回答审查者提出的问题,因此它们只是浪费时间和精力。不幸的是,时至今日，大多数心理学家并不理解统计功效的问题。

最近，我自己设计了一项研究，以规避统计功效与自我报告偏差这两个问题。目前被试数已经达到了3 500人。我提出的问题针对的是行为的客观指标，比如说，我采用一个9点量表，让被试报告自己的共情能力，我知道被试不可能都做出现实的自我评估。另外，大多数人不知道在一个客观的共情测量中自己处于什么位置。他们也许知道自己比普通人具有更高的共情能力，但不知道自己位于60百分位还是70百分位。我们没有随时戴着“共情徽章”，一个人的共情能力不像性别那样显而易见。而且这类问题的答案不精确。一些较小的效应，包括出生顺序以及家庭动力学其他方面的效应，是很容易被遗漏的。因此，我在自己的研究中加入了第二套问卷，这套问卷要求被试与自己的朋友、配偶和子女进行对比，来对自己进行评估。这种方法会引发兄弟姐妹间的直接比较。我们通常知道（或者认为自己知道）在大多数人格特点上自己相对于兄弟姐妹是怎样的，因此这种具体的比较可以确定每一个人的人格量表。这类用绝对值评估的量表可能会让我们错误地评估自己，但在评估我们自己与兄弟姐妹间的相对差异时，所得结果会更符合事实。当让被试采用与兄弟姐妹进行比较的方法时，结果得出的出生顺序与人格之间的相关性是被试只评估自己时的两倍。

Edge：你刚才谈到了统计功效，但很多读你的书的人只是从个人层面进行思考。

萨洛韦：看待问题的这两种方式并没有什么冲突。我使用统计技术和大样本只是为了确保自己的研究是正确的。一旦研究人员通过这种方法获得了正确的答案，人们便可以用轶闻趣事来举例说明这些发现了。这些轶闻趣事代表了个人层面的真相，普通读者在书中，比如在《天生反叛》中寻找的就是这种真相。轶闻趣事能够有力地传递具有情绪感染作用的真相，但我不认为这类证据能够证明任何观点。在这个问题上，我与很多认为讲一个故事就能够证明某种观点的历史学家的看法不同。故事什么也证明不了，它只说明人们多么善于为自己的假设寻找合适的证据。

在《天生反叛》中，我检验假设的方法是进行大量的统计抽样，然后通过讲故事来阐明我所记录的关联，故事会让这些关联变得生动有趣。例如较晚出生的孩子更有可能对现状提出挑战，他们更有可能做出各种各样出格的事情，使父母大为恼火。这种倾向的一个例证就是伏尔泰。他的家人为了取乐，让伏尔泰和他的哥哥阿尔芒比赛写诗，由此伏尔泰开始走上了诗人的道路。家人很快发现伏尔泰的讽刺诗很可怕，他的很多尖锐的小诗直指他不太喜欢的哥哥。于是，家人结束了这种诗歌比赛。伏尔泰的父亲后来担心他们的小儿子会在文学这种无益的职业领域上浪费生命。“你会饿死的。”他警告伏尔泰。但一位诗人已经诞生了，伏尔泰通过销售诗歌、剧本和书籍，成了

18 世纪欧洲最富有的文学界人物。顺便提一句，他的哥哥阿尔芒成了宗教狂热分子。伏尔泰最著名的是什么？是他对基督教会的尖锐批评。

我禁不住要再讲一个有关伏尔泰的故事。伏尔泰曾经看到他父亲和他家的园丁发生了激烈的争吵。伏尔泰的父亲是一个很固执的人，他最终把园丁打发走了，并对园丁说："我希望你能找到一个像我一样仁慈宽厚的雇主。"伏尔泰认为这种说法很可笑。他父亲是他认识的人中最暴躁的，却对刚刚被他解雇的员工说，希望他找到另一个像自己一样性情平和的雇主。不久之后，伏尔泰去看戏剧，戏剧中有一个场景与伏尔泰看到的父亲与园丁发生争吵的场景非常相像。演出结束后，伏尔泰去见剧作家，问他在下次演出中是否能改几句台词，使它们更接近他父亲的原话。然后，伏尔泰回到家，邀请父亲去看剧。父亲答应了，而且最终看到了与园丁争吵的那个情节。在写这个故事时，伏尔泰写道："我的父亲非常窘迫。"这个故事反映了伏尔泰对讽刺的运用，他在一生中都是这样对待敌人的。有些贵族被伏尔泰猛烈的讽刺炮火所激怒，他们殴打他或者把他长时间关在巴士底狱里。无论怎样，这类传记性质的故事都让历史人物变得鲜活起来。这些故事还说明，家里较小的孩子在一生中都表现出了反叛传统和傲慢无礼的特性。

Edge：你自己的出生顺序如何影响了你的人格与生活？

萨洛韦：我家兄弟 4 个，我排老三，但我就相当于老幺，因为我弟弟布鲁克比我小 9 岁。我经历了 9 年没有弟弟妹妹的成长时光，我认为布鲁克对我的人格没有很大影响。不过我的两个哥哥确实对我有影响，我们之间各相差两岁半，会为很多事情发生争斗。我认为我具有典型的后出生的孩子的人格特点。我当了 20 多年的学者，但不曾有过正式的工作，我的职业生涯完全是不符合传统的。

Edge：你熟悉朱蒂·哈里斯（Judith Harris）有关教养的研究吗？

萨洛韦：是的，她主要研究的是同伴群体对儿童的影响。行为遗传学家发现，大多数环境影响并不是家庭成员造成的，为回应这一发现，她与其他一些心理学家提出，家庭对人格的影响是有限的。还有一种观点，也是我赞同的观点，认为家庭并不代表一种共享环境。因此家庭会以不同的方式影响同一家的兄弟姐妹，但这不等于说家庭没有影响。我认为，哈里斯强调同伴群体的重要性是正确的，但她太狭隘了，否认家庭中系统化差异的重要性。事实上，家族生态位和同伴影响这两种影响方式有一部分是重合的。例如，有些家庭成员可能更多地受到同伴群体的影响，我们估计家里较小的孩子尤其容易出现这种情况，因为他们对各种经历持有更开放的态度。排行在中间的孩子似乎最有可能认同同伴群体，而不是家人。人们可以对这种说法进行非常简单的检验，就像麦克马斯特大学的凯瑟琳·萨尔蒙（Catherine Salmon）最近在博士论文中做的那样。你可以让人们回答 10 次“我是谁”的问题。排行在中间的孩子与老大和老幺相比,更不太可能回答“我是布罗克曼”或“我是萨洛韦”。也就是说，排行在中间的孩子不会用家庭标签来确定自己的身份。为什么呢？根据达尔文主义的观点,我们知道排行在中间的孩子处于劣势：他们享受不到长子长女得到的好处。最先出生的孩子往往能够得到父母更多的投入，因为他们出生的时间与父母的生育年龄阶段更接近。家里的老幺也能得到父母很多关注，因为父母不希望最后一个孩子早早夭折。在一片忙乱中，最容易被忽视的就是中间的孩子。他们会有什么反应？他们会变得非常重视同伴。如果一个人在家庭中得不到青睐，那么明智的策略就是设法获得其他支持。

Edge：关于养育孩子，父母们从你的书中能够得到什么启示？

萨洛韦：我在书里没有直接谈到教养的问题，但读者可以从书中得出很多关于这个主题的结论。不过我在公开演讲中确实谈过这个问题。我的研究中包含一个明显的观点，那就是手足竞争不是病态的。很多人觉得如果孩子之间存在竞争，那么父母的行为一定有不对的地方。这是错误的想法。手足竞争出现得比恐龙还早。手足竞争能够塑造出富有创意的行为，它是孩子们磨尖自己的小爪子、为生活做好准备的一部分。明白这一点后，父母便可以大大松口气了。另外，父母们需要知道兄弟姐妹间为什么会进行竞争——因为他们想要取得在家里的特殊地位，不被排斥或歧视。手足竞争最终的目的是尽可能多地获得父母的投入。每个孩子都想和父母共度一段特殊的时光，如果父母给了孩子这样的时光，他就会很快乐。事实上，这就是一些有益的实用信息，父母们不是总能发现孩子的这种需要。为了与众不同，兄弟姐妹试着发展出一些特殊的兴趣、特殊的生态位，以引起父母对他们的注意，并且只关注他们。

Edge：你未来的研究方向是什么？

萨洛韦：我认为《天生反叛》中的发现只是许多问题的初步轮廓，这些问题是我们在试图理解人格发展的过程中所面临的问题。同时，这本书只提供了用达尔文的理论解释童年期习得性适应的简单介绍。童年期的适应不是随机的，而是有目的的，那就是将基因传递给下一代，未来我们在这个问题上会有整整一类的相关研究要做。这需要进化生物学与进化心理学之间有更深的交流互动。我相信这个研究领域一定会非常令人兴奋。

我自己的研究将会更倾向于心理学，而不是历史学，这样我就能回答一些用历史数据无法回答的问题了。在《天生反叛》中，我开发出了将出生顺序、父母与子女间的冲突、性格以及其他变量结合在一起的统计模型，用以解释历史人物在激进的社会与知识变革中实际做了什么。与此相比，通过与在世的人进行合作，我们可以更好地进行研究，因为我们可以询问有关发展历史的具体问题，比如在应对兄弟姐妹时所采用的策略的本质，以及这些策略及其相应的人格特征能在多大程度上预测出孩子成年后的行为。就可能获得的结论的复杂性而言，转而研究在世的被试有点像从 19 世纪的内燃机车转变为 20 世纪的喷气式飞机，而且几乎没人做过这样的研究。

为了在一定程度上理解被研究的家庭，我们需要同时研究家庭中的所有成员。过去，当心理学家想研究诸如出生顺序等影响因素时，他们会收集来自不同家庭中的长子和长女以及较晚出生的孩子的数据。这种方法会遗漏很多东西。让我来举个例子说明为什么要研究同一个家庭中长大的个体。假设你是长子或长女，你用来控制弟弟妹妹的策略可能是采取像意志坚强的克林特·伊斯特伍德（Clint Eastwood）那样的行为。非常巧的是，伊斯特伍德就是家里的长子，好莱坞其他大多数猛男型演员，比如约翰·韦恩（John Wayne）、史泰龙、布鲁斯·威利斯（Bruce Willis）以及所有扮演过詹姆斯·邦德的演员都是家里的长子。不过，如果长子长女碰巧很腼腆，而腼腆的人通常不会采取强硬的策略，那么他们就比较谦让、胆怯。这种腼腆的行为倾向会损害他们占据典型的头生子生态位的能力，因此腼腆的头生子可能会采取不同的策略来应对弟弟妹妹。这类长子和长女会用变化不定的情绪，或对冒犯他们的弟弟妹妹表现得很冷淡来使他们乖乖就范。除了强硬策略外，他们可以采取很多其他策略。当长子长女选定一套策略后，弟弟妹妹会相应地采用其他还未被采用的策略。如果比较来自不同家庭的两个个体，那就会漏掉这类相互适应。我们应该记住，人格发展就像是棋局的发展。家庭中某个成员走出的一步棋会影响另一个家庭成员的棋怎么走。这看起来似乎很不同寻常，几乎没有人从这个角度研究过人格发展。从一种出于直觉的心理学观点看，也是从达尔文主义的观点看，这是研究人格发展的最佳方法。

Edge：这类研究是否会在西方国家中进行？

萨洛韦：由于大多数心理学家生活在西方国家，因此这类研究中的大多数会在西方国家中进行。不过，心理学家们很希望看到研究结论能够在其他文化中得到重复验证，因此我们看到这类研究开始出现在非洲、东南亚等地区。最终这样的研究会在全世界范围内进行，在进行跨文化的研究时，我们肯定会看到人格发展理论的有趣转折。

Edge：你最后想说点什么？

萨洛韦：我不得不说，当偶然开始《天生反叛》中提到的研究项目时，我完全不知道自己进入的是什么领域。26年后回首往事，我发现这可能是我做过的最有趣的事情之一。在试图理解是什么使人类做出了某些行为上，我从来没有厌倦过。在研究这个项目20多年后，我意识到在理解人类差异方面，达尔文的理论发挥了主要作用。这是一个令人激动的发现。人格发展的秘密是我将用一生去探索的主题，我希望能始终保持着对这些问题的兴趣，不断尝试解决它们，不断取得进步。

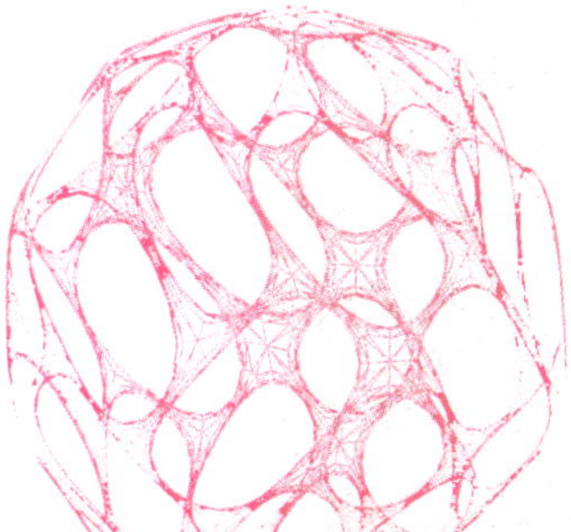

THE INCREASE IN ABILITY TO IMITATE AND LEARN WOULD THEN EXPLAIN THE EXPLOSION OF CULTURAL CHANGE IN HUMAN EVOLUTION.

模仿和学习能力的提高可以解释为什么会发生突然的文化大发展。

——《人类进化“飞跃”背后的推动力量：镜像神经元及模仿学习》

07

MIRROR NEURONS AND IMITATION LEARNING AS THE DRIVING FORCE BEHIND "THE GREAT LEAP FORWARD" IN HUMAN EVOLUTION

人类进化"飞跃"背后的推动力量：镜像神经元及模仿学习

Vilayanur Ramachandran
维莱亚努尔·拉马钱德兰
加州大学圣迭戈分校大脑与认知中心主任
著有《寻找脑中幻影》（*Phantoms in the Brain*）
和《讲故事的大脑》（*The Tell Tale Brain*）

我在这篇文章中会探讨在猴子的前额叶皮质中发现的镜像神经元，以及镜像神经元对人类大脑进化的潜在重要性。这是近 10 年来"未被报道的"（或至少是未发表的）最重要的发现。我预计，镜像神经元之于心理学的重要性就像 DNA 之于生物学的重要性。它们都能提供统一的框架，帮助我们解释许多迄今为止仍无法通过实验进行研究的神秘的心理能力。

关于人类心智与大脑的进化，存在很多令人困惑的问题：

1. 大约20万年前，原始人类的大脑就几乎达到了目前的大小，其智力甚至也可能达到了目前的水平。然而，许多我们认为人类所特有的属性似乎出现得晚得多，这是为什么？在漫长的“休眠”中，大脑在做什么？为什么使用工具、使用火、绘画、音乐甚至语言这些潜藏的能力直到很晚的时候才开始突飞猛进？鉴于自然选择只能选择被表达出来的能力，而不能选择潜藏的能力，那么这些潜藏的能力是如何出现的呢？我用维多利亚时期第一位提出这个问题的博物学家阿尔弗雷德·拉塞尔·华莱士（Alfred Russel Wallace）的名字来命名这个问题，我称之为“华莱士问题”。

2. 把一块石头砸几下，形成不规则的边缘，就制成了奥杜韦文化的粗糙工具。大约240万年前，能人（Homo Habilis）制造出了这种工具，他们大脑的体积为700立方厘米，介于黑猩猩（400立方厘米）和现代人类（1300立方厘米）之间。又经过了100万年的进化停滞后，比较符合审美的“对称”工具开始出现，同时生产技术和手工制品的形式越来越标准化。为了确保工具的边缘是光滑的，而不是参差不齐或不规则的，制作工具用的锤子就需要从坚硬的锤子变为比较软的锤子，或许是木头锤子。最终，装上了把手、像生产线生产出来的标准工具，也就是复杂而对称的双面工具在20万年前才出现。为什么人类心智会呈现出这种一个阶段、一个阶段的进化，每个阶段以突然的技术进步为标记划分？

3. 几乎在20万年前，人类的大脑就和现代的一样大了，那么为什么直到大约4万年前，精密的技术、分布广泛的洞穴壁画、服装、固定形式的住宅等才突然得到大的发展？

4. 语言的产生真的像乔姆斯基说的那样，完全是一种意外吗？又或者它是从已经存在的更原始的手势语进化而来的？

5. 为了预测他人的行为并用计谋打败他人，人们会使用“读心”的能力，这种能力通常让人类被冠以“诡计多端的灵长类”的称号。为什么猿类和人类非常擅长读懂其他个体的意图？是否就像尼古拉斯·汉弗莱和西蒙·巴伦－科恩说的那样，高级灵长类动物具有一个专门的大脑中枢或模块，用以产生“心理理论”[1]。如果真是这样，这个模块或中枢在哪里？它又是怎样进化而来的？

[1] 指一种能够理解自己以及周围人的心理状态的能力。——编者注

这些谜题的解答来自一个看似不可能的地方，那就是对猴子大脑中单个神经元的研究。你可以看一下贾科莫·里佐拉蒂（Giacomo Rizzolatti）最近关于猴子大脑腹侧运动前区的“镜像神经元”的发现，那样这些问题就不会那么令人困惑了。我认为，被称为“镜像神经元”的这个神经元簇是理解许多人类进化之谜的关键。里佐拉蒂和迈克尔·阿尔比布（Michael Arbib）已经指出他们关于镜像神经元的发现与语言的进化有关。不过我相信，他们的发现对理解其他被忽视的人类进化的重要方面同样是非常关键的。在我看来，这就是最近10年未被报道的最重要的发现。

语言的产生

语言与幽默、绘画、舞蹈或音乐等许多其他人类特质不同，具有显而易见的生存价值，它有助于我们沟通想法。这种不同寻常的能力是如何进化出来的？至少从达尔文的时代开始，这个问题就一直困扰着生物学家、心理学家和哲学家。问题在于，人类的发声系统比猿类的复杂得多，但如果大脑中没有相应的复杂的语言区域，那么这个发声系统也毫无用处。这两种系统都具有复杂的、环环相扣的内部结构，两者是如何协同发展的？按照达尔文理论的思路，我认为人类之所以进化出了复杂的发声系统和调节声音的卓越能力，是为了在求偶时发出充满情感的呼叫和富有乐

感的声音。随着大脑的进化，尤其是左脑的进化，便逐渐产生了语言。

然而，还有一个更大的谜题有待解决。语言是不是由一个人类所特有的高度专门化且复杂的“语言器官”所介导的，且这个器官就像乔姆斯基所说的那样完全是偶然出现的？又或者，是否已经存在着一种更原始的手势沟通系统，它对口头语言的出现起到了脚手架的作用？

里佐拉蒂的发现能够帮助我们解决这个古老的谜题。他对猴子前额叶腹侧运动前区的脑活动进行了记录，结果发现，当猴子用手做出某个特定的动作时，比如拉、推、拖、抓握，以及将花生捡起来放进嘴里等，特定的神经元就会放电，不同的动作会引起不同的神经元放电。有人可能会认为这些是“指挥”运动的神经元，可以使肌肉做出特定的活动。然而令人震惊的是，当被研究的猴子看到另一只猴子（甚至实验者）做出同样的动作时，比如品尝花生，相应的镜像神经元也会放电。有了关于这些神经元的知识后，我们便有了理解人类心智的许多谜题的基础，包括共情能力、模仿学习，甚至还有语言的进化。每当一个人看到其他人正在做某件事，甚至是开始做某件事时，大脑中相应的镜像神经元就会放电，从而使他能够“读出”并理解其他人的意图，由此发展出了复杂的“心理理论”。我还认为镜像神经元的缺失也许能够解释自闭症这种令人痛苦的儿童疾病。没有镜像神经元的儿童无法理解他人的情感，无法与他人产生共情，因此会完全避开社交世界。

镜像神经元还能使人模仿其他人的动作，这为复杂的拉马克学说或文化传承的观点提供了舞台，文化传承的观点体现了人类的特点，使我们从纯粹以基因为基础的进化理论的局限中解放出来。另外，正如里佐拉蒂提出的，镜像神经元还能使人模仿并理解其他人的嘴唇和舌头的动作，从而为语言进化提供了机会。就是因此，当你冲一个新出生的宝宝吐舌头的时候，他也会冲你吐舌头。这个小动作中包含了灵长类大脑 50 万年的进化历程，这是多么具有讽刺意味的事实呀。一旦人拥有了读出他人意图和模仿他人发声这两种能力，便启动了语言的进化。我们不需要再讨论什么独特的语言器官，语言似乎不再那么神秘了。

里佐拉蒂的发现中还有一个重要的谜题，他认为腹侧运动前区可能是布洛卡区的同源物。布洛卡区是与人类语言的句法及表达相关的大脑中枢。

不管怎样，以上观点与人类具有专门负责语言的脑区的观点并不冲突。我们在这里要解决的问题是这类脑区是如何进化的，而不是这类脑区是否存在。

镜像神经元是在猴子的大脑中发现的，我们怎么知道它在人类的大脑中也存在呢？为了找到答案，我们研究了患有病感失认症的患者。大多数右脑中风的患者会出现左侧身体完全瘫痪的情况，他们一般都会抱怨左侧身体的不便。但是大约有 5% 的患者会强烈否认自己瘫痪了，他们都神志清醒，有正常的理解力。这种奇怪的疾病被称为病感失认症。令人吃惊的是，我们发现有些患者不仅否认自己瘫痪了，而且会否认其他患者瘫痪了，虽然他们自己和其他人显然能够看出这些患者无法移动自己的手臂。否认自己瘫痪已经够怪异了，为什么还会否认其他患者瘫痪了呢？我们认为，镜像神经元受损是最合理的解释。比如说，如果你想判断其他人的动作，就必须在自己的大脑中对相应的动作进行模拟，而没有镜像神经元，你就做不到这一点。

脑电研究也提供了证据。当人们移动手的时候，被称为 MU 波的脑电波会受到抑制并彻底消失。1998 年，埃里克·阿尔特舒勒（Eric Altschuler）、杰米·皮内达（Jamie Pineda）和我在美国神经科学协会上提出，这种抑制是由镜像神经元系统造成的。与这个理论相一致的是，我们发现当人们看到其他人移动手时，这类抑制也会发生。但是如果他们看到一个没有生命的物体做出类似动作时，这类抑制则不会发生。由此，我们预测患有自闭症的孩子在移动自己的手时，MU 波会受到抑制，但看到其他人的手移动时，就不会受到抑制。目前我们的实验室对患有自闭症儿童的研究已经初步显示这种预测可能是真的。

人类进化的大爆炸

原始人类的大脑在加速生长，直到 20 万年前，它达到了目前 1 500 立方厘米的大小。不过人类一些独特的能力，比如发明标准化的、由多个部分组成的复杂工具，缝纫衣服、艺术、宗教信仰，甚至语言都被认为大约是在4万年前才迅速出现的。人类心智能力与文化的突然大发展有时被称为“飞跃”或“大爆炸”。如果在20万年前，大脑就拥有了最大潜能或者至少达到了最大尺寸，那么为什么它在15万年中都无所事事呢？大多数学者相信，之所以会发生大爆炸，是因为大脑结构发生了某种未知的遗传变化。例如，考古学家史蒂夫·米森（Steve Mithen）在刚刚完成的著作中提出，在大爆炸发生前，人类大脑中存在三种不同的模块，分别专门负责“社会智力”、工作使用或叫作“机械智能”，以及“博物学”（一种分类的倾向）。这三个模块彼此之间没有联系，但大约在5万年前，大脑发生了某种遗传变化，突然使它们能够彼此交流了，由此令人类的意识变得非常灵活并具有多种多样的功能。

我不赞同米森这种颇具独创性的见解，我提出了一种非常不同的解答，这种解答与米森的观点其实是兼容的，但仍然不同。我认为所谓的大爆炸之所以会发生，是因为某种决定性的环境因素触发了已经变大的大脑，由此对人类所独有的文化创新产生了“预适应”，其中关键的一种预适应就是镜像神经元。工具的使用、绘画、数学甚至语言“偶然地”在某个地方被发明出来，由于人类能够运用镜像神经元进行模仿学习和“读心”，因此这些发明迅速地传播开来。或许任何重大“革新”的出现都是因为环境条件中的意外巧合，这种革新通常只限定在某一时间和某一地点发生，但是由于人类具有非凡的模仿能力，因此新发明一旦出现，便会迅速在人群中传播。

镜像神经元显然不是这些进化谜题背后的唯一答案。毕竟猕猴和大猩猩也有镜像神经元，但它们没有人类的复杂文化（人们最近发现野外的黑猩猩拥有文化的雏形）。然而，我认为镜像神经元是必要不充分条件，其出现和发展是具有决定性的一步。原因在于一旦人具有了最低限度的“模仿学习”和“文化”后，这种文化便会反过来施加选择压力，让我们发展出那些使人成为人的心理特质。这一旦开始，就启动了自动催化过程，这个发展过程的顶点就是产生了现代人类的意识。

镜像神经元的观点中还有一个问题是，它没有解释为什么大爆炸中的许多人类创新都发生在相对很短的时期内。如果这些迅速传播的发明只是偶然出现的，那么为什么它们会同时出现呢？对此有三种解答。第一，说这些发明同时发生的证据是不充分的。音乐、住所、带柄的工具、服装、书写、言语等的发明分散在 10 万年前到 5 000 年前的时期里，所谓的大爆炸可能是考古发掘导致的人造现象。第二，任何创新都可能是其他创新的催化剂，因此会在整体上加速文化的发展。第三，可能确实存在遗传变异，但变异的结果可能不是增加了我们的创新能力（也不像米森说的那样，变异打破了模块间的障碍），而是增加了镜像神经元的复杂性，从而增加了大脑的“学习能力”。模仿和学习（以及传授）能力的增加便可以解释为什么会发生突然的文化大发展，也就是我们所说的大爆炸。这个观点暗示着，就人类而言，有关先天与后天的争论在很大程度上是没有意义的。如果不出现人类大脑所特有的学习能力，智人便配不上智人这个称号；但是如果不浸润在能够利用这种学习能力的文化中，那么智人恐怕仍不能成为智人。从这个意义上说，人类文化和人类大脑共同进化成了必然的相互寄生体，缺少任何一方，人类都不会诞生。

第二次大爆炸

我的观点是，镜像神经元为大脑和文化的共同飞速进化提供了最初的动力，这个观点并不像听起来的那样离奇。想象一位来自火星的动物行为学家正在研究从 100 万年前开始的人类进化。他会对诸如复杂工具的使用、火的使用、艺术及文化等心智能力的突然出现感到很困惑，并试着将它们与传说中的大脑尺寸和解剖结构的变异联系起来，就像很多人类学家现在做的那样。但是与那些人类学家不同，这位火星的动物行为学家还会对 19 世纪之后发生的剧变感到困惑，也就是我们所说的科学革命或工业革命。从很多方面来看，这场革命比 4 万年前发生的大爆炸更突然、更引人注目，原子能、汽车、航空和航天技术都突然冒了出来。

他很可能会认为，之所以会出现第二次大爆炸，一定是因为存在着遗传变异，使大脑解剖结构和行为发生了相应的改变，这就和如今很多人类学家对第一次大爆炸做出的遗传学解释一样。然而我们知道，第二次大爆炸的出现是因为偶然的环境事件，是因为伽利略发明出了"实验法"，再加上皇室的资助以及印刷术的发明，科学革命被触发了。伽利略的实验以及公元后第一个千年中在印度发明出来的数学（基于进位制、零、十进制），为牛顿力学、微积分以及其他众所周知的发明搭设了舞台。

现在我们需要牢记在心的是，没有任何发明是本来就应该发生的。第二次大爆炸当然不是因为人类大脑在文艺复兴时期发生了遗传变化，它的发生至少有一部分是因为模仿学习和知识的快速传播。（人们确实可以说，18 世纪前的人类与 20 世纪后的人类在行为与认知方面的差异比直立人与早期智人之间的行为和认知差异大得多。如果没有更多的了解，火星的动物行为学家可能会认为前两类人之间的遗传差异比后两类人之间的遗传差异更大。）

基于我所提出的类比，甚至第一次大爆炸在很大程度上也是模仿的产物。"华莱士问题"非常合理，一系列似乎突然冒出来的非凡能力确实令人困惑。但是他的答案是错误的。艺术、复杂工具等突然出现并不是因为造物主或"神的介入"。相反，我的观点是，就像伽利略和谷登堡[1]的发明被迅速传播到世界各地一样，尽管之前没有发生遗传变化，火、服装、对称工具、艺术等发明也可能偶然出现在某一个地方，然后被迅速传播出去。早期的原始人类也产生了这类发明（甚至黑猩猩和猩猩也相当善于发明，谁又知道直立人或尼安德特人的发明才能到底有多强呢），但他

[1] 铅活字印刷的发明者。——编者注

们没有足够发达的镜像神经元系统，因此无法迅速传播这些发明，它们很快从“模因库”中消失了。镜像神经元系统一旦发达到能够被用于读懂其他原始人的心理，能够被用于培训工具的使用，那么它便在人类意识的产生中发挥了关键作用，就像小行星撞击在哺乳动物取代爬行动物中起到的作用一样。

因此，“为什么大脑在 20 万年前就具有了所需的潜在能力，而 4 万年前才出现了复杂工具和艺术”的问题就显得毫无意义了，这就像问“为什么人类大脑至少远在克罗马依人时期就为太空旅行做好了适应准备，但人类在几十年前才开始遨游太空”。这个问题忽视了人类进化历史上偶然或运气的重要性。

所以，我认为里佐拉蒂的发现以及我对它在人类进化中发挥的作用的猜测，是最近 10 年里未被报道的最重要的发现。

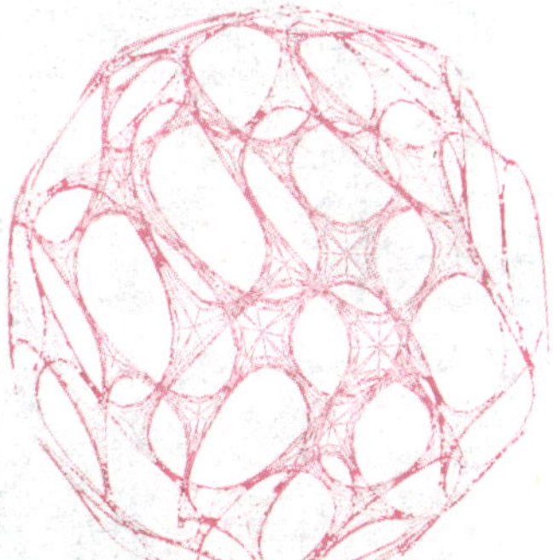

我们之所以需要有意识的体验，是因为它让
我们意识到自己有多重要。

——《值得拥有的自我》

WE NEED
CONSCIOUS
QUALIA
IN ORDER TO
REALIZE JUST

—

HOW IMPORTANT
WE ARE.

08

A SELF WORTH HAVING

值得拥有的自我

Nicholas Humphrey
尼古拉斯·汉弗莱
伦敦政治经济学院心理学家
著有《勃然大怒》（*Seeing Red*）和《灵魂之尘》（*Soul Dust*）

40年前，我想解决有关意识的问题。在我看来，将这个问题遗留给下一代人是令人羞耻的。意识是对科学界提出的最大挑战，如果我们不能尽快找到答案，科学本身都有蒙羞的危险。意识这种现象性体验从很多方面看似乎好得都不真实了，而我们感受世界的方式好像不必这么美好、丰富而奇妙。

我曾经从各种各样的角度来试图解决意识的问题，比如从神经生物学、动物行为学、社会科学、心智哲学的角度。我猜，我们需要采用所有这些方法，甚至更多的方法，才能了解意识是什么以及意识有什么用。

最近我一直在思考一个相当宏大的问题，那就是为什么我们的生活中需要有意识的体验。我的观点是，这是为了让我们意识到自己有多重要。没有别的东西可以像有意识的体验那样让我们认真对待自己，它会显著影响我们对自己属于哪类人的看法，让我们在自己的生活中找到新的价值，也在其他人的生活中找到新的价值。

这种想法来自我早期对感觉的本质的看法。一段时间之前，我提出了有关感觉的运作机制以及为什么感觉具有定性性质的理论。我认为感觉特有的现象学源自这样一个事实，那就是从进化起源上看，感觉是一种身体动作，包括用评价性的反应来回顾身体表面受到的刺激。我认为有意识的感觉是一种不同寻常的“刻意而为”。感觉进入意识不像是发生在我们身上的事件，而像是我们自己产生并参与其中的活动。

例如，当某个人闻到玫瑰的花香时，他用“虚拟动作模式”（virtual action pattern）来对发生在鼻孔里的情况做出反应。虚拟动作模式在很久之前的进化历史中就出现了，它是对身体表面受到的各种刺激的评价性反应。在现代人类身上，闻到玫瑰花香时的这些反应仍被导向受刺激的部位，仍保留了最初功能的痕迹以及快乐的基调。但是如今它们不会通过明显的行为表现出来，而是被封闭在大脑回路中。事实上，传出信号现在只能发射到感觉皮质那么远，在那里，它们与来自感觉器官的传入信号相互作用，瞬间产生了一种自我卷入的循环。我的理论是，某个人的感觉，也就是他表征发生在自己身上的事情的方式，都是通过监控自身动作模式的信号，在这种循环中增强，成为意识“最密集的时刻”。

如今，我仍认为这是一个相当好的观点。特别是因为它有可能解释现象性体验背后的功能性结构，甚至神经生理学机制，也就是处在主观感觉中“是什么样的”。我所说的感觉循环会产生一种“类似”时间的维度，导致意识持续的时间比它在现实中的时间更长。

然而，有一个谜题被我搁置在一边了。我在大脑中创造了一个自我循环的回路模式，它或许能够为意识的现象学提供基础。我还可以解释这种回路最初是如何以一种身体活动的形式进化出来的。但是，我完全没有解释为什么进化采取了这种不同寻常的路线，至少我肯定没有解释感觉回路里的活动的自我共鸣这一关键的最后阶段。

让我们来明确一点，最后阶段几乎不可能是偶然的。感觉回路必须非常精密地谐调，产生适当程度的反馈，也就是说，意识变得密集的程度和质量必须是恰当的。但是这个过程的意义是什么？为什么自然选择这么不怕麻烦地创造出了密集的主观当下？为什么我们不让有意识的时间像实际时间一样流逝？以这种奇迹般丰富的方式来感受我们在世界中的存在，对我们来说有什么生物学上的好处？

我现在研究的就是这些内容。我正在思考的是，极其丰富的主观当下为自我提供了一个新领域，当然这需要进一步的研究。20世纪初，伟大的逻辑学家戈特洛布·弗雷格取得了显而易见但至关重要的观察发现，那就是第一人称的主体必须是某样事物的主体。在这种情况下，我们可以问，什么类型的事物能担此任？什么类型的事物具有充分的形而上的重要性，能够为自我提供体验的基底？如今我提出的答案是：具有内在深度与丰富性的现象性体验似乎最能为自我提供体验的基底。

现象性体验确实能够为创造值得拥有的自我提供基础。让我们来看一看，一旦这种新的自我就位后，什么事情会成为可能，甚至成为自然。作为某种神秘而奇特的事物的主体，人类获得了对自身生存的新信心与新兴趣，也获得了对他人的新兴趣。我们开始对未来、死亡以及各种各样与共同意识相关的问题产生了兴趣，也开始对意识在我们周围能够扩展多远产生了兴趣。

这恰恰为我们的生理健康提供了明显的和微妙的反馈。这种现象性体验使我们更有活力、更迷人，对追求生活更着迷、更有决心，不管生活会把我们带到哪里。总之，人类更像是一种惊人的杰作。拜伦曾说："生活的伟大目标就是感觉，去感知我们的存在，即使那是痛苦的。"这只是一个草草的结尾。进行更多的反思后，我们会发现，驱动我们前进、给予我们勇气、使我们为自己和孩子设定高远目标的事物正是我们作为人类，有某些特殊的东西要保存下来的感觉。

要不是大脑中发展出了具有特殊的自我共鸣能力的感觉回路，所有这些都不会发生。这种形而上学的发展被自然选择推动着向前。正如我曾经说过的（模仿卢梭的名言）："第一个将现实世界的一点物质封装在它皮肤里的动物会说'这就是我'，这种动物或许是个性化生命的真正缔造者。然而将一点时间封装在自己大脑中的动物才是主观生命的真正缔造者，他会说'这就是我的现在'。"

我非常有幸参与了有关意识问题的研究，这项研究同时从神经心理学、动物行为学和美学三个学科的角度进行。

20 世纪 60 年代，我在剑桥大学读博士，当时我在恰当的时间、恰当的地点取得了一个非常棒的发现，也就是后来被称为"盲视"的现象。在拉里·魏斯克兰茨（Larry Weiskrantz）的实验室里，有一只名叫海伦的猴子。它大脑后部的初级视皮质被完全切除了。切除手术是在几年前做的，在那之后的两年里，这只猴子几乎是全盲的。

然而，我有理由认为事情不会仅止于此。有一个星期，我正好有时间，而海伦也没有参与魏斯克兰茨的研究，于是我决定去看看能不能再发现什么。我和海伦都无所事事。在头几天里，我只是坐在它的笼子旁边和它玩耍。然后，一件不同寻常的事情发生了，我意识到这只盲猴在用它的眼睛与我互动。我拿起一片苹果，在它眼前晃动，它会伸出爪子，触碰我的手指，试图拿走苹果。在这几天里，这只原来没精打采的、只是空洞地望着远处的猴子突然再次对视觉产生了兴趣并开始"看"了。

我说服魏斯克兰茨继续让我对海伦进行研究。在接下来的 7 年多时间里，我带着它从剑桥大学来到了牛津大学，然后又回到了剑桥。我们之间已经建立起了紧密的关系。我是它的导师，它是我的学徒。我鼓励它、哄骗它，尝试各种方法让它认识到自己其实没有眼盲。我带它到实验室附近的田野和树林里散步。我教它再次用眼睛去看，虽然过程非常缓慢，但确实有进展。最后它能够在房间里奔跑，捡起地板上的面包屑，还能抓住飞过身边的苍蝇。如果你不知道这只猴子没有视皮质，那么一定会认为它拥有完全正常的视觉。

不过，我清楚地知道它的视觉其实是不正常的。我太了解它了，我们用了很多时间进行这种奇特的互动。我一直疑惑，对它来说，这种视觉是什么样的。尽管我很难确切说出是哪里出了问题，但我感觉到海伦仍然不相信自己能够看到，它感觉不到自己的视觉能力。它的行为中存在一些线索。例如，如果它感到不安或恐惧，它就会跌跌撞撞，就好像再次陷入了彻底的黑暗。似乎只有在不过于努力尝试的时候，它才能看到。

1972 年，我为《新科学家》（*New Scientist*）写了一篇针对普通大众的文章。杂志的封面上是海伦的照片，照片下面有一行标题：《能够看到一切的盲猴子》。这当然不是真的。海伦并不能看到“一切”。我为杂志写的文章标题是“看见与虚无”。我在文章中提出，从根本上说，这是一种形式的“看见”，我们以前对此一无所知。这种看见是否没有相应的现象性体验，没有相应的感觉？猴子无法描述自己的内在世界，因此我们似乎没有办法搞清楚这个问题了。

几年后，有关海伦的发现促使魏斯克兰茨将研究转向了一个新的层次，他证明视觉皮质受到大面积损伤的患者同样能够恢复一定程度的视觉。当然，患者可以告诉研究人员他们有怎样的感觉。令所有人感到震惊的是，这种视觉的确是无意识的视觉，也就是盲视。患者相信自己眼睛瞎了，报告称没有任何感觉，但是他们仍能猜出在视野盲区中的物体的位置和形状。

正如我所说的，我很幸运。对一名年轻学生来说，这是一个不同凡响的突破，对我的科学生涯和个人生活都产生了影响。一天天地观察海伦是否出现了“不可能的”能力，这是一段引发改变的经历，就像助产士见证新生儿的诞生。这让我感觉很好。不过那 7 年的经历同样给我留下了其他不同的印记。在与海伦有了如此亲密的关系后，我不愿再从事会损伤猴子大脑的研究。我尊重并钦佩那些继续从事这类研究的研究者，但我想转向不同的方向。

1974 年，我有机会和戴安·弗西（Dian Fossey）一起工作，研究卢旺达维龙加山脉里的山地大猩猩。弗西当时正在罗伯特·欣德（Robert Hinde）的辅导下攻读剑桥的博士学位。我在名义上是她的主管，因为那时我是实验室的副主任。我去她的营地待了 3 个月，帮助她进行研究，提出一些问题，并尽可能提供建议（当然真的不该由我来给弗西提建议）。

我的位置很特别：一位进行实验室研究的心理学家，现在有机会在野外观察大猩猩的行为。那时各种事情都不像现在那么一板一眼。我可以独自在黎明追踪一群大猩猩，和它们一起待一天，有时甚至待一晚上。

大猩猩家族已经比较接纳我了，十几只大猩猩的黑眼睛看着我，我也看着它们。在维龙加壮丽的大山中，远离其他任何人，我独自进行着思考。我开始仔细琢磨此后一直令我着迷的问题："对于大猩猩来说，当大猩猩是什么感觉？大猩猩知道成为我会有什么感觉吗？我们如何读懂内心？"

当我们与其他人交往时，几乎不会注意我们在多大程度上在解读他人的心理。我们视之为理所当然。但是，当你对与人类有些类似但又不那么类似的动物做同样的事情时，这个问题就会凸显出来。想要知道自己是否正确地读出了对方的心理，真的是一个挑战。

我曾一直试图了解当一只大猩猩，生活在森林中的大猩猩家族里是什么感觉。大猩猩或许也试图了解成为我是什么感觉。我对我们之间发生了什么深感困惑，于是开始思考内省与反身意识的特殊作用。

当我们想象自己成为另一个人是什么感觉时，我们将情绪、情感、信念和愿望投射到对方的心灵里。当然，我们能这样做，是因为自己体验过这些心理状态。那么，对于为什么能够进行内省对我们来说非常重要，这是否能提供一点解释的线索呢？内省的生理功能，也就是进化出这种能力的原因，是不是让我们了解自己的心理是如何运作的，以此帮助我们理解他人的内心呢？

我渐渐明白这也许可以解释为什么人类具有独特的进化历程。人类已经进化成了"天生的心理学家"，大猩猩和黑猩猩可能也是如此，只是程度较低。在我们的环境中，最有希望但也是最危险的成分便是其他人类。人类祖先的成功必然要依赖能够读懂一起生活的其他人的内心，能够预测他们要去哪里，在他们需要的时候提供帮助，向他们提出挑战或操控他们。为此，人类必须发展大脑，从而可以知道其他人内心是怎么想的。

后来我将生成这种反身意识的新器官称为“内部的眼睛”。

我还是学生时，就对美学、价值观有着浓厚的兴趣。在完成对海伦的研究之后，我的下一个实验室研究项目就是探究猴子是否有美学偏好。我有一种预感，那就是对价值观的研究必然与理解意识有关，尽管我不确定有怎样的关系。

这里有一些值得思考的事情。设想你将要变成一个没有感觉的“僵尸”。从各个方面看，僵尸都很像正常的人类，除了没有现象性意识以及所有由此而生的东西。僵尸从来没有主观当下。那么，这样的生活还值得过下去吗？

在职业生涯的早期，我曾参与过另一项非凡的案例研究。这项研究让我们对这个问题有了意想不到也令人悲伤的理解。1972 年，一位 27 岁的女性从国外来到伦敦，接受白内障手术。她从 3 岁起就看不到东西了。给她做手术的医生承诺说，她很有可能恢复正常的视力。在手术做完几个月后，我见到了她，发现她非常绝望。她认为手术完全失败了，因为她的视力并不比以前更好。

不幸的是，这很可能是因为她的视觉皮质长年不用，已经萎缩了，导致她跟我的猴子海伦的情况一样。如果这个猜想是真的，那么或许还有一线希望，或许她能够像海伦一样学会重新看见。

我决定对她尝试一些对海伦做过的事情。我带她去圣詹姆斯公园，带她在伦敦各处逛。我们穿过花园，我拉着她的手，给她描述周围的景物。情况很快变得明显起来，她真的具有自己都不知道的视觉能力。她可以用手去指草地上的鸽子，可以伸出手去触碰花朵，可以自己迈上台阶。

手术似乎没有彻底失败。在某种程度上，她的眼睛又开始发挥作用了。但这是她希望的结果吗？不，这只能证明一个更令人难过的事实。就像在盲视中一样（很有可能这也是一种盲视），她的视觉仍然缺乏定性的维度。在20多年里她一直怀揣着一个想法，那就是能够像其他人一样看到世界，那会是多么美好啊。她听过各种关于视觉如何奇妙美好的故事和诗篇，现在她的梦想有一部分实现了，但她感觉不到。她彻底失望了，差点自杀。最后她勇敢地面对自己的境况，再一次戴上了墨镜，拿起她的白手杖，恢复到之前眼盲的状态。

我始终牢记着这个案例，它提醒我意识是多么重要。甚至可能这就是意识存在的一个主要原因。也许正是意识给予我们每天醒来、走出房门步入世界的理由，让我们对彩虹、落日、音乐、与朋友的交往、性爱和食物有了感受。也许意识为生活提供了这样的动机，作为人类，我们不能没有它。

当然，人类也会从其他很多层面的东西中寻找意义。但是我越尝试去理解意识，便越回归到这样的事实，那就是我们在进化中逐渐认识到意识本身就是一个好东西，因为从意识自身看，它就具有惊人的价值。

你让我讲一讲我是如何成为一名科学工作者的。我得承认，长时间以来我一直怀有改造世界的野心，希望我离开这个世界的时候，世界会和没我的时候不一样。不过有趣的是，这种个人的抱负事实上引发了我对成为科学家的焦虑。问题在于，科学的真相完全是非个人化的。从某种意义上说，科学家提出的问题的答案已经存在于大自然中了，只是等着某个人来找出解读答案的关键。即使今天某位科学家没有找到答案，另一位科学家也会在将来的某一天找到，而且可能很快就能找到。因此，实话实说，虽然找到答案能带来巨大的乐趣，而且第一个找到答案的人可能会获得成功和名气，但个人的贡献最终都不会非常重要。甚至更糟糕的是，我正在做的事情或许会让其他科学家感到痛苦，因为我的理论战胜了他的理论。

这使得科学成了与人类文化中其他伟大事业非常不同的一种。想一想绘画、写作或创作音乐，每一次创作都是个人的作品，都具有某个人的印记，体现某个人的人格。如果莎士比亚没有写《哈姆雷特》，那就没有人会写出这部作品来；如果毕加索没有画出《亚威农少女》，就没有人会画出这幅画来；如果 Metallica 乐队没有创作出他们的重金属音乐，那么就永远没有人会创作出来。

然而，科学至少有一个优点是胜过艺术的，那就是我们不需要怀疑自己提出的问题是否重要。每个人都想知道意识谜题的答案或者都想知道宇宙的起源。与之相比，并非每个人都想知道 Metallica 乐队在尝试创作什么音乐，甚至也不想知道毕加索在努力画出什么作品。那么莎士比亚呢？或许莎士比亚属于不同的一类，每个人都想知道《哈姆雷特》中提出的问题的答案。

理想的生活或许是“创作”科学，以具有伟大艺术的某些特性的方式和风格来呈现科学，但必须能够对重大问题提供可证实的答案。有人能够成为科学领域的 Metallica 乐队吗？或许这不是最佳榜样。但是，我想说有人可能真的会成为科学领域中的陀思妥耶夫斯基。

然而，你的贡献中具有你的个人印记真的很重要吗？我非常同意确实存在一些做出巨大贡献的方式，会让人们很在意是自己还是其他人做出了这项贡献。作为科学工作者，有机会通过自己实际的作用，让世界成为更美好的家园，这种机会是无与伦比的。我自己的工作恐怕一直都缺少这种实用性。我曾经让人们对我的观点感兴趣并为之激动，但我无法说自己以某种实质的方式为改善人们的生活做出了很多贡献。

或许现在还不算太晚。最近我参与了一项有关安慰剂效应的研究，这项研究是从哲学与进化的混合视角来进行的。安慰剂效应对所有药物来说都是非常重要的一方面。当医学程序允许患者将自己的资源纳入治疗中时，治疗在很大程度上，会受到患者自身的影响。在经典的安慰剂效应实例中，研究者给患者一个糖丸，患者会把糖丸看成是自己得到治愈的原因。其实，每一种药物治疗中都存在安慰剂效应。患者在某种程度上相信治疗会有效，就调动自身的疗愈资源，而在其他情况下他是不会这样做的。

我们应该如何理解这种现象呢？对安慰剂的研究应该提出什么样的问题？研究这种效应背后的大脑机制当然很重要，而且很多研究者已经在神经生理学和免疫学的层面上开始探究这个问题了。但是更宏观地探究这个问题同样很重要，并提出这样的问题：从功能的角度看，究竟发生了什么？如果安慰剂能够释放出人们的自愈能力，那么为什么不能直接使用这种能力？为什么人会抑制自愈能力？如果一个人具有这种能力，在他生病的时候，他就应该会自己好起来，不需要等着医生、巫师或心理治疗师来允许他使用自己的资源。

正是这个层面的问题使我开始寻找进化方面的可能解释。为什么人类和其他动物会留着疗愈资源不用？当人能够变得更健康的时候却不这样做会有什么好处？随着进一步的探究，我发现了很多这样的例子。

在一个人可能会死于癌症的时候，他可以用来抵抗癌症的免疫资源却仍被储备着。这就像一个人因为他们没有把刹车踩到底而死于撞车；也好比运动员跑马拉松跑得累趴下了，但事实上他们的肌肉中仍有大量的能量储备。

究竟发生了什么事情？

你也许以为我会这样解释：大自然将我们设计为谨慎求稳的物种，从来不会耗尽所有，因为我们不知道不远的将来会发生什么。当我们跑到马拉松的终点时，可能有一只狮子正等在那儿，它会突然来追着咬我们。当我们因为感染而生病，并用免疫反应来应对时，第二天我们可能会受到更严重的感染。有备无患永远是明智之举。

我认为，我们具有一个“自然健康管理系统”，它会对自我治愈的机会和成本进行某种经济分析：我们有什么资源，目前的状况有多危险，我们对未来有怎样的预测。就好像一位优秀的医院经理，必须决定是否将资源用于应对这个问题以及何时使用，决定保留多少资源，决定是否有必要建立一个区域。从根本上说就是得出最优的解决方案，既能保持健康，又有足够的储备以应对未来的挑战。

如果这种理论是正确的，那么安慰剂效应就能够符合更宏观的内稳态与健康管理理念。而且这种理论与其他学科的研究者得出的观点相同。南非心理学家蒂莫西·诺克斯（Timothy Noakes）的研究让我印象特别深刻，他提出了被他称为大脑中的“中央管理者”的观点，中央管理者控制着身体要在多大程度上满足极端锻炼的需求。

这些观点是宏大的，因为关于我们与其他动物如何进化出全面管理内在疗愈资源的能力，这些观点提供了新视角。然而，它们已经远远超出了纯粹的理论。

有一种运动心理学家和运动员都很熟悉的训练，叫作“间歇训练”。对于运动员来说，这是非常有效的一种增强技能的方法。间歇训练是这样的：跑2分钟，然后放松、慢跑5分钟，接着一次一次重复这种模式。运动员很快会发现自己的成绩比以前提高了大约15%。

这种方法为什么有效？根据诺克斯的说法，可能是这样的：为了提高成绩，你需要说服自己的中央管理者，让你超出自己设定的极限，否则“警告性的疲劳”就会出现，并说“不要再练了”。说服中央管理者的一种方法就是告诉它其实风险没有那么大。通过间歇训练你可以让大脑明白，让你表现得比一般水平更好一些不会让你遇到麻烦。

诺克斯的理论对于这种提高运动员成绩极限的方法来说，是一种聪明的解释。但是，将相同的理论用于其他领域会如何呢？特别是免疫系统？如果人们没有最大限度地利用他们的免疫资源，导致在本应该好转的时候没有好转，那么我们能通过类似的练习让免疫系统知道这样做是安全的吗？

这里有一个实验。在开始尝试对人类的实验之前，让我们先对老鼠实验一下。我们让老鼠感染了细菌，老鼠生病了，并利用它的免疫资源来对抗感染，但只在界限允许的范围内。24个小时后，我们开始不断追踪到抗体。因此，老鼠的健康管理系统知道投入这么多资源是安全的。一周之后，我们重复这种模式，并且一再重复。我们希望看到老鼠的健康管理系统能够明白它可以投入更多的资源，因为每次当它达到自己设定的极限时，它发现随之而来的都是安全的康复。

现在，设想我们对一只经历过这种训练的老鼠和另一只没有经历过训练的老鼠都注射致癌物质。我预测，免疫系统接受过训练的老鼠将会战胜癌症。它所采取的方式是没有接受过训练的老鼠无法采取的方式。

如果这种训练对人也有效，那么想象一下医学将发生怎样的改变。它或许证明了这是实现现代医学主要目标之一的最佳方法。这个目标就是让人们运用自身的疗愈资源，达到比以往更好的效果。

我不得不说，我真的很喜欢这个主意。或许这次采访会被记录为这一观点的首次公开发布。

THE HERO IS SOMEBODY WHO SOMEHOW HAS THE INNER QUALITIES, INNER RESOURCES, CHARACTER, STRENGTH, OR VIRTUE.

英雄就是具有能够抗拒环境压力的内在品质、内在资源、性格、优势或美德的人。

——《在醋桶里，你成不了甜黄瓜》

HERO
In Training

09

YOU CAN'T BE A SWEET CUCUMBER IN A VINEGAR BARREL

在醋桶里，你成不了甜黄瓜

Philip Zimbardo
菲利普·津巴多
斯坦福大学心理学家
著有《津巴多普通心理学》《不再害羞》
《路西法效应》（*The Lucifer Effect*）

多年以来，我对一个与邪恶心理学（这是我对它的叫法）有关的基础性问题非常感兴趣，那就是为什么好人会做坏事。从我还是个小孩子的时候起，我便对这个问题产生了兴趣。我在美国纽约南布朗克斯区的贫民区里长大，很多朋友都是好孩子，但由于各种原因，他们最终陷入了麻烦。他们有的进了监狱，有的吸食毒品，有的对其他人做出了可怕的事情。我在成长过程中一直试图搞明白，是什么导致他们误入歧途。

如果一个人生长在富裕的环境中，他会希望取得成功并得到别人的赞赏，因为周围人都是这样，所以他会成为一位本性论者。这个人会从性格、基因或家族传承的角度来解释事情，会说他爸爸做好事，他做好事，他的孩子也会做好事。令人感到奇怪的是，如果一个人出身贫寒，那么在试图理解反常的行为时，会倾向于强调外部环境因素。他环顾周围，看到的是爸爸不工作，朋友在卖毒品，或者妹妹在当妓女。他不想说这是因为这些人的内在原因导致的，因为那样他也应该是其中的一员。倾向于强调环境作用的心理学家和社会学家中多数都具有移民背景，童年生活比较贫困，我便是这样。

多年以来，我不断细化“为什么好人会做坏事”的问题。我开始探究什么类型的环境变量或过程会让人们跨越那条界线，从好人变成坏人。人们都愿意相信那条界线是不可逾越的。做出诸如谋杀、叛国或绑架等可怕事情的人在界线的另一边，而我们永远也不会跨越过去。我们愿意相信自己是好人那一边的。但我的研究一开始就提出，那条界线是可以逾越的。之所以有些人会在好人一边，是因为从来没有发生真正考验他们的事情。他们从来没有被置于一种不同寻常的环境中，这种环境会诱使他们跨越雷池。在过去30多年的研究中，我在实验室里或在实地环境中创造出这样的环境，让正直、正常、健康的普通人（更多的时候是健康的大学生）置身于这种环境中。

想一想威廉·戈尔丁（William Golding）的小说《蝇王》（*Lord of the Flies*）。在小说中，令善良的唱诗班少年杰克发生转变的关键变量是他外貌的改变。他不仅杀死了猪，还杀死了外号叫“猪仔”的男孩。杰克脱光了衣服，把浆果汁涂抹在脸上，还让其他孩子也这样做。然后，他们做了一些曾经被禁止的事情，比如杀死猪，因为他们需要食物。一旦杀戮被解禁，他们便可以开始随意屠杀了。这是小说家的异想天开还是一个在心理学上有根据的概念呢？

为了探究这个问题，我设计了一项实验。我们选择纽约大学的女生作为被试，让她们匿名参加实验。我们让她们戴上兜帽，身处黑暗中。我们用数字称呼她们，不叫她们的名字，并把她们分成小组。处在实验环境下，在半个小时之内，这些讨人喜欢的女性便对其他女性施以了痛苦的电击。我们还采用了多种方式对比利时军队重复了这个去个体化（deindividuation）的实验，结果都相同。任何允许人匿名做出侵害行为的情境都能激起大多数人的兽性。从那时开始，我对证明让好人做他们认为自己永远都不会做的事情是多么容易产生了兴趣。

我还对蓄意破坏的行为进行了研究。当我在纽约大学当老师时，我注意到纽约的街道上有数百辆被蓄意破坏的汽车。我住在布鲁克林区，到布朗克斯区乘车去纽约大学，在街上看到一辆损毁的汽车。我给警察打电话："在第167街与赛奇威克大道的路口有一辆损毁的汽车。发生事故了吗？"警察告诉我那是蓄意破坏，我问："蓄意破坏的人是谁？我想采访他们。"他告诉我是住在下水道里的黑人小孩或波多黎各小孩。他们砸烂一切东西，在墙上胡写乱画，打破玻璃，然后跑得无影无踪。

于是，我设计了一个动物行为学家所说的"释放者线索"（releaser cue）。我买来一些二手车，摘掉车牌，把引擎盖掀起来，拍摄将会发生的事情。事实证明，破坏汽车的不是黑人小孩或波多黎各小孩，而是碰巧开车经过的中产阶级美国白人。我们的一辆车停在布朗克斯区靠近纽约大学的地方。10分钟内，第一辆过路车的司机用千斤顶把车顶起来，卸走了一个轮胎。10分钟后，一家三口经过，爸爸拿走了汽车水箱，妈妈搬空了后备箱，孩子扫荡了储物箱。在48小时里，这辆汽车一共被破坏了23次，其中只有一次是孩子们干的。为了进行比较，在距离斯坦福大学所在地帕洛阿尔托一个街区的地方，我们也放置了一辆汽车。汽车在那里停放了一个星期，没有一个人去碰它，直到最后一天下了雨，有人将车的引擎盖放了下来，破坏了实验设计。老天都不忍心看到它的发动机受潮。

这让我们明白了什么是社区。社区意味着人们对同一社区中的财产或他人都会予以关照，因为大家认为社区中的人们是互相关照的。我会关照你，因为你也会关照我和我的财产。相比之下，在匿名的环境中，没有人知道我是谁，也没有人想知道我是谁，我也不想了解其他人。环境可以通过外观来传递匿名性，比如像三K党那样披上从头到脚的外套，让别人不知道你是谁。

我和其他同事还开始对非人化（dehumanization）进行了研究。有什么方法可以不用让自己变成攻击者，而只是通过改变对他人的心理概念，从而更容易对他人产生敌意？那就是把他人看作毫无价值的畜生，这就是刻板印象的致命力量。

在进行斯坦福监狱实验的时候，我将30年来的研究发现汇总在了一起。由此提出的问题是：当把好人置于邪恶的环境中时，会发生什么？我们将心理正常、健康的大学生置于一种非常逼真的、类似监狱的环境中，就在斯坦福大学心理学系的地下室里。我们"非人化"这些"囚犯"，用数字来称呼他们，并剥夺了他们的身份。我们还对看守进行了去个体化，称呼他们为"惩教官"，让他们穿上卡其制服，戴上像电影《铁窗喋血》（*Cool Hand Luke*）中的墨镜。从根本上说，我们将《蝇王》中的匿名性以另一种形式表现了出来。在这种环境中，我们可以随时观察发生的情况。

这个实验的有趣之处在于，它真正想要研究的是制度权力与个人反抗意愿之间的竞争，其后续研究就是斯坦利·米尔格拉姆（Stanley Milgram）的电击实验。米尔格拉姆是我在布朗克斯区詹姆斯·门罗中学读书时的同班同学，他研究的是个体当权者的权力（有趣的是，我俩都是环境决定论者，都来自同一个社区）。在电击实验中，一些穿着实验白大褂的人让被试不断电击另一个人，哪怕那个人已经在尖叫、大喊。这是产生邪恶的一种方式——盲目服从权威。然而在多数情况下，别人甚至不需要去告诉你该做什么，因为周围所有人都在那样做。比如说你是一名看守，你不想伤害囚犯，因为在某种程度上你知道他们只是大学生，但是和你一起值班的另外两名看守正在做可怕的事情。如果你想成为一个合群的人，那么就要照着他们的样子去做。

在这个实验中，我们通过报纸广告挑选了一些正常、健康、正直的孩子。他们不是斯坦福大学的学生，而是在旧金山湾区读暑期课程的学生，他们来自美国各个地区。有100个孩子申请参与实验，我们对他们进行访谈并进行人格测试，挑选出了24名最正常的、心理最健康的孩子。当时是1971年，他们每个人都是反战运动分子或人权运动分子，还都是留着长发的嬉皮士。

被分配了看守的角色的孩子在几天之中就变成了脾气暴躁、满口脏话的狱卒。

看守的敌意和虐待的程度越来越严重，囚犯变得越来越顺从。在实验进行了 36 个小时的时候，一名囚犯的情绪崩溃了，他哭泣、尖叫，失去了理性。我们不得不释放他。之后的每一天里我们都不得不释放一名囚犯，因为他们出现了极端的应激反应。研究预计要进行两周，但 6 天后我就结束了实验，因为它已经失控了。我们挑选的都是最正常的、心理最健康的孩子，但他们的情绪正在崩溃。爱好和平的孩子做出了虐待行为，他们用残忍、邪恶的方式惩罚囚犯并以此为乐。

这项研究在今天依然很有影响力，特别是因为最近伊拉克阿布格莱布监狱的虐囚事件被披露了出来。不过在那之前，这项研究就很流行了，因为从某种意义上说，它是电视真人秀的先驱。节目制作者挑选一些男孩，将他们置于一种情境中，然后连续录制他们的行为，电视真人秀就与此类似。我们用 DVD 记录了这些孩子的惊人变化，他们从正常孩子变成了残忍、施虐的魔鬼或者逆来顺受的行尸走肉。DVD 的标题是《沉默的愤怒：斯坦福监狱实验》（*Quiet Rage: The Stanford Prison Experiment*）。留下来的那些没有崩溃的囚犯允许看守对他们为所欲为。这真像一出希腊戏剧，而不是实验。当我们将好人置于邪恶的环境中时，就会发生这种事情。是环境赢了还是人赢了？答案是：环境得 1 分，人得 0 分。

我们的研究非常具有戏剧性。城市警察开着警笛呼啸的警车实施拘捕，真警察把戴着手铐的囚犯押到警察局做笔录。我们还设计了父母的探望日，有天主教神父和牧师，还有公设辩护人。尽管这只是一项在斯坦福大学地下室里进行的实验，但我们设置了监狱的囚禁环境。从心理感觉看，这和真的进了监狱是一样的。正是因此，这个实验才会在如此短的时间里产生这么大的影响。

斯坦福监狱实验与阿布格莱布监狱发生的情况惊人地相似。阿布格莱布监狱中的一些场景我在斯坦福监狱实验中也看到过，比如看守剥光囚犯的衣服，把一个袋子套在囚犯的头上，给囚犯拴上链子，让他们做出有辱人格的行为。而且在两个监狱中，更恶劣的虐待往往都发生在夜班时。相比之下，斯坦福监狱实验里的看守极少进行身体虐待。实验的第二天，囚犯发生了暴乱，于是看守使用了身体虐待。我当时既是监狱的主管，又是主要研究者。这是我犯的一个大错，因为一个人无法同时担任这两种角色。我不断告诫他们不能使用身体虐待，但是之后他们就转而采取心理控制与心理支配。这与 20 世纪 60 年代我的研究记录中的情景有相似之处，一些警探在被迫放弃残忍的三级虐待后，为了让犯人招供，转而使用心理策略，这种策略同样能够有效地获得犯人的供词。

我们的看守会对囚犯说出这样的话："你们这些人是弗兰肯斯坦[1]，那些是弗兰肯斯坦太太。像弗兰肯斯坦那样走路，拥抱她，告诉她你爱她。"然后看守会把囚犯们推到一起。

斯坦福大学地下室里的情形与阿布格莱布监狱中的非常相似。在阿布格莱布监狱中这样的场景：看守让囚犯脱光衣服，带着头罩或面具。问题是，使正直的志愿者转变为邪恶看守的心理机制，是否可以被用来解释正直的美军后备军人如何变成了那些"战利品照片"上的人。我的回答是：可以。这两者之间存在着非常直接的对应关系。

有一个问题令我备感忧虑，那就是我的研究结果是否已经被五角大楼采纳到各种计划中了。我的研究应该有助于解释好人为什么会作恶，而不是助纣为虐。然而我目前看到的是，美国军队、五角大楼和政府都在尽力摆脱与"战利品照片"上的看守的关系，不承

[1] 《弗兰肯斯坦》是英国诗人雪莱的妻子玛丽·雪莱在 1818 年创作的小说，被认为是世界上第一部真正意义上的科幻小说。"弗兰肯斯坦"是小说中那个疯狂科学家的名字，他用许多碎尸块拼接成一个"人"，并用闪电将其激活。"弗兰肯斯坦"一词后来用以指代"顽固的人"或"人形怪物"，以及"脱离控制的创造物"等。——译者注

认对其有过任何影响。对虐囚事件的众多调查之一明确地提出，对于管理阿布格莱布监狱的人来说，斯坦福监狱实验应该成为前车之鉴，他们应该预见到在这类环境中，看守有可能做出过激行为。

人们很难理解，为什么士兵在虐待犯人时会给自己拍照片。我称这些照片为“战利品照片”，因为这很像猎人在展示他猎取的猛兽。但其实这些照片更类似几十年前处刑黑人的战利品照片。一本名叫《无处可躲》（*No Sanctuary*）的著作展示了100年来，在美国南方和中西部，美国人不仅对黑人处以私刑，还经常会拍摄非法执行私刑的照片。不只有私刑的照片，还有残忍地鞭打黑人，甚至将黑人活活烧死的照片。有些照片会拍到正在观看这些景象的小孩。更恐怖的是，这些景象还会被印在明信片上，人们互相寄送这些明信片或者给它们装上框，挂在起居室里。这简直是灭绝人性！私刑处死或把人活活烧死已经够可怕了，有些施刑者甚至给自己拍照片，然后把它寄给妈妈并写道：“左起第三个人是我。”

这些可怕的行为与阿布格莱布监狱虐囚事件形成了一种类比，因为这些行为包含着我们想要了解的关于虐囚事件的两个方面。第一，士兵们怎么会如此不受约束？第二，为什么士兵要拍摄会令他们受到法律制裁的行为？目前受审的正是那些照片中的人，当然肯定还有很多人通过各种方式参与了这些事件。通过从斯坦福监狱研究中总结出的基本社会心理过程，以及分析阿布格莱布虐囚事件的独特之处，我们可以理解他们为什么会那样做。

我们首先要了解几个重要的概念。两个事件中都存在着去个体化，也就是存在着匿名感。中情局的特工以及非军队的审讯员从来不穿制服，也不出示证件。在虐囚照片里，士兵们基本都没有穿军装，他们把上衣脱掉了。这是违反军队规定的，即使在监狱里他们也应该穿着军装。20世纪70年代，警察在镇压反对越战的学生暴动时也采取了这种做法，脱掉了带有名字和身份号码的制服。我在哥伦比亚大学读书时发生过一次暴乱，在斯坦福大学时也发生过一次，警察们做的第一件事就是去掉能够表明他们身份的任何东西，或者戴上防毒面具，哪怕当时没有释放毒气，他们只是为了进入一种匿名的状态。

在阿布格莱布监狱，士兵们有社会模仿对象，因为有人带头做出了虐囚的行为。那里还出现了非人化，士兵们给囚犯贴上了低等、毫无价值的标签。其中还存在责任扩散的现象，似乎没有哪一个人可以单独承担责任。斯坦福监狱实验发现了一整套原理，都适用于阿布格莱布的环境。

此外，两个事件中都有低层级的后备军人，他们没有接受过“针对特定任务”的训练，不知道如何应对这种困难的新工作。在晚上，监狱对他们的监管很少或没有监管，实际上他们是不承担责任的。这种情况持续了好几个月，虐待行为不断升级。我的研究中同样发生了类似的情况，虐待行为愈演愈烈。

还有一个隐藏的因素，那就是厌倦感。促成所有监狱中发生的恶行、暴力和敌对的主要因素之一就是厌倦感，我们往往只是轻描淡写地提到它。事实上，在我们设置的监狱里，最恶劣的行径发生在夜班时。看守晚上 10 点开始值班，如果什么事情都没发生，那么他们需要消磨掉 8 个小时。于是，他们把囚犯变成他们的玩物，最初的动机并不邪恶，这只不过是打发无聊时间的现成方法。在阿布格莱布监狱中，发挥作用的因素还有极度的恐惧，因为那里经常发生迫击炮攻击，导致士兵和囚犯死亡，还会有囚犯企图逃跑。

在那里也发生了非人化，因为犯人经常没有囚衣可穿或者被迫脱光衣服，这是军警和更高层经常使用的一种羞辱方法。在短短几个月里，囚犯的数量从 400 人猛增到 1 000 多人。由于人数太多，他们不能定期洗澡，浑身散发出臭气，而且他们还不会说英语。在这种情况下，看守很容易把囚犯看成是动物，非人化的过程就这样开始了。

如果将可怕的工作条件与外部因素结合在一起，便形成了一个邪恶的桶。无论把谁放进去，都会产生这类邪恶的行为。五角大楼和军方称阿布格莱布监狱的丑闻是几颗老鼠屎毁了一锅好汤，这是本性论者的分析。作为社会心理学家的我，以及很多实验社会心理学领域的同事都一致认为，这种分析是错误的。不是几颗老鼠屎毁了一锅好汤，而是邪恶的桶腐蚀了好人。要解释阿布格莱布监狱里发生的虐囚事件，我们首先要分析作用在那些值夜班士兵身上的环境力量与系统力量。

如果你经过一家熟食店，把一个甜黄瓜放进醋桶里，黄瓜会说："不，我想保持我的甜味。"但那是不可能的。醋桶会把甜黄瓜变成酸黄瓜，在醋桶里，你成不了甜黄瓜。我的理解是，伊拉克战争就是一个邪恶的桶，我们在里面又放入了监狱这个邪恶的桶，这样无论怎样的好人都会变坏。事实证明，所有军队监狱中其实都存在类似的虐囚行为。

最近，我作为专家证人参与了一名阿布格莱布监狱夜班看守在军事法庭上的辩护。我看过各个士兵拍摄的可怕照片，照片体现了他们不光彩的所作所为。我还阅读了大多数官方调查报告，与被告及其妻子相处了一天，并安排被告接受了各种心理评估，还调查了被告的背景及陆军预备役的记录。

除了意识到我早期的研究与作用于被告及其他夜班士兵的某些力量具有相关性之外，我还发现军队强加于他的情境显然也虐待了他。想象一下，每天值 12 个小时的夜班，连续工作 40 天会积累多么大的压力。在凌晨 4 点值完夜班后，他需要补觉，因此经常会错过早餐和午餐。他睡在监狱旁边一个非常小的单间里，而且很少离开。他曾抱怨监狱将儿童与成年犯人、精神病或感染了肺结核的犯人关在一起，这令他遭到了训斥，并被要求去软化犯人以协助取得口供。在他值夜班的时候，没有任何长官来监督他。看守严重不足，1 000 名犯人只配有 8 名看守，而且没人接受过相应的培训来应对这项困难的工作。心理测试和我对他的访谈都显示，这位年轻人没有任何病理症状，环境才是影响他的推理与判断的病理因素。从很多方面看，这名士兵应该是美国人心目中的偶像，他是一位好丈夫、好父亲、好员工；他爱国，信仰宗教，有很多朋友，在小镇里长期过着最正常、品行最端正的生活。

尽管我提供了详细的证词，说明导致他心理扭曲的是各种环境力量和系统力量，但法官还是量刑很重，判他入狱 8 年并要接受不少其他惩罚。法官拒绝承认很多官方调查得出的明确结果：如果不是因为领导不力，阿布格莱布监狱的虐囚事件是可以阻止的，甚至根本就不会发生。一些报道列出了应该对此事负责的军官及机构，但他们似乎从来都不会被认为是老鼠屎，桶的监管者只是有一些缺点。在最近的军事审判中，法官和陪审团尽量缩小环境因素和系统因素的影响。他们认定阿布格莱布监狱中士兵的行为都是出于自由意志和理性选择的结果，个人应该承担全部责任。我认为不是这样的，当时起作用的是非人化、群体心理以及大量的压力、疲惫、睡眠剥夺与其他心理状态。他们因此发生了改变，就像好天使路西法被变成了魔鬼。环境的作用比大多数人认为的或愿意承认的更重要。

我在大学教书已经将近 50 年了，我很难让聪明的大学生们领会环境决定论者对邪恶、偏见或其他病态行为的分析，因为整个社会都固守着本性论的观点不放,认为好人注定做好事,坏人注定做坏事。这是制度化思维的一部分，也是精神病学、医学、法律体系以及宗教体系的内容。我们认为，善与恶是人们固有的特性，这种思考方式根深蒂固，但环境决定论者认为尽管有时这是真的，但我们需要承认环境中具有强大而微妙的社会力量，它们有可能改变我们。

这就是为什么《蝇王》产生了如此巨大的影响。怎么可能只是改变外貌就会让一个从前那么善良的孩子开始杀戮呢？这里还有一些信息很难解释清楚。你可以告诉学生们,米尔格拉姆的电击实验中,大多数被试一直遵守指示,实施了最大电压的电击。他们怎么可能做这样的事情？“哦，不。我不是那种人。”他们说。然而在我的研究中，大多数看守做出了残忍的事情。如果你是看守，你会怎么做？他们回答:“我会是一名好看守。”

他们之所以有这样的想法，一部分是因为存在自利偏差。我们愿意相信自己是好人，相信自己是与众不同的。但大量的社会心理学研究显示，大多数正直、正常的人很容易被诱惑或主动做出自己认为永远不会做的事情。在 30 分钟里，我们便让他们跨越了善恶的界线。虽然我不确定，但我敢打赌，集体主义的文化，也就是强调社群或集体是一个整体的文化，会比个人主义文化更容易接受环境决定论的观点。

同样很重要的是，我们应该注意到这种情况是不断发展的。如果斯坦福监狱研究持续 3 个月，那么我预测非人化和堕落的程度会持续增加，肯定与阿布格莱布监狱的虐待行为有一拼。

在所有这些事件中，还有一个重要的方面是“不作为的恶”。我一直将关注点放在作恶者身上，但在未来的研究和写作中，我会更关注另外两个重要的群体。看到这些恶行而什么都没说的人又如何呢？这些人包括医生、护士和技师。在一张照片中，士兵们让囚犯们叠在一起，叠成金字塔的形状。当时有 12 个人站在旁边观看。如果你看到这种情况，你不会说：“住手！这样做是不对的，这太可怕了！”你会默许这种行为。你属于沉默的大多数人，这些人的存在使某类事情变得可以接受。如果我坐进纽约的一辆出租车，司机开始给我讲有种族歧视或性别歧视倾向的笑话，而我没有阻止他，那他就会一遍又一遍地讲那个笑话，并认为乘客喜欢听。他将我的沉默当成了许可。不仅阿布格莱布监狱里的那些人存在着不作为的恶，社会上看到恶行而没有提出反对的人中也存在着不作为的恶。

在斯坦福监狱实验中，正是“好看守”维护了这个监狱。这些看守从来不对囚犯做坏事，但在整整一个星期里，哪怕有人做出了最恶劣的虐待行为，他们也没说“你在做什么？我们不用这么费劲也能拿到一样多的钱”或者“嘿，他们是大学生，不是犯人”。没有一个“好看守”进行过哪怕一次干预，来阻止坏看守的行为。也没有一个“好看守”曾晚到一分钟或早离开一分钟，谁都没有公开抱怨过。从某种意义上说，正是“好看守”默许了虐待行为。正是好家长默许配偶虐待孩子，而没有提出反对。对此我们真应该好好思考一下。

我们需要认识到还有一个重要群体，那就是我们当中的英雄。当你采用环境决定论者的视角时，你会说，在这种环境中，大多数人都会越过善恶的界线，做出坏事。因为恶行是那样吸引人，我们着迷地看着作恶者干坏事。那么没有同流合污的人又如何呢？我们倾向于忽视他们，但从定义上看，他们是真正的英雄。

英雄就是具有能够抵抗环境压力的内在品质、内在资源、性格、优势或美德（这是马丁·塞利格曼的积极心理学对这种品质的叫法）的人。我们对这类人一无所知。从来没有英雄主义心理学。在大屠杀过去30年后，才有人提出这样一个简单的问题：是否有人曾经帮助过犹太人？我们太关注纳粹的恶行了，当这个问题被提出来时，人们才发现确实有这样的人。在每一个国家中都有一些人帮助犹太人，他们把犹太人藏在谷仓和阁楼里，如果被发现，他们会被杀死，甚至会危及全家人的性命。他们的行为非常英勇。多年以后，当这些人接受采访时，他们通常会说这不是什么了不起的行为，他们不明白为什么其他人没有这样做。他们似乎比其他人更虔诚地信仰宗教，但目前还没有研究试图分析他们做出决定时的心理——是赞同还是反对，是服从还是不服从。这将是令人兴奋的心理学研究。

我们不能再做类似斯坦福监狱实验的研究了，因为如今它被认为是不道德的。不过，在阿布格莱布监狱事件中，也有一位英雄。他是一位预备役的专业人员，层级很低。在同伴给他的CD中，他看到了那些照片。一开始，他将存放照片的CD从门底下塞进上级军官的房间里。有趣的是，第二天他承认是自己塞的。他说："是我把CD放在那里的。我觉得那些行为不对，您应该采取措施。"我跟军队里的一些人谈过这件事，他们说这需要巨大的勇气，因为作为那种环境中宪兵队里的后备军人，他的层级是最低的。正是因为他亲手递交了照片，上级军官才无法否认确实发生了虐囚行为。

充满矛盾的是，这位非凡的英雄目前躲了起来，他正受到保护。他所在营的士兵们说他给他们丢了脸，显然他的生命受到了威胁。然而，正是这一告密行为结束了对囚犯的虐待，如果没有他的告密，这一切无疑会持续下去。正是因为有了生动的视觉证据，表明虐囚行为是多么可怕，一切才得以结束并引发了数起调查。我对那位士兵非常感兴趣，因为他这样的人非常少，而大多数人却认为自己就是这样的人。

我们愿意认为自己是好人，我们会在心底说："我会是那个英雄，我会是那个告密的人。”这些英雄的存在反映出了环境决定论者的局限性，因为不知怎么回事，他们似乎拥有大多数人所不具备的特殊品质。我们不知道这些特殊品质是什么，当然那是我们想要研究的东西。我们希望能够识别出这些特殊品质，这样我们就能培养它们，教给孩子们，教给社会上的其他人。

长期以来，我都对监狱感兴趣，对我来说同样非常重要的是，确保人们不会认为像阿布格莱布监狱里那样可怕的虐囚事件只发生在异域的中东监狱里。美国的监狱里同样发生着可怕的事情，虽然也许不像阿布格莱布监狱中的情况那么极端。

近期，人们开始调查在印第安人保留地的监狱里，美国印第安人的死亡情况，那里发生了大量被媒体称为“离奇的”死亡事件。据调查显示，在加州的少年犯管教机构，看守为了更方便控制那里的青少年，会把他们关进笼子里，并让他们长期服药。在加利福尼亚州安全级别最高的鹈鹕湾监狱里，囚犯会被关进与世隔绝的禁闭室，每天关押 23.5 个小时，连续关押 5 年或 10 年。那里的囚犯永远见不到其他人。

社会必须面对的问题之一是，如果我们把这些人放出来，他们对社会的危险性会比以前更强还是有所减弱？答案是显而易见的。如果把孩子关进笼子里并给他们服药，他们出来时会变得更像动物。如果把人关在永远接触不到其他人的禁闭室里，他们出来后怎么可能与他人进行正常的交往？监狱已经不再是改造、教育犯人的地方，而成了实施惩罚与虐待的地方。

社会从来没有允许看守或监狱管理者做这样的事情。如果某人触犯了法律，我们只想把他与社会隔开一段时间，这才是判决的内容。只有在判处死刑的情况下，我们才会再进一步剥夺犯人的生命。我们并没有说罪犯应该被虐待，或者应该被关到一个让他们丧失尊严和人性的地方，因为我们希望他们能够回归社会，而不是重新进监狱。大多数监狱的再犯率为 60% 或更高，说明这种体系是无效的。此外，第二次犯罪很可能比第一次更严重。这意味着监狱是孕育罪行和邪恶的地方，这不是社会想要的结果。

关键在于，没有人真的关心监狱里发生了什么，没有人想知道。监狱是每个社会的缺省值，我们只是想把罪犯丢弃在那里，然后期望他们能变成好人，回归社会。我们只关心强奸犯和猥亵儿童的罪犯，想了解他们出狱后的行踪，对于其他罪犯则不想了解，我们愿意相信监狱让他们改过自新了。但是据我所知，大多数监狱只是虐待犯人，让他们变得更坏。监狱让他们产生仇恨，让他们想进行报复，讨回公道。

所有监狱都隐藏着这些秘密，没人知道监狱里发生了什么。当我说监狱以外没人知道这些情况时，就意味着市长不知道、州长不知道、总统不知道，国会小组委员会也不知道。监狱很大，如果这些人只是走进去，会不知道该看什么。他们会被引导着去看监狱的某一部分，那里的一切都很干净、美好，因为这些人来参观，犯人们吃上了牛排。我们必须揭穿监狱的秘密，媒体和律师必须去了解监狱。

在阿布格莱布监狱，一切都被隐藏起来了。红十字会在虐囚事件被披露出来的几个月前发布了相关报告，因此被禁止进入阿布格莱布监狱。一旦监狱对外严格保密，那么监狱里每一个人都知道外界不会有人来问责。就像我对布朗克斯区的蓄意破坏行为的研究一样，没有人在乎这些行为。一旦有了这样的心态，看守或监狱管理者就会说："我们真的不在乎监狱里发生了什么，只要不太过分就行。我们不想出人命，不想犯人被折磨得太厉害。显然，我们不希望在吃晚饭的时候，那些可恶的照片突然出现在晚间新闻里。但是除非……"

这是真的。对阿布格莱布监狱虐囚事件的一种反应就是，告密者几乎变成了罪魁祸首，因为他迫使我们去了解这些事情。我们知道存在某种程度的拷问，我们知道为了从坏人那里获得信息，使用拷问是很重要的，但我们不想知道情况有多糟糕，士兵们做得有多过分，他们越界得有多远。

这真的是每个美国公民都必须思考的事情。监狱是我们的财产，我们为监狱里的所有东西都付过钱。我们支付看守的工资、主管的工资以及典狱长的工资。这一切都来自我们纳的税，因此我们必须在意。如果钱没有被用于教育改造犯人，那就意味着当这些人出来时，他们会攻击我们、谋杀我们、偷我们的东西，一次又一次地做出可怕的事情。谁愿意继续为此付钱？

我们不仅必须关注美国监狱中的情况，而且必须关注美国在世界其他地方运作的监狱的情况，因为这些监狱不仅传递着政治信息，也传递着道德信息。阿布格莱布监狱虐囚事件中最糟糕的一个问题是，我们彻底失去了美国曾经拥有的道德优越感，那些照片会在世界上流传几十年。我们可以说美国在给世界带来自由和民主，但当人们看到那些照片时，他们会说："是啊，你们还带来了什么？"

津巴多的作品《津巴多普通心理学》中文简体字版已由湛庐文化策划，中国人民大学出版社出版；《不再害羞》中文简体字版已由湛庐文化策划，北京联合出版社出版。——编者注

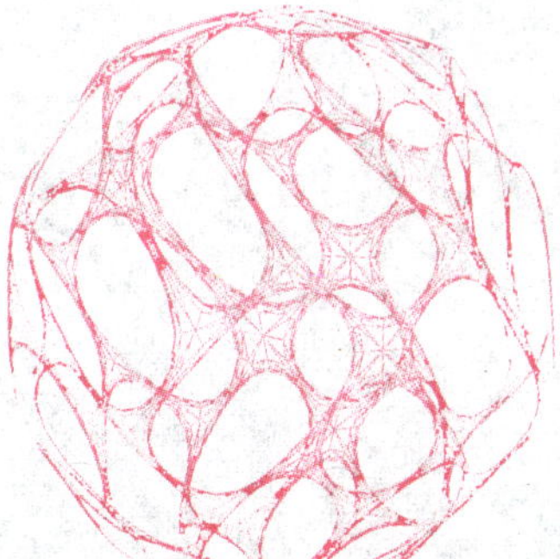

自我来自一系列相互连
接的特定大脑回路。

——《自我觉知的神经学》

SELF
ARISES FROM
THE
ACTIVITY OF
SPECIFIC
SETS OF
INTERLINKED
BRAIN
CIRCUITS.

10

THE NEUROLOGY OF SELF-AWARENESS

自我觉知的神经学

Vilayanur Ramachandran

维莱亚努尔·拉马钱德兰

加州大学圣迭戈分校大脑与认知中心主任

著有《寻找脑中幻影》（*Phantoms in the Brain*）

和《讲故事的大脑》（*The Tell Tale Brain*）

自我是什么？神经元的活动如何引起了人类有意识的感觉？尽管这是一个古老的哲学问题，但我相信可以运用实证科学的方法来探究。如今，自我似乎越来越不像是整个大脑的整体属性，而是来自一系列相互连接的特定的大脑回路。不过我们需要知道哪些回路更关键，它们的作用是什么。这是自我“转向内部”的一面，也就是它的递归性，这使它具有了特殊而矛盾的性质。

霍勒斯·巴洛（Horace Barlow）、尼古拉斯·汉弗莱、戴维·普雷马克（David Premack）、马文·明斯基（Marvin Minsky）以及其他人提出，意识可能主要是在社会环境中进化出来的。明斯基谈到了人类进化出来一种并行的机制，以创造早期表征的表征。汉弗莱认为人类的内省能力可能是专门为了构建出他人心理的有意义模型，从而预测他们的行为才进化出来的。“为了了解其他人嫉妒时的感受，所以我也要嫉妒”，这是预测其他人行为的一种捷径。

在这里我进一步发展了这些观点，如果我成功地看到了更远的地方，那是因为我“站在了巨人的肩膀上”。具体来说就是，我认为首先进化出来的是“他人觉知”（other awareness），接着相同的能力被用来塑造我们自己的心理，也就是产生了所谓的自我觉知，这种过程虽然与多数人的直觉不符，但在进化中经常会发生，我还认为被称为“镜像神经元”的系统与这种能力有关。最后我会探讨一些临床上的例证，以说明这些观点，并做出一些可检验的预测。

自我有很多方面。尽管一个人有很多感觉印象和信念，但自我具有统一感。此外，自我还具有时间的连续感、能够控制自己行为的感觉（自由意志）、被固定在一个身体中的感觉、自身的价值感、尊严感以及终有一死的感觉（或不朽感）。自我的每一个方面可能受到不同脑区中不同中枢的调节，为了方便，我们就用“自我”这一个词把它们合并在了一起。

正如前面提到的，自我有一个方面似乎与其他所有方面都不同，那就是对自身的觉知。我认为被称为镜像神经元的神经元集群尤其与这种能力相关。

贾科莫·里佐拉蒂、维托里奥·加拉斯（Vittorio Gallase）和马尔科·亚科波尼（Marco Iaccoboni）发现了镜像神经元。当时，实验中的猴子为了完成特定的任务，正做出自发的行为，他们记录了猴子大脑的活动。当猴子伸手去拿花生的时候，运动前区的某些神经元就会放电。当猴子按按钮的时候，另一群神经元会放电。当猴子拉动杠杆的时候，又一群神经元会放电。几十年来，人们已经知道，存在一种控制自发运动的命令神经元。令人奇怪的是，这些神经元的一个子集具有额外的一种特殊性质，这个子集的神经元不仅在猴子伸手拿花生的时候会放电，而且在它看另一只猴子伸手拿花生的时候也会放电。

这些神经元被称为“镜像神经元”。这是一个不同寻常的观察发现，因为这说明神经元（更准确地说，是它所属的网络）不只是产生非常明确的命令，比如“去拿花生”，而且能够代入另一只猴子的视角。为了判断出另一只猴子会做什么，这种神经元其实在对另一只猴子的行为进行某种内部的模拟。简而言之，这是一种“读心”神经元。

患者被针刺到时，位于前扣带回的神经元会做出反应，这些神经元往往被认为是感觉疼痛的神经元。值得注意的是，多伦多大学的研究人员发现，当患者看到其他人被针刺的时候，一些这样的神经元会同样强烈地放电。我称它们为“共情神经元”，它们消融了自我与他人之间的屏障。注意，这样说并不是一种比喻，因为这种神经元并不知道自己与其他神经元的差异。

灵长类动物是高度社会化的生物，知道其他人要做什么，也就是在头脑中模拟对方的心理，对生存来说是至关重要的，这让我们获得了“诡计多端的灵长类”的称号。在我前面写的《人类进化“飞跃”背后的推动力量：镜像神经元及模仿学习》中，我提到镜像神经元的出现和进一步复杂化不仅为理解其他人的意图提供了神经基底，而且在很多典型的人类能力中发挥着重要作用，其中包括共情能力，它让人类通过模仿进行学习（而非通过试错进行学习），迅速传播我们所说的“文化”。

现在我转而探讨一下这篇文章的主要关注点，那就是自我的本质。当你想到自己的时候，脑子里会出现什么？你感觉自己在“内省”自己的想法和感受，“观察”自己做事，就好像你在从另一个人的视角看着你自己。这是如何发生的？

进化常常会利用已经存在的结构来发展出全新的能力。我认为一旦出现了跨通道抽象加工的能力，比如能对视网膜发出的视觉“垂直面”信息与由肌肉发出的“垂直面”信息形成跨通道抽象加工，那么这便为镜像神经元的出现搭设了舞台。在顶下小叶中也存在着大量的镜像神经元。一开始，顶下小叶在类人猿的大脑中加速发展，后来在人类大脑中也出现了这种现象。随着大脑的进一步发展，顶下小叶分裂成了两个脑回，那就是缘上回和角回。缘上回使人可以“反思”自己预期的行为，角回使人能够“反思”自己的身体（由右脑负责）以及自我的更具社会性、更语言化的方面（由左脑负责）。

我认为在其他脑区，镜像神经元也在进行对运动区和视觉区活动的跨通道抽象加工。这也许为如隐喻等更概念化的抽象加工铺平了道路。

这一切如何引发了自我觉知呢？我认为自我觉知只不过是运用镜像神经元来“像其他人看我那样看待自己”（“我”这个词本身就包含着一些大脑的加工过程）。最初为帮助人们采取他人视角而进化出来的镜像神经元机制，现在转向内部看自己了。从本质上说,这是“内省”等活动的基础。在你使用“自我意识”的说法时，真正的意思是你意识到其他人在感知你；或者说“我在反思”时，意思是你意识到自己在思考。这种现象或许不只是一种巧合。换句话说就是，转向内部、进行内省或反思的能力可能是镜像神经元读懂他人心理的能力的一种隐喻性的扩展。人们常常心照不宣地认定,“心理理论”（从他人的视角看世界以及推断出他人要做什么的能力）这种人类特有的能力一定是在自我意识已经存在之后才出现的。我认为真实的情况正好相反，心理理论最初是为了满足社交需要，后来产生了反思自己思想和意图的能力，作为一种意想不到的收益。这并不是我独创的新理论，而是当下时代思潮的一部分，都源自我从生理学以及神经学研究中获得的证据。注意，我并没有认为只要有镜像神经元就足以产生自我了，我只是说它们具有关键的作用，否则猴子也会有自我觉知。镜像神经元必须达到一定的复杂程度，能够在如心理理论等早期功能的基础上继续发展，并与其他大脑回路发生联系，尤其是负责理解语言的威尔尼克区以及前额叶的某些区域的大脑回路。

有关自我的镜像神经元理论能否做出其他预测呢？我们发现，自闭症儿童的镜像神经元存在缺陷，由此他们的心理理论也存在缺陷，因此我们可以预测，他们的自我意识是不完善的，而且很难进行内省。其他神经疾病可能也是如此。顶下小叶 / 颞顶枕叶连接区（含有镜像神经元的部分）以及前额叶某些区域的损伤也会导致自我意识产生某方面的缺陷（随便说一句，盖洛普的镜子测试，就是对着镜子把脸上的污点抹去的测试，并不像它吹嘘的那样能够测试自我意识。我们看见过这样的患者，他们虽然通过了盖洛普测试，但坚称镜子里的自己是其他人）。

最近有研究者发现，意识清醒的患者如果在做神经手术时，顶叶受到了刺激，那么他有时会产生“灵魂出窍”的感觉，就好像他有了与自己身体分离的实体，从靠近天花板的位置看着自己的身体。我认为，之所以会发生这种情况，是因为电极的刺激导致顶枕叶连接区中的镜像神经元系统出现了功能紊乱。一般情况下，当人暂时“采用”其他人的视角看自己的身体和心理时，这些神经元便会被激活。但正常情况下，我们总能意识到自己是在采取他人的视角，一部分是因为有其他信号（感觉信号以及自传入感觉 / 指令信号）告诉我们，自己其实没有灵魂出窍。额叶的抑制机制或许也能防止我们非自发地模仿其他人看自己。

如果电极刺激导致这些与镜像神经元有关的机制出现了混乱，那么就会产生灵魂出窍的感觉。若干年以前，我检查过一个患有病感失认症的患者，他的右侧顶叶受到了损伤，他强烈地否认自己瘫痪了。令人吃惊的是，这位患者还否认坐在旁边轮椅上的另一位患者瘫痪了。这再次体现了自我的两个似乎矛盾的方面：个性化与高度的隐私性相对于社交的相互性。这两个方面可能是互补的，且来自相同的神经机制——镜像神经元。就像莫比乌斯带一样，哪怕看起来是截然不同的两面，但其实是同一面。

我们是否已经解决了自我的问题呢？显然没有，只是撕开了表面，但是我们为未来有关自我本质的模型和实证研究铺平了道路。在解决自我本质的问题上，哲学家们毫无进展（并不是没有努力的意愿，他们在这个问题上已经纠结了 3 000 多年）。因此我们有理由对大脑研究的未来，尤其是对解决科学界最大谜题的未来感到乐观。

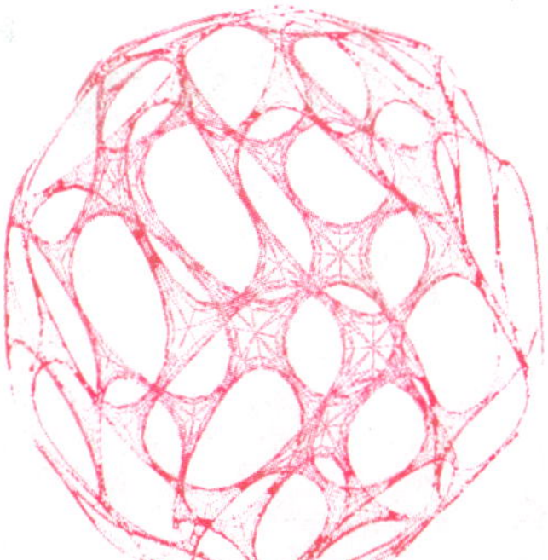

THE THIRD FORM OF HAPPINESS IS KNOWING WHAT YOUR HIGHEST STRENGTHS ARE AND DEPLOYING THOSE IN THE SERVICE OF SOMETHING YOU BELIEVE IS LARGER THAN YOU ARE.

第三种幸福是知道自己最突出的优势是什么，并将它用于比你自身更宏大的事情上。

——《因理性而积极生活所带来的幸福：美好的生活》

11

EUDAEMONIA: THE GOOD LIFE

因理性而积极生活所带来的幸福：美好的生活

Martin Seligman
马丁·塞利格曼
宾夕法尼亚大学心理学家
著有《持续的幸福》《真实的幸福》

为了回答我想做什么和我的抱负是什么，我们有必要探讨一下心理学做了什么和心理学可以因为什么而骄傲。我最初从事的是临床心理学和社会心理学领域的研究，这两个领域曾取得过一项重大的成就。在 1945—1950 年，主要的心理疾病都是无法治疗的。美国国家心理健康研究所投入了二三百亿美元寻找治疗方法。顺便说一句，那称不上是心理健康研究所，应该叫精神疾病研究所。美国国家心理健康研究所一直关注的其实是心理疾病，关注如何缓解和治疗心理疾病。在我看来，50 年来投入二三百亿美元取得了两个了不起的成就。

第一个成就是，14 种主要的心理疾病现在已经可以治疗了，其中惊恐障碍和晕血病可以通过特定的心理治疗或药物完全治愈。因此，心理学和精神病学完成的第一项伟大事业就是缓解了大量的病痛。

第二个成就是，关于心理疾病的科学得到了长足的发展。首先，我们能够比较精确地测量一些模糊的心理状态，比如悲伤、酗酒和精神分裂症。其次，我们开发出了一套精神疾病的分类体系，编写了《精神疾病诊断与统计手册》，这样不同国家、不同地区的心理学家便可以一致地得出结论，他们的患者确实患有双相障碍。再次，通过纵向研究（长时间追踪相同的人）或实验研究，我们能够厘清心理疾病的因果关系，将疾病解释清楚。最后，我们能够创造出治疗方法，包括药物和心理治疗，并能够进行随机分组的安慰剂控制研究，从而发现哪些方法真正有效，哪些方法是无效的。由此，心理学和精神病学能够帮助患者减轻痛苦。这太棒了，我完全赞成这些做法。

然而，完全关注疾病会让我们付出沉重的代价。顺便说一句，这种"付出"也与财务密切相关。1946 年，美国通过了《退伍军人法案》（*Veterans Administration Act*），心理学从业者发现，如果致力于解决退伍军人的心理疾病问题，那么就能找到工作。这就是心理学实践领域的情况。1947 年，美国国家心理健康研究所成立，和我一样的学者发现，研究心理疾病可以获得研究经费。这种情况在心理学界中占了九成。

我们付出了 3 个代价。第一个代价是道德方面的，那就是心理学家们变成了受害者研究专家和病态论者。我们一提到人性，就想到沉重的心理疾病，而忘记了选择、责任、偏好、性格等方面。第二个代价是，由于只关注心理疾病，我们忘记了让相对没有疾病困扰的人变得更幸福、更富成效、更有所成就。我们完全忘记了天才，这个词甚至变得令人生厌。第三个代价是，我们没有发展让人们变得更幸福的干预手段，只发展了可以减少痛苦的干预手段。

这就是当时的背景。一个被遗漏的问题是，心理学家能否持久地提升人们的幸福感？我们能否运用同类的科学方法获得作用可累加的、可复制的干预？不是让人们从 −8 提升到 −5，而是从 +2 提升到 +6，我感兴趣的是能实现这一目标的心理学干预方法，当然，这个目标也适用于药理学。我在心理学方面的抱负以及我想在心理学领域中发挥的作用是，在未来 10~15 年中，我们能够断言自己让人们变得更幸福了，就像我们可以毫不脸红地说心理学和精神病学减少了世界上许许多多的痛苦一样。我的目标是让心理学，或许还有精神病学，能够使人们变得更幸福。

幸福是对一些事物非常模棱两可的概括。因此，当我开始积极心理学的研究时，首要任务就是分辨出人们所说的幸福包含哪些可测量的成分。幸福的可操作部分是什么？“幸福”这个词就像“认知”一样，在认知理论中没有任何作用。认知与记忆、感知等有关，幸福是关于其他事情的。“幸福”这个词的唯一作用是给我们正在做的事情贴上标签。

在幸福的概念中，有 3 种可操作性定义的生活。第一种是愉悦的生活（pleasant life），其中包括尽可能多地拥有积极情绪，以及学会放大这些情绪的技巧。目前有 6 种这样的技巧，它们都得到了充分的证明。这是好莱坞式的幸福观，是像戴比·雷诺兹（Debbie Reynolds）[1]那样咯咯地欢笑的幸福。这是积极情绪。也许有人会问，难道这不是积极心理学的目标吗？难道生活的积极面不就是愉悦吗？我们只需要粗略地回顾一下哲学史便会发现，从亚里士多德到塞内加（Seneca）[2]，再到维特根斯坦（Wittgenstein）[3]的学说中，愉悦一直被认为是粗鄙的。其他两种幸福的生活都源于智慧和知识，而在好莱坞或美国人的概念中，这两种幸福的生活已经被废弃了。我的一部分工作就是让它们得以复兴。

第二种是因理性而积极生活所带来的幸福（eudaemonia），也就是美好的生活（good life）。这就

[1] 好莱坞女演员，以演歌舞片著名，她在影片中的角色多是清纯、健康、活泼的女生形象。——译者注

[2] 古罗马时代斯多亚学派哲学家。——译者注

[3] 哲学家、数理逻辑学家。语言哲学的奠基人，20 世纪最有影响的哲学家之一。——译者注

是托马斯·杰弗逊（Thomas Jefferson）和亚里士多德所说的幸福追求。幸福在他们看来，并不意味着有很多欢笑。亚里士多德谈到了沉思的快乐以及令人满意的对话的快乐。他没有提到粗鄙的感受，没有提到刺激和极度的兴奋。亚里士多德所说的和米哈里·希斯赞特米哈伊（Mihaly Csikszentmihalyi）的研究内容相一致：当一个人在进行令人满意的对话时、陷入沉思时、沉浸在因理性而积极生活所带来的幸福中时，时间会停滞；他会感到非常轻松自在，暂时失去自我意识，仿佛与音乐融为一体。

美好的生活中包含着心流的基础。在美好的生活中，你会第一次知道自己的突出优势是什么，然后重新塑造生活，以便更多地利用你的优势；重新塑造你的工作、爱情和友情，重新塑造你的休闲方式、教养方式，以便施展你最擅长的本领。你从中能够获得的不是许许多多的欢笑，而是心流体验。你越多地运用自己最突出的优势，在生活中就能获得越多的心流。

最近我提出了优势与美德的分类，这是《精神疾病诊断与统计手册》的一部分，与精神疾病的分类正相反。在这个分类中，有 6 项各种文化都认可的美德，它们又被分解为 24 个优势。这 6 项美德是：第一，智慧；第二，勇气；第三，仁爱；第四，正义；第五，节制；第六，精神卓越。我们派人最北到达北格陵兰，最南到达马西进行调查，并研究了 70 个国家对美德的理解，发现这些美德是普适的。我们逐渐认为这 6 项美德是人类本性的一部分，就像人类用两只脚行走一样。

我可以举一些例子，解释我所说的“重新塑造生活、利用突出优势获得心流”是什么意思。我曾研究过一位超市装袋工，她不喜欢装袋的工作，于是进行了突出优势的测试，结果显示她最强的优势是社会智力。于是她重新塑造了自己的工作，与每位顾客交流，点亮他们的日常生活。显然，很多时候她不能利用自己最突出的优势，学会发挥自己的长处后，她将度日如年的工作变成了让她感到时间飞逝的工作。

到目前为止，我们已经谈到了愉悦的生活和美好的生活。不过还存在第三种生活。如果你像我一样喜欢玩桥牌或者喜欢收集邮票，你便能够拥有因理性而积极生活所带来的幸福，也就是说，你能沉浸在心流体验中。然而当每个人逐渐变老，看着镜中的自己时，他们会担心自己不能安心地离开这个世界。那是因为存在着人类必然会追求的第三种生活，那就是追求人生的意义。我并不想自命不凡地试图给读者们讲解有关意义的理论，但我们都知道，“意义”是将自己与更宏大的事物联系起来。只与自我有关的追求无法使人获得意义。一个人所归属的事业越宏大，他在生活中获得的意义就会越多。

比自身更宏大的事情非常多，我们可以加入其中，成为它的一部分。比较现成的做法是成为一名宗教信徒或成为一名共和党成员。非现成的做法是成为一名教师，将自己的生活与年轻人的成长联系在一起。另外，你还可以去当一名政府机构代表，认为自己的工作是为地球上最杰出的人士服务，没有你的服务他们就无法完成自己的事情。你也可以想“我只是为了工资才这样做的”，那么这就不是有意义的生活了。但我认为你每天早晨醒来应该不只是为了迫不及待地去赚更多的钱，而是为更宏大的目标做出贡献。你可以把做律师看成是为了每年赚 50 万美元而从事的职业，这样它是没有意义的；你也可以把它看成是为了提出好的法律建议，促进公平公正而从事的职业，这就是一种非现成的意义形式。

亚里士多德说，最崇高的两种职业是教育和政治，我也这样认为。养育孩子，通过孩子投射积极的未来是一种有意义的生活；拯救鲸鱼是一种有意义的生活；在伊拉克作战也是一种有意义的生活。

请注意，我在这里并没有区分善与恶，这不在我们讨论的主题范围内。我们只探讨有关意义的理论，这个理论认为，为了获得意义，你需要参与到一项比自己更宏大的事业中，利用你最突出的优势为之服务。人们不喜欢这个理论，可能是因为在这个理论中，自杀式袭击者和为拯救他人而失去生命的消防员的生活都有意义。我承认前一种人是邪恶的，后一种是善良的，但这不是从意义的角度上来说的。

心理学领域中存在两种不同的干预模式：治疗模式和辅导模式。先让我来对比一下这两种模式。治疗模式与修复破损的东西有关。10 年前，当我向飞机上邻座的乘客介绍自己时，我说我是一位心理学家，然后他就从我身边挪走了。那是因为他们知道心理学家的工作就是找出你有什么问题。现在，当我告诉人们我研究的是积极心理学时，他们会向我靠近。那是因为积极心理学家的工作就是找出你有什么优点，而且可能是你自己都没有意识到的优点，然后让你更多地发挥这些优点。

我很不愿意使用"范式转换"这种说法，也不愿意使用"学派"或"运动"这样的词，以下是我根据实际经验得出的一些看法。我用若干种方法详细记录了积极心理学的成长。7 年前，美国还没有积极心理学的课程，而现在，许多重点大学共开设了数百门有关积极心理学的课程，我教授的是积极心理学导论。在过去的几年中，我筹集到 3 000 万美元，用以构建积极心理学的科学基础。像许多科学家一样，我要到各个机构去"化缘"，但从来没有像现在这样容易筹集到资金。以前，从来没有人在听完我的演讲后，会给我写一张支票并说："用它做一些好事。"

一年前，我认为传播积极心理学的时机已经成熟了。我们拥有了六七年的科学研究成果，因此我开始传播积极心理学。现在，我会在每周三通过电话给 550 名专业人士讲授积极心理学的高级研修课程，这堪称最大规模的电话会议了。这门课程为期 6 个月，学员是来自 20 多个国家和美国各州的临床心理学家、教练、CEO 和人事经理。我们每周通过电话聚一次，课程会持续一个小时。在每次课程结束的时候，我会提供诸如感恩拜访、突出优势测试或让学员写出对人类积极未来的愿景这样的干预，学员可以自己进行练习，也可以让他们的客户做这些练习。在练习之前和之后，演员们可以测量幸福水平，然后每周与小组在电话上会一次面，每组有大约 15 个成员，与一名专家级临床医生一起查看测量结果。

在一年之中，我的学员从 0 位增加到了 550 位，他们将这些学习内容带到了日常实践中。我想搞清楚什么干预有效，什么干预无效。因此，我们还会实施随机分配的安慰剂干预。我收集了 100 多种据说能够让人们变得更幸福的干预措施，其中有来自佛教的，也有来自托尼·罗宾斯（Tony Robbins）[1]的。我猜其中 90% 是无效的。

如果你访问我的网站 www. authentichappiness. upenn. edu，并进行各种关于幸福和抑郁的测试，然后可以点击一个写着“干预”（Interventions）的链接。这个链接会告诉你，我们想要找出哪些是真正有效的干预，为此，我们会随机分配你尝试一种干预，你不知道它是不是安慰剂。然后你实施这项干预，每天做记录，我们会对你进行追踪研究，直到第二年。目前我们正在对 6 种干预进行这样的研究。我不会透露出安慰剂干预是什么样的，不过我可以说其中一种是非安慰剂干预，那就是感恩拜访。

大约有 300 人实施了感恩拜访的干预，我希望每个人都尝试一下。请你想一个对你产生了巨大的积极影响且依然健在的人，而你从来没有表达过对他的感谢。你想到这样的人了吗？进行感恩拜访很重要，有实验证明感激之情的多少与幸福的基线水平存在关联。在生活中，你的感恩之心越少，你就会越不幸福。

如果你想进行感恩拜访，那么可以遵照以下的步骤。先给你要感谢的人写一封 300 字左右的感谢信，讲一讲他曾经做了什么，对你产生了怎样的影响，怎样让你拥有了今天的生活，要写得具体而真诚。然后给他打电话，对他说：“我想去拜访你。”他如果问你为什么想去看他，你可以说：“我不想告诉你，这是一个惊喜。”接着，你要去他家，给他读感谢信。你这

[1] 励志演讲家与畅销书作家，是当今最成功的世界级潜能开发专家之一。曾辅导过多位皇室成员，为众多世界名人提供咨询。——译者注

样做的时候，每个人都会感动得落泪。在一个星期、一个月、三个月和一年之后，我们会对你进行一连串的测试，并提出与安慰剂控制有关的问题："你是否感到更幸福？你的抑郁程度是否降低了？"让我吃惊的是，结果证明感恩拜访是能够让人们长期提高幸福感、减少抑郁情绪的练习之一。

托尼·罗宾斯或宗教导师等都不是缺乏才智的人，他们发明了很多干预方法。比如让人们在火上行走，或者让人们 24 个小时不要洗澡等。其中，有些干预确实有效，有些则没有效果。令人不快的是，他们声称这些干预都是科学的。目前，我的一项重要工作就是收集并记录这些干预，对人们随机实施这些干预，然后看它们是否能持久地提升人们的幸福感。我对未来 15 年心理学的乐观展望与抱负是，希望我们能拥有一系列真正可靠的、能够让人们更幸福的干预方法，而且其中很多干预你可以自己实施，不需要去找治疗师。我们依然要通过老办法找出有效干预，也就是我们研究痛苦的办法——随机分配安慰剂对照研究。

我不会透露哪些是安慰剂干预，只想说几件与它相关的事情。我们发现，佛陀和罗宾斯提出的某些干预没有任何效果。我们把这些干预放在网上，让人们实施。结果显示，无论是在减少抑郁方面，还是在提升幸福水平方面，它们都没有带来持久的改变。不过它们看起来很可信，很多人都认为它们应该是有效的。有趣之处在于，有些干预能够持久地提升人们的幸福感，而其他干预则不能。科学的目标是找出其中有效的因素。

我将职业生涯的前 30 年都用在了研究痛苦上。我最初的研究主题是习得性无助。我发现了无助的狗、无助的老鼠和无助的人，我不禁在想，如何能阻止无助感的产生？它背后的神经机制是什么？什么药物会有效？如今，我依然在探寻这些问题。在研究无助的时候，有一个发现总是被我置之不理，那就是无论是人类还是动物，在面临无法控制的情境时，8 个中只有 5 个会变得无助。我们无法让大约 1/3 的被试变得无助；而大约有 1/10 的被试在一开始就是无助的，我们什么都不需要做。

大约在25年前，我开始提出这样的问题：什么样的人永远不会变得无助？什么样的人不会崩溃？与此相反的问题是，什么样的人有点风吹草动就会感到无助？我感兴趣的是乐观精神，因为我发现，当遇到无论做什么都没用的情况时，不会变得无助的人认为这种情况是暂时的、可控的、局部的，而且不是他们的错；而很快就崩溃的人把糟糕的情况看成是永久的、不可控的、普遍的，而且是他们自己的错误。如今，我开始比较乐观主义和悲观主义。我发现乐观的人陷入抑郁的概率只是悲观者的一半，乐观者在我们测量的多种职业上都是更成功的。乐观者具有更健康、更活跃的免疫系统，可能比悲观者更长寿。我们还创建了可以将悲观者转变为乐观者的可靠干预。

这就是我从6年前开始一直在做的事情。六七年前，我决定竞选美国心理协会主席一职，并且以协会历史上最高票数差当选。这让我感到很奇怪，因为我根本不是一个对政治很感兴趣的人。在我当选后，协会成员们告诉我，协会主席应该提出主题和倡议。我不知道自己的主题和倡议是什么。我认为，我的倡议应该是预防，因为我非常了解预防，因此我召集了12位预防领域中的世界顶尖专家。我们在一起探讨了一天，想知道心理疾病的预防能否作为协会主席的倡议。我不得不承认，我维持注意力的时间和8岁的孩子差不多，但那些讨论真的太无聊了。他们主要的观点是：“让我们去做对精神分裂症有用的事情吧，而且要在生命早期实施干预。”当我和希斯赞特米哈伊一起往外走的时候，他对我说：“马丁，这个倡议没有任何知识基础，你应该找到比这更好的。”

两周后，我突然有了灵感。这件事曾经改变了我的生活，我希望它也能改变心理学的路线。一天，我和5岁的女儿妮基一起待在花园里。我得承认，虽然我写过与儿童有关的书籍，研究过儿童，但我不擅长与他们相处，因为我的时间紧迫，而且总是以任务为导向。当时我在除草，妮基把草扔到空中，一边唱歌，一边跳舞，玩得很开心。我对她大喊大叫，她困惑地走开了，然后又走回来对我说：“爸爸，我想和你谈谈。”

“好的。你要谈什么，妮基？”我说。

她说：“爸爸，你还记得在我 5 岁生日之前（大约两周前，她过了 5 岁生日），我是个爱哭鬼，每天都会哭吗？”

我说：“是的，我记得。你那时真让人受不了。”

“你注意到没有，爸爸，自从过了 5 岁生日之后，我没有哭过一次？”

“是啊，妮基。”

“爸爸，在我 5 岁生日的时候，我决定不再哭了。这是我做过的最艰难的决定。如果我能不哭，那么你也可以做一个没有坏脾气的人。”在那一刻，有三件事发生在我身上。第一件是我意识到妮基戳中了我的要害。在过去 50 多年里，我就像一片乌云一样，脾气很坏，总是心情糟糕。没有任何理论告诉我发脾气是可取的。有些人谈到悲观现实主义，说悲观的人能够更好地认清现实，但我所有的好运都不是因为坏脾气而得到的，所以我下决心做出改变。一些认识我时间比较长的人知道，我现在更阳光了，较少使用我的批判性的“智慧”。我现在能够更好地看出什么是对的，能够更好地控制住自己对错误事情的像猎鹰一样的警觉性了。

第二件事是，我意识到自己教育孩子的理论是错误的。最近两代人关于教育的心理学理论是补救性质的。从本质上说，这些理论认为父母的任务是纠正孩子的错误，这样能培养出一个模范的孩子。但是想一想妮基，她已经纠正了自己的错误，此时我的任务就是认识到她表现出来的卓越优势——社会智力，了解它的本质，把它说出来，并帮助她利用自己的优势进行生活，将它作为对抗不幸的缓冲器。请你也想一想自己的生活，你的成功不是因为你纠正了自己的不足，而是因为你找到了几件自己真正擅长的事情，用这些优势减轻了不幸对你的负面影响。因此我意识到的第二件事是，如果一个人的目标是纠正错误的事情，那么即使他逐渐实现了目标，最好的情况也只是从负数变成了 0。然而人们追求的不是如何从 –5 提升到 –2，而是如何从 +2 提升到 +6。让我感到有趣的是，没有任何科学在探究这个问题。所有科学都是补救性质的，都在纠正消极的一面。

由此引出了第三件事，也是最重要的一件：我意识到自己从事的社会科学职业是不完善的。心理学领域的学者通常只研究受害者、痛苦、创伤、抑郁、焦虑、愤怒等。我在这上面投入了很多时间，非常了解它们。这就是我所说的荣誉，我们能够让痛苦的人变得不那么痛苦了。但还有没探讨过的部分：怎样能让生活更有价值？什么是幸福？什么是美德？什么是意义？什么是优势？如何构建这些？从与妮基圣诞的那一刻起，探讨这些成了我的人生使命，促成了积极心理学的创立。积极心理学的使命是，理解并构建积极情绪、优势、美德，以及积极的制度。

我用了人生中很多时间去探寻药物、心理疗法和它们的效果。让我来告诉你，我是如何总结它们的疗效的，以及这对积极心理学有什么意义。

最重要的是，总体上存在两类药物。一类是缓解性药物，比如用于治疗疟疾的奎宁，服药能抑制症状，但如果停止服用，疟疾又会全力反扑回来。另一类是治愈性的药物，比如用于治疗细菌感染的抗生素，停止服用抗生素时，细菌已经被杀死，不会再复发了。

生物精神病学有一个肮脏的小秘密，那就是每种精神类药物都是缓解性的。也就是说，所有精神类药物只能抑制住症状，当患者停止服药时，症状又会恢复。通常用于治疗抑郁症的色拉托宁（seratonin）和早期的三环类抗抑郁药在 65% 的情况下是有效的。有趣的是，治疗抑郁症的两种重要的心理疗法——认知疗法和人际关系疗法，效果与药物不分伯仲，也是在 65% 的情况下有效，不同之处在于复发率。接受了人际关系疗法和认知疗法后，患者其实学会了一套技能，因此当 3 年后抑郁症卷土重来的时候，他便能够抵抗那些灾难性的想法了。但是如果患者当初是通过服用色拉托宁或三环类抗抑郁药来治疗抑郁症的，那么 3 年后抑郁症会全力反扑，势头丝毫不减。

作用于精神的药物只能够减轻症状，不能治愈疾病。我不是一个相信弗洛伊德学说的人，但我喜欢弗洛伊德的一点是他专注于治愈。他只对抗生素式的方法感兴趣，对缓解症状不感兴趣。暂时缓解症状可能会出现所谓的症状替换[1]。生物精神病学和心理学需要重新探索治愈的方法。因此我才对积极心理学感兴趣。我讲妮基的故事是为了说明我们应该用优势抵御不幸与困难，优势能帮助我们消除65%的障碍。熟练的临床医生常常会对我说，他们曾尝试去发掘人们的优势，但在研究生院里他们从来没有学习如何这样做。而我的课程中包含这样的部分，也就是教会人们如何系统化地检测优势、构建优势，以及如何把它们用作缓冲器。

积极心理学具有怎样的心理"治疗"前景和药物治疗前景？我认为积极心理学对于愉悦的生活、美好的生活和有意义的生活来说具有不同的可能性。我相信有一些心理干预对这三种生活都会有效。这就是我们进行的随机分配安慰剂对照研究的意义所在。问题在于，我们有可能找到对愉悦的生活、美好的生活和有意义的生活都有效的药物吗？

对于愉悦的生活，答案可能是肯定的。也就是说，存在着与积极情绪相关的神经学治疗。像理查德·戴维森（Richard Davidson）这样的研究者正开始在大脑中确定某些位置。而且目前我们还拥有消遣性药物，抗抑郁剂不会带来快乐，但消遣性药物可以带来快乐。至少快乐药物不再是科学幻想，我期待随着积极心理学的发展成熟，医药公司的朋友们也会开始对它感兴趣。快乐是有捷径的，那就是戏弄相关的神经回路。

然而，心流没有捷径。我读本科时，有一位老师名叫朱利安·杰恩斯（Julian Jaynes）。他是一个怪人，

[1] 一种症状被治愈后又出现另一种症状的现象。之后的症状常以更原始的方式出现。对于其产生原因，解释不一。——译者注

但人很好。当时他是普林斯顿大学的助理研究员。有些人说他是一个天才，我对他了解不多，不知道他是不是天才。别人送给他一只南美蜥蜴作为实验室的宠物，问题是没有人知道这只蜥蜴吃什么，结果它饿得奄奄一息了。朱利安把苍蝇打死喂给蜥蜴，蜥蜴不吃。他又把芒果和木瓜混合在一起喂给蜥蜴，蜥蜴也不吃。蜥蜴对打包回来的中国菜也没有兴趣。一天朱利安走进实验室，看到蜥蜴毫无生气，躺在角落里。他把自己的午餐喂给蜥蜴，但蜥蜴对火腿黑面包三明治不感兴趣。朱利安开始看《纽约时报》，把一部分报纸盖在三明治上。蜥蜴看了一眼，用后腿支起身体，悄悄地穿过房间，跳上桌子，撕碎了《纽约时报》，把火腿黑面包三明治吃掉了。原来，如果不先运用自己的优势和美德，蜥蜴是不会吃东西的，也不会进行交配。它们必须捕猎、撕扯和追踪。虽然人类比蜥蜴复杂得多，但我们也需要运用自己的优势和美德。获得心流没有捷径可循。为了得到因理性而积极生活所带来的幸福，我们必须沉浸在自己最突出的优势中。其中可能有捷径吗？能够有获得心流的药物吗？我估计没有。

第三种幸福是有意义的生活，它同样需要你知道自己最突出的优势是什么，并将它用于比你更宏大的事业上。没有捷径，这就是生活的意义。可能会有让人产生快乐的药物，可能会有让人获得积极情绪的药物，但不可能有让人体验到心流的药物，也不可能有让生活变得有意义的药物。

塞利格曼的作品《持续的幸福》《教出乐观的孩子》中文简体字版已由湛庐文化策划，浙江人民出版社出版。——编者注

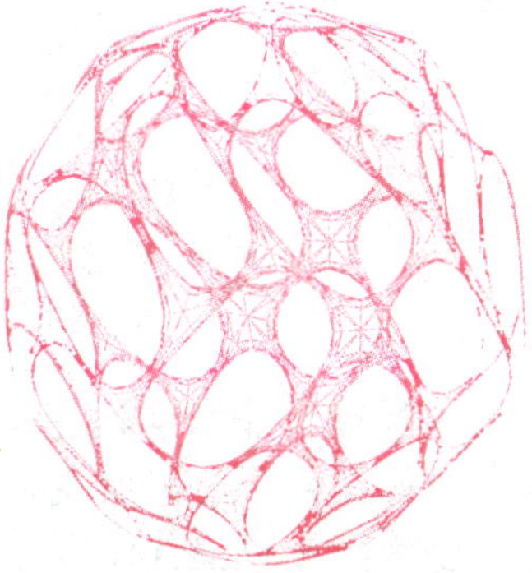

WE ALL START OUT

BRAINS, ALL ENDO

NUMBER SENS

STRUCTURE, BUT ALS

THAT ALLOWS IT

我们一出生都具有非常相似的大脑，都具有基本的数字意识，存在某种天生的结构，但同时也具有一定的可塑性，使大脑能被文化所塑造。

——《数字到底是什么？数字意识的大脑基础》

LIFE WITH VERY SIMILAR
ED WITH AN **ELEMENTARY**
WHICH HAS SOME INNATE
A DEGREE OF PLASTICITY
BE SHAPED BY CULTURE.

12

WHAT ARE NUMBERS, REALLY? A CEREBRAL BASIS FOR NUMBER SENSE

数字到底是什么？数字意识的大脑基础

Stanislas Dehaene
斯坦尼斯拉斯·迪昂
法兰西学院神经科学家
著有《脑与意识》《脑与阅读》

在最近的一本书以及Edge论坛的热烈讨论之中，数学家鲁本·赫什（Reuben Hersh）提出了一个问题："数字到底是什么？"这是一个从古希腊时期就开始讨论的话题，也是在23个世纪后困扰爱因斯坦的问题。我个人认为仅从哲学视角探究很难得出令人满意的答案，人们甚至都没法对这个问题到底是什么意思达成共识。但是，如果我们采用一种科学的方法，就可以回答更加具体的问题。例如，数集、数字或函数等具体的数学对象是从哪里来的，谁发明了它们，使用它们的最初目的是什么，他们的历史演进是怎样的，儿童是怎么学习它们的，等等。这样，我们就能用更具体的方法来定义数学的性质，以便历史学家、心理学家，甚至神经科学家进行科学探索。

这恰恰就是一小群分布在世界各国的认知神经心理学家以及我本人一直以来在做的，我们一直在一个非常简单的、最基本的领域里探索，这个领域就是自然整数 1、2、3、4 等。我们进行了几百项实验，得到的结果非常令人吃惊：从一出生起，人的大脑似乎就已经具备了数学意识。初等的算术似乎是人类与生俱来的一种基本的、生理上的能力。不仅是人类，很多动物也是如此。此外，数学意识还拥有属于自己的一个特定的大脑结构、一套神经网络，在人们大脑中的位置都是类似的，能存储关于数字及其关系的知识。简而言之，感知环境中的数字对我们而言是最基本的能力，正如回波定位之于蝙蝠，鸣叫之于鸣禽。

很显然，这一理论对于数学的本质有着重要且直接的影响。当然，如今人类的数学发展水平令人惊叹，这是人类的一项独特的成绩，专属于我们这一具有语言天赋的物种，并且很大程度上依赖于文化的积累。但是，我的理论更想表达的是，数学中的那些基本概念，例如数字、数集、空间、距离等，源于我们特有的大脑结构体系。

从这个意义上说，数字就好比颜色。我们知道，在物理世界里其实并不存在颜色。光具有不同波长，但是波长不是我们说的颜色，一根香蕉在不同的灯光条件下仍然是黄色，但是它反射的波长已经完全改变了。颜色是一种由我们人类 V4 区产生的属性，这一区域计算通过视网膜的光的相对数量，用得出的结果来计算出物体在各种光谱带上的反射率，确定该物体是怎样反射光线的。这才是我们所说的颜色，但是这仅仅是由大脑建构出的一种主观的属性。尽管如此，这种机制对于识别外界的物体非常有用，因为物体的颜色在不同的光照条件下一般都保持恒定。可能正是因此，大脑对颜色的知觉能力会进化成现在的样子。

数字和颜色非常相似。我们生活的世界充满了独立的、可移动的物体，能从中提取出数字对我们来说非常有用，这能帮助我们追踪捕食者，或者选择最好的觅食地，这两个例子非常明显。正是因此，进化才会将简单的数学机制配备到人类及其他动物的大脑里。在动物的大脑里，这种机制非常有限、粗略，对于越大的数字，表征就越粗糙；而且只涉及简单的算术运算，也就是加法和减法。相比之下，人类具有卓越的天赋，能发展出加工语言和符号的能力。这使人类能发展出对大数字的准确表征，以及进行精确计算的运算法则。我相信，数学，或者至少是算术和数字理论，是一种类似金字塔的、逐渐变抽象的心理建构。这一建构仅仅依赖于两种能力：（1）我们对符号标记系统的加工能力；（2）我们表征和理解数量的非语言能力。

有什么实际的证据来支持这些观点呢？心理学家已开始意识到，人的很多精神活动是建立在对专门的、生理性的心智模块的操作上，这些模块是针对特定领域的知识而被设定好的，并且通过进化植入人类的大脑（参考史蒂芬·平克的《心智探奇》）。比如说，我们具有关于动物、物体、人、面孔、情感和其他很多东西特定的领域的知识，数字也不例外。对每一类知识，心理学家会用以下 4 个论点来证明存在特定领域的知识系统：

- 人们应当证明，拥有某个领域的先验知识是具有进化优势的。在初级算术上，这一点很明显。
- 其他动物身上应当表现出该能力的先兆。因此，某些动物必须表现出初步的数学能力，它们的能力和人类身上发现的能力应该具有系统性的相似之处。
- 这一能力应该自然而然地出现在幼儿甚至婴儿身上，并独立于如语言等其他能力。这一能力不是通过缓慢的、领域普遍性的学习机制获得的。
- 这一能力应该具有独有的神经基础。

我的书《数感》（*The Number Sense*）里面详细地证明了以上 4 点，并且也探讨了这些观点对教育和数学哲学的影响。实际上，有实验证据有力地支持了以上的观点。也由此有力地证明了，数学能力是由生物本能决定的，是具有领域特异性的。在这里，我可以提供几个实验的例子。

1. 动物具有初级的数学能力。老鼠、鸽子、鹦鹉、海豚，当然还有灵长类动物，在其他物理参数都被仔细地控制了的情况下，能够仅仅依靠数字来辨别视觉图形或者声音序列。例如，老鼠都能够学会在出现两个事件时拉动一根杠杆，出现 4 个事件时则拉动另一根杠杆。而事件的性质、持续时间、间隔、以听觉或视觉方式呈现都不对其产生影响。动物还有初级的加减法能力。这些基本能力不仅仅能在实验室训练的动物身上观察到，野生动物也具有这些能力。不过，要想让黑猩猩学会数字符号，需要经过多年的训练。因此，对数量表征进行粗略的操作是很多物种的标准预设，但是对数字的精确的符号操作却不是预设的。这种能力是人类特有的，或者至少只在人类身上得到了充分的发展。

2. 人类和动物之间具有系统的相似性。对越来越大的数字，动物的操作会变得越来越不精确，也就是会表现出数字大小效应。人类也是这样，甚至当我们用阿拉伯数字进行操作时也是如此。比如说，我们计算 4+5 就明显比计算 2+3 要慢。动物很难区分两个接近的数量，例如 7 和 8。人也如此，当比较阿拉伯数字的时候，我们判断 9 大于 8 比判断 9 大于 2 要花费更长的时间，同时也会犯更多的错误。

3. 不会语言的婴儿也具有初级的数学能力。这种能力和动物的非常类似。婴儿能够仅通过数量来区分两种图形，他们能做简单的加法和减法。例如，5 个月大的婴儿如果看到有一个东西被放到挡板后面，然后又有一个东西放了过去，那么当把挡板拿掉的时候，婴儿会期待看到有两个东西出现在那里。我们之所以知道这一点，是因为仔细地测量了婴儿观看的物体的时间。当我们偷偷改变了挡板后的物体数量时，婴儿的注视时间更长。这意味着他们觉得看到了不可能发生的事件，例如 1+1=1、1+1=3，或 2−1=2，感到很惊讶。即使你对此持怀疑态度，也请不要对这些数据不予理睬，马丁 · 加德纳（Martin Gardner）在《洛杉矶时报》上发表了对我的书的评论，这令我感到惊慌，他提到“对这些时间进行测量和取均值并不容易”。这些工作都是在非常严格的控制条件下进行的，同时进行双盲的录像编码。我鼓励你们去读一下最早期的研究报告，你会对此类实验的细节和控制程度感到惊讶的。

与动物和成年人一样，婴儿对小数字的表征格外准确，但对大数字的运算则更加粗略。顺便说一下，这些实验很容易重复。这也推翻了皮亚杰所说的儿童生来不具有数字恒常性的观点。在我的书里，我阐明了为什么皮亚杰著名的守恒实验是有偏差的，而且无法阐明儿童所具有的天生的数学能力。

4. 脑损伤会损害数字意识。我和同事们在医院见到过很多因为脑损伤而无法加工数字的患者。在这些缺陷中，有一些是比较次要的，涉及识别文字或数字，或将它们大声读出来的能力。然而，有一些患者则完全丧失了数字意识。左侧顶叶下部受损的患者能读和听写阿拉伯数字，但是却无法理解这些数字。一位患者无法计算 3-1，或者无法判断 2 和 4 之间是哪个数字；但他却可以告诉我们哪个月在二月和四月之间，或者星期三之前是哪一天。由此可见，他的损伤完全只局限于数字。在全世界的所有文化中，导致这种障碍的脑损伤位置都高度重合。

5. 在加工数字时进行的脑成像扫描揭示了顶叶下部进行的高度特异性的活动，这个区域受损会导致数字加工缺陷。我们用现有的各种脑成像技术均观察到了这种激活。正电子发射断层扫描和功能性磁共振成像都能精确地定位激活的区域，那就是大脑两半球的顶内沟。电生理记录也告诉我们，当进行乘法运算或比较数字大小时，在数字出现在屏幕大概 200 毫秒后，这一区域会发生活动。我们甚至对患有顽固癫痫的患者的顶叶进行单细胞记录，结果表明，进行数学计算时，这一区域的特异性活动增加。

我在《数感》里已经提过，人类大脑中有与生俱来的数字表征，这一事实会产生很多重要的影响。最重要的影响在于这能帮助我们思考数学教育如何影响这种表征，以及为什么有的孩子在算术和数学上很有天赋，而很多孩子仍然搞不懂数学。如果说所有人一出生就具有对数字的粗略表征，这种表征只够用来区分小的数字，而不够用来区分 7 和 8，那我们是如何从这一“动物”阶段发展到更高阶段的呢？我想，对数字语言的习得是至关重要的，也正是在这时，文化和教育的差异开始出现了。例如，中国孩子具有学习计数的优势，因为他们的数字组合方式更加简单。英语里说“seventeen、eighteen、nineteen、twenty、twenty-one”等，他们说的则更简单：“十七、十八、十九、二十、二十一”等。因此，中国孩子只用学习较少的词和简单的组合。有证据表明，更简化的中国数字词汇使他们学习计数能快大约一年！但是，我也要说，亚洲学校的课堂组织更好，这也起到了提速的作用。加州大学洛杉矶分校的心理学家吉姆・施蒂格勒（Jim Stigler）的研究证明了这一点，有大量证据表明，当孩子开始学习更高等的数学时，超越概略数字系统进入学习精确计算阶段，对于他们的大脑是非常困难的，甚至对成人大脑来说也是非常费力的。这时候，亚洲学校的策略和教育因素就会产生至关重要的影响。

比如说，为什么我们感到记住乘法表非常困难呢？这大概是因为大脑没有进化到可以一开始就学习乘法的地步，所以得使用那些不是用于乘法加工的脑区来弥补这一功能（联想记忆系统又使我们把 8×3 与 8×4 弄混，也与 8+3 弄混）。很不幸的是，搞不懂数学恐怕是人类的正常状况，这让我们花费大量的精力去发展数学能力。实际上，数学学习上花费的时间差异和学习数学时的情感状况差异就能在很大程度上解释，为什么一些孩子在学校学习中会失败，也能解释为什么存在一些在数学计算上能力非凡的白痴天才。我已经了解了很多关于数学能力天生差异的证据，包括性别差异，我不认为数学上的个体差异是“天资”造成的。教育才是关键，积极的情感也是孩子在数学上取得成功的背后动力。

的确，有某些人具有奇特的数学能力，这种现象似乎和我的观点相悖。他们的表现远超凡人，好像和我们有不一样的大脑。其实不然，我认为，至少这些人在生命的起初不是这样的。早年的他们和其他人天资相同，只具有一种基本的数学意识，一种对数字关系的直觉。他们成人后的大脑和普通人的差异，则是成功的教育、策略和记忆的结果。事实上，他们所有的技能，从开方到多位数乘法，都可以用简单的技巧来解释。如果人们愿意去努力的话，这些技巧也是大脑可以学会的。

有一个例子，是关于斯里尼瓦瑟・拉马努金（Srinivasa Ramanujan）和哈代（Hardy）的出租车数字的著名轶事。数学能力超常的印度数学家拉马努金因患肺结核即将死去，他的同事哈代来探望他。哈代不知道该说什么，就只好说："我叫了辆出租车，车号是1729。这个数字看起来实在是无趣。""不，哈代，"拉马努金回答道，"这个数字很有魅力。它是最小的可以用两种方法来表示的两个立方数之和。"乍一看，这种在医院病床上关于数字的灵光闪现是不可思议的，这种绝顶聪明是普通人难以企及的。然而，实际上，这表明了拉马努金已经能用很简单的方法来记住数字。由于已经和数字打了几十年的交道，拉马努金显然记住了大量的数字，包括下面这个立方体表：

$1 \times 1 \times 1 = 1$

$2 \times 2 \times 2 = 8$

$3 \times 3 \times 3 = 27$

$4 \times 4 \times 4 = 64$

$5 \times 5 \times 5 = 125$

$6 \times 6 \times 6 = 216$

$7 \times 7 \times 7 = 343$

$8 \times 8 \times 8 = 512$

$9 \times 9 \times 9 = 729$

$10 \times 10 \times 10 = 1000$

$11 \times 11 \times 11 = 1331$

$12 \times 12 \times 12 = 1728$

你看这个表，1728是个立方数，1728比1729小1，1也是个立方数，729也是个立方数，1000也是个立方数。因此，1729是个可以用两种方法来表示的两个立方数之和，就是1728+1和1000+729。这一点对于像拉马努金这样受过训练的人来说是显而易见的。要找出这样一个最小数字可能很复杂，但是经过不断试错之后还是可以的。最后，若你知道拉马努金在青少年时期就自己算过这个问题，而不是在医院的时候才算出这个数，这件轶事的神奇之处就不复存在了：因为他早就知道了！

如果我说，经过足够多的训练，我们都可以达到拉马努金的水平，会不会显得很不靠谱？但是，你想一下，现在很多高中生，甚至是那些不是特别聪明的学生，知道的数学知识都和一位中世纪的数学学者知道的一样多。这样说是不是就显得不那么荒谬了？我们一出生都具有非常相似的大脑，都具有基本的数字意识，存在某种天生的结构，但同时也具有一定的可塑性，使大脑能被文化所塑造。

现在回到数学哲学上。数字到底是什么？如果我们承认人们出生时都具有初步的数字意识，这些意识已经通过进化铭刻在大脑的结构体系中，那么很显然，数字就应被视为大脑里的一个构建产物。然而，和艺术、宗教等社会构建不同，数字和算术不是随意的精神构建物。恰恰相反，它们是严格地适用于外部世界的。这种适用性是从何而来的呢？如果你考虑到以下两点，那么这个问题就不会那么神秘了。

- 第一，数学构建依赖的那些基本要素，比如数字、数集、空间等，都已经在长期的进化过程中深植在大脑的结构体系中了。进化已经将那些对生存至关重要的、能真实反映外部世界的东西纳入了我们的大脑结构中，也纳入了我们的意识中。在生活中，数字对我们来说是必不可少的，因为我们生活的世界里充满了移动的、可数的物体。如果我们生活在一个只存在液体的世界或在原子大小的世界的话，情况就会很不一样。因此我很同意一些数学家的想法，如庞加莱、马克斯·德尔布鲁克（Max Delbruck）或鲁本·赫什，他们认为其他生命形态可能存在和我们不一样的数学。
- 第二，我们的数学已经被视为一种非常快的进化：文化进化。在过去的30个世纪里，众多数学对象从数学家的头脑中被随意地创造出来，这就是我们所说的“纯数学”。但随后，根据这些数学对象的可用性，它们又被选择用于解决现实世界的问题，例如用于物理学。因此，我们现有的许多数学工具都能很好地适用于外部世界，这恰恰是因为它们都是根据适用性被选择出来的。

许多数学家都是柏拉图主义者。他们认为整个宇宙都是由数学的东西组成的，认为数学家的工作仅仅是去发现这些数学的东西。我坚决地反对这一观点，但这并不意味着我是一个马丁·加德纳所说的“社会建构主义者”。与很多社会建构主义者不同，我同意加德纳所说的，数学的建构是超越特定人类文化的。在我看来，这正是因为所有文化中的人都有同样的大脑结构，对同样的数学曲调产生“共振”。谢天谢地，π 的数值不会随着文化而发生改变。此外，我绝不会否认外部世界提供了大量的结构，可以纳入数学中。我只是反对把宇宙的结构称为“数学的”。我们发展了关于这个世界的很多数学模型，但它们远远不够充分。星球不是按椭圆形轨道移动的，椭圆形轨道是一个很好的估计，但远不完美。物质不是由原子、电子或夸克组成的，这些都是非常好的模型，但也是将来某天也一定会被修正。如果数学家和理论物理学家能更加关注现实（生物学家更熟悉这个概念）与模型之间的区别，那么许多概念上的难点就能够被厘清了。

迪昂的作品《脑与意识》《脑与阅读》中文简体字版已由湛庐文化策划，浙江教育出版社出版。——编者注

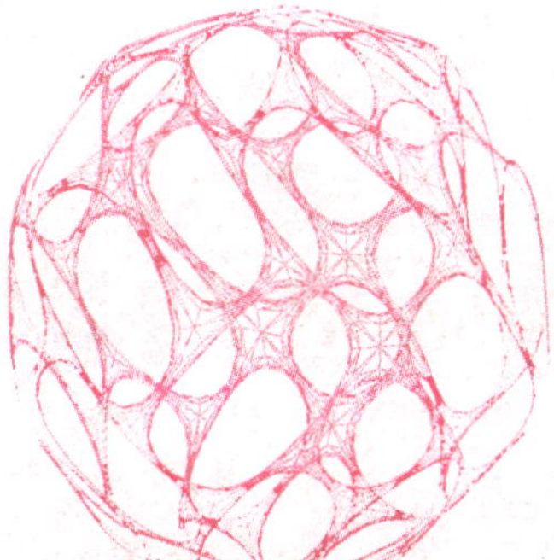

在解释心理运作方式的差异时，我们不应该忽视生物学因素。

——《同征择偶理论》

WE SHOULDN'T
IGNORE
BIOLOGY
IN EXPLAINING
DIFFERENCES IN
HOW THE MIND
WORKS.

13

THE ASSORTATIVE MATING THEORY
同征择偶理论

Simon Baron-Cohen
西蒙·巴伦-科恩
剑桥大学自闭症研究中心心理学家
著有《本质不同》（*The Essential Difference*）

我一直在研究自闭症，试图从心理学角度理解自闭症的特点，最终目标是弄明白自闭症患者的大脑里发生了什么，以及导致自闭症的原因。我的新理论认为，自闭症不仅是一种遗传疾病，而且很可能是因为特殊类型的父母各自提供一部分基因，共同导致了这样的结果，这个理论可能会引发争议。目前对于自闭症的病因存在几种不同的理论。有一种属于环境论，认为自闭症是由麻腮风三联疫苗的损害作用造成的。还有一种环境论的观点认为，产生自闭症的原因是儿童大脑中汞含量升高。不过遗传论的证据非常多，我们目前正在检验是否两个“系统化者”（systemizer）所生的孩子患自闭症的风险更高。以下是对这一理论的简要概括。

系统化者的主要思考风格是根据系统内的规则或法则来理解事物。有很多种系统，比如数学系统（代数、计算机程序）、机械系统（计算机或汽车）、自然系统（天气、岩石、地质学）和社会系统（企业或军队）。所谓系统化者就是指一个人试图从这个系统的法则的角度来理解系统。比如，经济学是一种系统，在这个系统中，人们试着预测经济崩溃，或者预测股市中会发生什么，他们根据法则或规则来理解事物。我们要检验的理论是，如果父母都是这样的系统化者，那么他们的孩子患自闭症的风险就会更高。

系统化是体现在行为中的，比如喜欢玩电脑就是行为，但显然，这样的活动还反映了一个人的兴趣，所以它不只与行为有关，也与思维有关。系统化者的思维会被系统所吸引，试图去理解系统。史蒂芬·平克有一个关于蜘蛛的经典说法，那就是蜘蛛的本能就是吐丝结网。他以此来类比儿童学习语言的本能方式，这些本能不是百分之百确定的，而是可以进行干预和改变的，系统显然具有可塑性。同样，系统化也不是百分之百通过遗传形成的，几乎没有哪种人类的行为特征是百分之百遗传的。

我需要通过 5 个步骤来检验这一理论。第一，需要确定系统化是否具有家族性。第二，需要确定系统化是否与基因存在某种联系。第三，从父母的认知特点来看，是否自闭症孩子的父母都是系统化者？第四，他们是否都携带着系统化的基因？第五，当这些基因结合在一起的时候，孩子患自闭症的风险是否会提高？

这个理论一定会引发争议，可能还会引起担忧。然而它存在争议性并不意味着我们不应该去探究它，我们可以通过实证的方法来进行研究。

我会如何研究这个理论呢？先是查看已经有自闭症孩子的家庭，直接研究父母。我们已经进行了一些这样的研究，并发现在一般人群中，男性出现系统化特点的情况更普遍。然而，在孩子患有自闭症的情况下，妈妈也很可能是一位系统化者，且具有男性的典型兴趣。

我举一个例子来展示如何进行检验。我们让父母们完成一项任务：尽可能快地分析出一个视觉图像的构成部分。一般来说，男性能够更快地完成这种分析任务，但自闭症孩子的母亲分析得和父亲一样快。母亲表现出了典型的男性特征，这与一般人的直觉不符，人们一般认为她们会表现出更多的女性特征。这是值得探究的第一个线索。

第二个线索是自闭症孩子的爸爸、爷爷或姥爷是工程师的概率。工程师是一种需要很好的系统化能力的职业，比如能够很好地理解机械系统。我们发现自闭症孩子的爸爸在工程领域中任职的比例很大。有趣的是，我们发现这种模式也适用于自闭症孩子的爷爷和姥爷。

我们从患有自闭症的孩子开始着手，他们是这种大自然"实验"的最终结果。我们需要进行倒推，查看前一代或前两代亲属中是否存在线索。这种新理论被称为"同征择偶理论"。我们对职业的研究结果显示，自闭症孩子的爷爷和姥爷都更有可能从事工程领域中的工作，由此我们得到了线索，父母双方都贡献了类似的基因，因此鲜明的系统化特征不仅来自一方家庭。这个理论之所以被称为"同征择偶理论"，是因为两个个体可能会因为具有类似的特点而组成家庭，他们基于是否具有类似的特点而选择了对方。

同征择偶理论与性别差异存在着关联，那也是一个我非常感兴趣的研究领域。我一直在尝试理解女性与男性之间的差异。有趣的是，我发现有一个小猫腻，在美国大多数地方，"sex"这个词被替换成了"gender"[1]。

在过去一个世纪中，这种替换以非常微妙的方式完成了。现在在美国，当人们说"性别差异"时，

[1] "sex"和"gender"两个词都是性别的意思，"sex"强调性别的生物属性，"gender"强调社会属性。——编者注

没有人说“sex differences”，大家都说“gender differences”。我之所以称之为小猫腻，是因为“sex”这个词其实更古老。一个人的性别（sex）要么是男性，要么是女性。从生物学上看，一个人的性别取决于他有两条X染色体还是有一条X染色体和一条Y染色体。而当人们说“gender”，意思发生了微妙的变化。

为什么会这样？大概是因为“sex”所指的性别是由染色体决定的，而美国的意识形态认为人不应该被任何事情所决定，我们都可以成为自己想要成为的人，我们是一块白板。“gender”指的是一个人如何看待自己：我是阳刚的还是阴柔的。这种性别更具有主观性，通常被认为是文化塑造的结果。意大利男性的行为与英国男性的行为不同。这给人们一种印象，那就是即使生物性别固定不变，性别行为也会因文化的不同而发生改变。

因此，谈论“gender”要比谈论“sex”乐观得多——你可以成为任何人。不过我非常有兴趣回归到最初的生物学的性别观念上，并想了解两性在心理上有什么差异。如果两性之间存在心理差异，那么是什么生物机制导致了这些差异？是基因还是激素？

我在自己的研究中曾非常专注于胎儿的睾酮，这是胎儿在子宫中产生的一种激素。我想研究这种激素对孩子日后的行为是否会产生影响。我们有一个非常好的词，那就是“sex”，但是在美国，现在它几乎成了一个低俗的词。最近我写了一篇有关两性心理差异的期刊文章，我使用的每一个“sex”，都被编辑改成了“gender”，这样就会导致整体体系的改变。我要求使用原来那个词，编辑让我提出一个合理的理由，他们解释说在美国，人们更喜欢“gender”这个词。我不得不解释说，一个人的“gender”与“sex”是不同的。这种差别现在似乎已经不复存在了，我们很难知道这是蓄意而为的结果，还是在不知不觉中发生的。

回来再说激素。我们曾在实验室里研究过子宫中的羊水。我们分析羊水里有多少睾酮，也就是所谓的雄性激素。那其实不是真正的雄性激素，因为男性和女性胎儿都能产生这种激素，只是男性产生的比女性的多得多。那是因为它产生自睾丸，女性的睾酮来自肾上腺。即使在相同性别的孩子之间，睾酮分泌量也存在着个体差异。

问题在于，如果追踪研究那些孩子，这种差异是否会体现在心理上？我们测量了羊水中的睾酮，等待婴儿出生，然后在孩子 12 个月大、18 个月大和两岁的时候分别进行追踪研究。这是一项纵向研究。

我们发现，胎儿睾酮水平越高，孩子在 12 个月大的时候，与他人的眼神交流会越少。在 18 个月大的时候，他们的语言发展会比较慢。这个结果非常吸引我，因为我们看到的是激素这种生物学上的特点影响着大脑发育，由此产生行为上的显著差异。我们都知道女孩学会说话比男孩早，这是两性在语言发展上的差异。我们还知道婴儿在 18 个月大的时候会表现出巨大的差异：有些孩子一个词也说不出来；而有些孩子的词汇量很大，大约能掌握 600 个单词。之前没有人真正能够解释这种差异。

人们找到了一些因素，比如头生孩子比后出生的孩子说话早。显然，一定存在相关的环境因素，比如我们可以推测这是因为头生孩子能够获得父母更多的关注。但是除了出生顺序之外，激素似乎也具有一些影响作用。如今我们追踪研究的孩子已经 4 岁了，进入了幼儿园。我们发现出生前的激素水平依然在影响着他们的行为。在解释心理运作方式的差异时，我们不应该忽视生物学因素。我的这项研究就是体现生物学因素的一个不容忽视的例子。

我并不是说一切都是生物学因素决定的。但是在很长一段时间里，研究者们只从环境经历或习得经历的角度来分析社会行为及语言的发展。这些对激素的研究说明，激素也是一部分因素。我们还知道，一些疾病也会影响人的行为，例如，如果由于遗传原因导致一个人产生过量的睾酮，那么他的行为便会发生改变。患有先天性肾上腺皮质增生症的女孩看起来就像假小子，因为遗传原因导致她们分泌了过多的睾酮。她们的兴趣是非常典型的男孩的兴趣：她们喜欢玩具汽车，喜欢搭建树屋。而且她们与典型的女孩不同，能够快速完成空间测试。

我的理论是有实验证据支持的。我对这些领域中没有证据支持的理论不感兴趣。

我们的一项实验是在剑桥市的产科医院里进行的。我们的根本目的是想搞清楚孩子长大后的性别差异是否可以往前追溯，看是否在出生时就存在着这样的差异。在这项实验中，我们研究了 100 多名出生只有一天的新生儿，这是我们所能研究的最小的孩子了。我们给每个宝宝展示人类的面孔，然后又将一个活动的机械装置悬吊在婴儿床的上方。每个宝宝都能看到这两样东西。

显然这两样东西是不同的，而且它们之间的差别很有趣。人脸是活的，脸上会表现出各种情绪，它是自然的事物。机械装置是人造的，没有生命，显然也不会表现出情绪。我们尽量让这两样东西在很多重要的方面保持一致，比如它们大小一样，颜色一样。这样做的目的是检验并控制有可能吸引婴儿注意力的特征。我们会把每个婴儿看每样物品的过程都录下来。

我们让妈妈们不要告诉我们婴儿的性别，这样我们始终都不知道他们是男孩还是女孩。在大多数情况下，这是可以做到的。有时我们可以猜出宝宝的性别，因为在小床周围有时会有卡片，卡片上写着：“恭喜，喜得贵子。”这有可能会破坏实验，不过我们会把录像带交给评判小组来衡量每个宝宝看脸或机械装置的时间长短。评判者看到的是录像带，其中没有任何显示婴儿性别的线索，因为他们只能看见婴儿的眼睛。

我们在这项实验中发现，更多男孩会长时间看机械装置，更多女孩会长时间看人脸。鉴于这是在刚出生时就表现出来的性别差异，我们不应将其归因于经历或文化。你也许会说，这些宝宝已经出生一天了，不算真正意义上的新生儿。研究出生只有 24 分钟甚至更短时间的宝宝应该会更好，但是显然我们必须尊重父母和医生的意愿，他们希望宝宝在经历分娩后能够得到放松，并能让父母去了解自己的宝宝。因此，严格来讲，这些宝宝已经有了一天的社会经验。但是，这么早出现的差异至少说明生物因素发挥了一部分作用。

实验结果被发表在 2001 年的科学期刊上，目前还没有人重复这项实验。显然科学研究需要独立的重复实验，我希望其他实验室能尝试着来做这个实验，但是据我所知还没有实验室有这个打算，或许因为这个实验真的非常难做。

为了测试 100 多个婴儿，研究人员必须待在医院里，等着婴儿出生。这听起来很简单，因为每天都有婴儿出生，在像剑桥市这样的城市里一天大约会有 5 个婴儿出生。但不知什么原因，宝宝大多在半夜降生，多数在凌晨两三点左右。因此,必须有一支非常敬业的研究团队,愿意这样等待。在剑桥市，妈妈们通常只住一天院，研究人员必须在合适的时间待在医院里，以把握测试婴儿的机会。我们有两位非常努力的研究生，他们去接近妈妈们，征求她们的同意。在剑桥市这样的城市里，这或许会比较容易，因为父母们知道在大学城里经常有研究在进行。

测试是非侵入性的，宝宝只是平躺着向上看。每件物品只呈现 1 分钟，因为宝宝很快就会变得非常烦躁不安。这项实验很难做，因为宝宝大多数时候在睡觉、吃奶或哭闹。研究人员必须等着他们没有在吃奶、哭闹、睡觉的时候做实验。在他们清醒而平静的时候，研究人员只有几分钟时间来呈现刺激。摄像机被很好地隐藏在一侧，婴儿看不到很远的物体，新生儿的视觉纵深只有 15~20 厘米，因此摄像机的存在不会影响婴儿的反应。

我估计这项实验会引起较多争议，因为据我所知这是最先证明出生时就存在性别心理差异的研究之一。然而，实验结果没有引起人们的大惊小怪，或许是因为现在的风气改变了，人们比较愿意接受两性之间存在心理差异的事实了，哪怕这种差异一部分源于生物学上的差异。如果真是这样，那么对于研究心理运作方式的科学工作者来说，这是一个好消息。

我的关于性别差异的文章相当温和，我没有贬低环境因素，只是说不要忘记生物学因素。对我来说，这听起来一点儿不激进。但对性别研究领域的一些人来说，即使是这样的说法也太过极端了。他们只想用环境来解释，完全不需要生物学。我可以理解这种立场，在 20 世纪 60 年代的社会改革中，这样的立场很重要。但是从科学的角度看，这种描述是正确的吗？是时候把科学与政治分开，只用证据说话了。

各种各样的寄生虫进入一些有机体内，它们需要做的就是寄生于有机体，增加自身的繁殖与多产的可能性。在有些情况下，它们会操纵宿主的行为。

——《弓形虫：操纵人类行为的寄生虫》

THERE ARE ALL SORTS OF **PARASITES** OUT THERE THAT GET INTO SOME **ORGANISM,** AND WHAT THEY NEED TO DO IS **PARASITIZE** THE ORGANISM AND INCREASE THE LIKELIHOOD THAT THEY, THE PARASITE, WILL BE **FRUITFUL** AND **MULTIPLY,** AND IN SOME CASES THEY CAN **MANIPULATE** THE BEHAVIOR OF THE HOST.

14

TOXO: THE PARASITE THAT IS MANIPULATING HUMAN BEHAVIOR

弓形虫：操纵人类行为的寄生虫

Robert Sapolsky
罗伯特·萨波尔斯基
斯坦福大学生物学家
著有《灵长类的回忆录》（*A Primate's Memoir*）
和《斑马为什么不得胃溃疡》（*Why Zebras Don't Get Uclers*）

在神经生物学家就自由意志和决定论进行的无休无止的争论中，我始终认为不存在完全的自由意志。即使存在自由意志，那也是在最无趣的方面，而且一直在变得越来越稀少。我一直在思考一个全新的神经学领域的问题，并开始进行研究。这个领域让我们认识到另一种隐藏在表面之下的、影响人们行为的事物。这个领域与寄生虫的奇异世界有关，寄生虫影响着我们的行为。各种各样的寄生虫进入一些有机体内，它们需要做的就是寄生于有机体，增加自身繁殖与多产的可能性。在有些情况下，它们会操纵宿主的行为。

有些寄生虫相当骇人。有一种叫藤壶的寄生虫能够骑在螃蟹的背上，将雌激素注入螃蟹体内。如果这只螃蟹是雄性，那么它就会表现出雌性的行为。被藤壶侵害的雄性螃蟹会在沙子里为自己的卵挖洞，但它根本不会产卵，其实这是藤壶在让雄性螃蟹为它做窝。还有一个例子，黄蜂会寄生在毛毛虫身上，让它们为自己保护蜂巢。这些都是非常极端的例子。

我的实验室开始关注一种寄生于哺乳类动物身上的寄生虫，这是一种叫作弓形虫的原生动物。如果你曾怀过孕或者周围有人怀过孕，那么你一定知道，要非常小心地处理猫的排泄物、猫的垫子以及与猫有关的所有东西，因为它们可能带有弓形虫。你不想让弓形虫进入胎儿的神经系统，那会是一场灾难。

弓形虫的一生是自然历史的一个令人惊叹的缩影。弓形虫只能在猫的肠道内进行有性繁殖。它通过猫的粪便被排泄出来，猫的粪便又被啮齿动物吃掉。弓形虫面临的进化挑战是，如何能让啮齿动物再进入猫的胃里。弓形虫的做法真的非常不高明，比如它会让啮齿动物变瘸或出现其他类似的缺陷。然而现在，弓形虫在改变啮齿动物的先天行为方面已经发展出了惊人的能力。

就拿一只实验室老鼠来说，它祖祖辈辈 5 000 代都只生活在实验室里。但由于它的祖先在现实世界中生活过，所以如果研究人员在它的笼子一角洒些猫尿，它就会转移到另一边去。这种对猫的气味和信息素的反应完全是与生俱来的。但是，被弓形虫感染了的老鼠会不再害怕猫的气味，它们还会被这种气味所吸引。最令人叹为观止的是，弓形虫知道如何让猫尿的气味对老鼠有吸引力，老鼠循着气味去查看，多半会落入猫的肚子里。弓形虫的生命循环由此得以圆满。

大约在 6 年前，英国的一个研究团队报告了这些发现，但我们对弓形虫在老鼠的大脑中做了什么还不是很清楚，因此从那之后，我的部分实验室开始探究这一过程的神经生物学机制。我们的第一个发现是，上述说法都是真的。老鼠被弓形虫感染后，真的会被猫尿吸引。你或许会说，好吧，它们之所以会做出各种古怪的行为，是因为寄生虫让它们的脑子变成了一团糨糊之类的东西，并没有针对性。但是情况不是这样的，老鼠非常正常，它们的嗅觉、社会行为、学习能力和记忆都是正常的，完全不是通常意义上的疯癫。

你会说，好吧，或许不是那样，但弓形虫似乎知道如何破坏与恐惧和焦虑有关的大脑回路。但事实也不是这样。这些老鼠依然害怕明亮的光线，因为它们天生就是夜间活动的动物。它们也害怕大而空旷的空间。你也可以对它们进行条件反射实验，让它们开始害怕其他新事物。被弓形虫感染后，老鼠的恐惧系统仍然能够良好地运转。弓形虫不知道以什么方式可以只作用于这一种针对捕食者气味的恐惧回路。

我们开始对此进行研究。我们先让弓形虫感染老鼠，大约需要6周的时间，弓形虫才能从老鼠的肠道进入神经系统。就在这个时候，我们会查看弓形虫进入了大脑的什么地方。结果我们看到，弓形虫形成了一个囊肿，是那种潜伏的、被包裹起来的囊肿，老鼠的大脑中到处都是这种囊肿。这种结果非常令人失望。

但是，当我们查看不同脑区中囊肿的数量时，发现弓形虫更偏向于占据大脑中与恐惧和焦虑有关的脑区，也就是杏仁核。杏仁核是用于调节恐惧的脑区。创伤后应激障碍患者的杏仁核是过度活跃的。杏仁核与厌恶捕食者的大脑回路相关，而弓形虫知道如何进入那里。

接下来，我们看到弓形虫占领了树突，那是神经元彼此进行沟通的分支与“线缆”。弓形虫让杏仁核中的树突萎缩，这是在断开神经回路的连接。互相连接的细胞会减少，这些寄生虫将涉及恐惧和焦虑的关键脑区中的连接剪断了。这真的很有趣。这些发现没有告诉我们为什么只有对捕食者的厌恶消失了，而对明亮光线等事物的恐惧依然存在。弓形虫知道如何找到特定的回路。

那么从那里开始发生了什么？弓形虫做了什么？因为弓形虫不只破坏了对捕食者的厌恶反应，还创造了新的东西，那就是猫尿对宿主的吸引力。在这里，情况才变得彻底古怪起来。我们查看老鼠大脑中的回路，其中有一种回路的特点很鲜明，它会激活神经元，让它们彼此进行交流，它们的新陈代谢会变得活跃起来。这是一个容易理解的过程，与对捕食者的厌恶有关。杏仁核、下丘脑和其他一些脑区参与了这个过程。

与此同时，还有一条特征明显的、与性吸引有关的回路。当老鼠不怕猫的怪事发生时，这个回路的一部分会经过杏仁核，然后走向与恐惧回路不同的方向，进入不同的脑区。

当我们让正常老鼠闻到猫尿或接触到猫的信息素时，它们会出现压力反应，应激激素水平会升高，大脑中一条典型的恐惧回路被激活。而当我们让一只被弓形虫感染且正好开始喜欢猫尿味道的老鼠暴露在猫的信息素中时，老鼠不会释放出应激激素，恐惧回路也没有像正常情况下那样被激活。与之相反，一部分性唤起回路被激活了。换句话说就是，弓形虫知道如何感染性唤起回路。我们让公老鼠感染弓形虫，并让它们暴露在大量的猫信息素中，结果看到它们的睾丸变大了。不知通过什么方式，这种可怕的寄生虫知道如何让猫尿唤起老鼠的性欲，让它们禁不住去一探究竟。这真是太令人吃惊了。

因此在某种程度上，这些发现解释了所有事情。弓形虫接管了性唤起回路！这太离奇了。目前，我不知道让猫尿吸引母老鼠的机制是什么，我们正在研究。

英国利兹市的一个研究团队进行了一项非常棒的研究，他们查看了弓形虫的基因组，我们也正关注这一问题。弓形虫是原生动物，它和哺乳动物具有共同的祖先，但那可能是数十亿年前的事情了。弓形虫的基因组中有两个版本的编码酪氨酸羟化酶的基因。神经化学家听到关于它的发现会兴奋而震惊地跳起来。

酪氨酸羟化酶是制造多巴胺的一种重要的酶。多巴胺是大脑中的神经递质，与奖励和对奖励的预期有关。可卡因及其他各种令人产生愉悦感的药物会作用于多巴胺系统。多巴胺与愉悦、吸引和期待有关。弓形虫的基因组中具有哺乳类动物用于制造多巴胺的基因，当它转化成真正的酶之后，弓形虫将它分泌出来，让其进入神经元。弓形虫不需要了解如何让神经元像预期到将有令人愉悦的事情发生那样做出反应，它全盘接管了大脑的化学过程。

在这里又出现了特异性的问题。我们应该仔细研究一下弓形虫的近亲们，看一看它们是否也具有这种基因。答案是绝对没有。现在我们来探究一下弓形虫的基因组，看一看与如血清素、乙酰胆碱、去甲肾上腺素等其他大脑化学“信使”有关的基因。我们仔细查看了每一种能想到的基因，结果发现弓形虫没有这些基因。弓形虫只具有可以侵入所有哺乳类动物的奖励系统的基因。目前为止我只知道这些。这真的很酷。

当然此时你可能会问，那么其他物种会怎样？弓形虫对人类能够做什么？这里有一些有趣的素材，会让人不禁联想到老鼠身上发生的事情。如果孕妇被弓形虫感染了，那么弓形虫会进入胎儿的神经系统，结果会非常不幸。如果被感染的人不是孕妇，那么这个人会先经历一段发炎期，最终会进入无症状潜伏期。在这个阶段，大脑中开始形成囊肿。在老鼠身上，此时像无症状这种无趣的事情会终止，老鼠的行为开始发生改变。有趣的是，正是在这时，弓形虫开始制造酪氨酸羟化酶。

那么人类会怎样呢？最近有一篇简短的文献报告了感染弓形虫的人的神经心理学测试结果。测试显示被感染者变得有一点冲动。感染对女性的影响较小，这或许与我们刚才看到的有关睾酮的故事有某些相似性。真正令人震惊的是：有两个独立的研究小组分别报告称，感染弓形虫的人因不顾后果的超速驾驶导致车祸死亡的可能性是普通人的三四倍。

换句话说就是，一只感染了弓形虫的老鼠会做出愚蠢的、有违天性的事情，比如径直朝着猫的气味爬过去。感染了弓形虫的人类也会开始做有违天性的傻事。或许这其中包含着相同的神经生物学原理。这并不是说弓形虫进化出了让人类被猫吃掉的需求，只是一种趋同现象。在人类和啮齿类身上发生了相同的神经生物学变化，弓形虫对我们做了相同的事情。

在某种程度上，这种原生寄生虫比 25 000 名站在巨人肩膀上的神经学家更了解与焦虑和恐惧有关的神经生物学原理。这种情况并不少见。看一看狂犬病病毒，它比神经学家们更了解攻击性的原理。它知道如何让一个人变得狂暴，还知道如何让他想要咬人。狂犬病患者的唾液中还含有狂犬病毒微粒，会被传给另一个人。

对我来说，弓形虫是一个全新的研究领域，它非常有趣、非常酷。顺着这条线研究下去，我们也许能够找到治疗恐惧症的方法或者类似的东西，让这个研究结果不仅仅是一个惊人的事实。毫无疑问，我们只是看到了整个寄生生物世界的冰山一角。还存在其他未知的生物学领域，存在未知的发现，也许我们的行为远非像许多人希望的那样，是自主的行为。

在世界上某些地区，这样的寄生虫感染非常普遍。热带地区的寄生虫感染率更高，一般有 50% 以上的人感染了寄生虫。相比之下，温带地区的感染率较低。我不知道其中的原因，也不打算对此进行研究。法国的弓形虫感染率很高。在很多发展中国家，有人光着脚走过猫待过的地方，由此感染了弓形虫。在一些发展中国家，食物清洗得可能不彻底，通过手将寄生虫引入了身体。这些是发展中国家的人们比较容易感染各种寄生虫的原因。

几年前，我和医院里几个弓形虫方面的医生坐在一起聊天，他们的工作是在产科诊室检查弓形虫感染。他们没有听说过弓形虫对行为的影响，我跟他们解释了那是多么不可思议、出人意料。突然，其中一位医生跳了起来，他想起了 40 年前的事。他说："我记得当时我是一名住院医生，正轮值到外科。一位老外科医生告诉我，如果移植的器官来自摩托车事故死亡者，那么一定要检查器官的弓形虫感染情况。我不知道为什么，而你发现了关于弓形虫的很多事情。"这位医生 25 岁时的记忆如潮水般涌出来，因为他听到的这件事太离奇了，简直不像是真的……哦，死于摩托车交通事故的人很有可能感染了弓形虫，这太匪夷所思了。

弓形虫的研究还能引领我们发现什么呢？这要视情况而定了。如果你想克服自己的某些压抑的心理，弓形虫可能是一个非常好的选择。不要奇怪，自从我们开始研究弓形虫后，每次实验室会议时都会揣摩哪位同事可能感染了弓形虫，这与一个人的鲁莽程度有关。谁知道呢？这是一个有趣的话题。

你想了解一些令人恐怖的事情吗？下面的事情是可怕的，但并不令人吃惊。美国军队里有些人了解弓形虫以及它对行为的影响，他们对弓形虫有一种官方的兴趣。我知道他们一定会感兴趣的。因为在正常情况下，对于某一些事情，哺乳动物的每一根神经都会告诉它们，不要那么做，那太危险、太愚蠢、太可笑了，但感染了弓形虫后，哺乳动物突然变得很有可能去做那件事情了。那些人了解弓形虫的这种作用，谁知道他们会做什么？

有两个团队在合作进行弓形虫的研究。一个是乔安妮·韦伯斯特（Joanne Webster）领导的团队，韦伯斯特在牛津大学进行研究的时候第一次观察到了这种行为现象。另一个团队是利兹大学的格伦·麦康基（Glenn McConkey）领导的团队。韦伯斯特是一位行为学家，麦康基是一位酶类生物化学家，我研究的是弓形虫的神经生物学方面。我们之间的交流很多。

长期以来，一直有文献明确地记录弓形虫感染与精神分裂症之间的统计关系。相关性不是很强，但确实存在相关性。感染了弓形虫的人患精神分裂症的概率较高，感染其他相关寄生虫的人则没有出现这种情况。很多文献论述了精神分裂症与母亲怀孕时家里养猫之间的联系。那么这种联系是从什么地方开始起作用的呢？

有两个发现真的非常有趣。让我们再回到多巴胺和酪氨酸羟化酶基因上，弓形虫不知用什么方法从哺乳类动物身上盗取了酪氨酸羟化酶基因，这使它能够制造更多的多巴胺。精神分裂症患者的多巴胺水平非常高，这是精神分裂症在神经化学上的主要表现。我们检查过被弓形虫感染的老鼠，发现它们的多巴胺水平提高了，这是第一个发现。第二个发现来自韦伯斯特的团队。他们发现，如果给感染了弓形虫并正处于喜欢猫尿气味的阶段的老鼠服用能够阻断多巴胺受体的药物（这种药物也用于治疗精神分裂症），那么猫尿对这些老鼠会变得不再有吸引力。在这里弓形虫又与精神分裂症产生了某种联系。

每当媒体进行有关弓形虫的报道时，就会提起精神分裂症，还会不可避免地提到一位疯狂爱猫的女士。她在公寓与43只猫住在一起，公寓里到处都是猫的腐屑。讨论弓形虫对精神状态的影响时，猫是不可回避的一个因素。不过谁知道其中还潜藏着什么因素。

THINKING ABOUT DEVELOPMENT NOT ONLY CHANGES THE WAY YOU THINK ABOUT LEARNING, BUT IT CHANGES THE WAY THAT YOU THINK ABOUT EVOLUTION.

思考人的发展不仅会改变你对学习的思考方式，也会改变你对进化的思考方式。

——《神奇的宝宝》

15

AMAZING BABIES

神奇的宝宝

Alison Gopnik
艾莉森·高普尼克
加州大学伯克利分校心理学家
著有《宝宝也是哲学家》

对我来说最大的问题是：儿童，这些年幼的人类，怎么能如此迅速而高效地进行学习？很久以来，我们一直知道，儿童是宇宙间最棒的学习“机器”。但他们就像蜂鸟一样，始终是未解之谜。我们知道蜂鸟会飞，但不知道它们是怎么做到的。我们知道婴儿能够学习，但不知道他们是如何学习的。

目前，人工智能、机器学习、神经科学以及发展心理学的研究令人激动地汇合到了一起，各个学科都在尝试解答儿童怎么能进行大量学习的问题。

人工智能和机器学习的研究形成了越来越多的有趣模型。计算机科学家和哲学家开始逐渐明白科学家、机器或电脑如何能够进行强大的归纳学习。在过去10年中，我们一直在探究儿童，甚至婴儿能否在不知不觉中使用某些同样强大的归纳学习技术。

这项研究非常令人兴奋，因为它有助于解释困扰着自皮亚杰之后的发展心理学家们的问题。每一周，我们对于婴儿和年幼的儿童知道什么都会有一些惊人的新发现，而以前我们从来没有意识到。之后我们发现了一些连孩子们自己都不知道的惊人事实。在儿童知识的发展方面，我们记录了一系列的改变。对于儿童在什么时候知道什么，我们有了大量的了解。但是更大的谜题在于他们是如何学会这些知识的，他们在进行什么样的计算。于是我们开始解答这个谜题。

这项研究是具有启发性的，因为发展心理学家可以帮助人工智能专家进行某种逆向工程。婴儿和儿童是非凡的学习者，如果我们将关于儿童学习的知识运用于计算机编程，那么会发生什么？

研究开始从实验问题转向实际问题，孩子们怎么能学得那么多？我们如何能设计出会学习的计算机？然而事实证明，这些问题背后还有一个巨大的哲学问题：我们如何对世界有了这么多的了解？我们感知到的一切都来自空气在耳膜上的振动，以及光子对视网膜的撞击。人类了解物体和人，更不用说夸克和电子了。我们是如何达到这种知识水平的？在更新世进化出来的大脑如何让我们了解了从撞击视网膜的光子层面到夸克和电子层面的知识？这就是与知识相关的重大哲学问题。

了解孩子如何学习，至少为解答这个宏大的哲学问题提供了开端。如科学家和最先进的计算机的学习系统等令人羡慕不已的高超的学习系统，与婴儿、初步走路的儿童和学龄前儿童的学习系统可能很类似。这种哲学上的趋向具有很好的道德意义。在过去 2 000 年里，哲学家、心理学家和科学家没有太关注小孩子，但是这些婴儿和四处乱跑的儿童其实对深奥的哲学问题有着广博的认识。

例如，有证据表明婴儿和年幼的儿童能够对数据进行统计分析，这是近 10 年我们才知道的事实。这些发现非常新颖。自罗切斯特大学的詹妮·萨弗兰（Jenny Saffran）、艾丽莎·纽波特（Elissa Newport）和迪克·阿斯林（Dick Aslin）发现婴儿能够在无意义的音节中发现统计模式后，人们才开始对婴儿和儿童进行研究。如今每个月都有新研究显示婴儿和儿童能够计算条件概率。他们能进行贝叶斯推理，还能够进行随机抽样，而且知道样本与总体之间的关系。孩子们不仅能发现统计模式，还能利用它们推导出因果关系。他们的做法与精密计算机的方法没什么两样。就此而言，他们的做法与每位科学家的做法是相同的。科学家看着统计模式，不会只是说"哦，那是数据模式"，而是会说"哦，数据模式告诉我们，世界一定是这样的"。

我们怎么能让婴儿和年幼的儿童告诉我们他们是否理解统计模式呢？我们知道，即使让成年人来详细地解决一个概率问题，他们也会崩溃的。我们怎么能让婴儿和年幼儿童来做这样的事情呢？

一开始，我们先制造了一台名叫"blicket 检测器"的机器。当把特定的物体放上去的时候，这台小机器就会亮灯并播放音乐，放上其他东西则不会这样。我们可以控制孩子们通过这台机器获得的统计信息。我们把各种各样的东西放上去，有时候机器会亮起来，有时候不亮；有时候机器会播放音乐，有时候不放。然后我们会问孩子，如果我把黄颜色的木块拿掉，会发生什么事情？放上哪一个木块的效果最好？比如说，我们可以这样设计：放上一个木块，8 次中有 2 次能够让机器亮起来；另一个木块则在 3 次中有 2 次能够让机器亮起来。

4 岁的孩子还不会做加法，但他们会说 3 次中有 2 次能够让机器亮起来的木块比 8 次中有 2 次能够让机器亮起来的木块更有效。这就是孩子在不知不觉中使用统计学方法的一个例子。两三岁的孩子也会运用这种方法来探索这台机器是如何运作的。我们采用类似的实验发现，孩子们会使用贝叶斯推理，推导出复杂的因果关系，甚至推导出隐藏的、不可见的因果变量。

加州大学伯克利分校心理学教授许飞（Fei Xu）发现，即使是更小的孩子，比如 9 个月大的婴儿，也能注意到环境中的统计关系。她给婴儿看一个盒子，里面装了 80% 的红色乒乓球和 20% 的白色乒乓球。然后，在乒乓球前面会升起一个挡板，一名研究者会从盒子里拿出一些乒乓球。他们会拿出 5 个红色乒乓球或者 5 个白色乒乓球，如果是随机拿的话，这两种情况都是可能出现的，但是从红球占 80% 的盒子里拿出 5 个白球的可能性更小。当研究者从红球占大多数的盒子里拿出 5 个白球时，9 个月大的婴儿盯着看的时间比拿出 5 个红球时的时间更长。

许飞设计了一个很巧妙的对照实验，实验者不是从盒子里拿出乒乓球，而是从自己的口袋里拿出来。这时婴儿不知道实验者抽样的总体是什么样，因此对拿出红球和拿出白球没有表现出任何偏好。这些宝宝似乎真的知道某些随机样本出现的概率比较高，而另一些随机样本出现的概率比较低。

更重要的是，他们不仅知道概率上的差异（当然这也是很惊人的），而且一旦他们知道了这种差异，还能在此基础上进行各种各样的推理。许飞、亨利·韦尔曼（Henry Wellman）和我以前的一名学生塔马·库什尼尔（Tamar Kushnir）曾做过一些给婴儿展示不具代表性的样本[1]的研究。实验者从红球占大多数的盒子里取出 5 个白球，放在婴儿面前的桌上，现在桌子上有红球和白球，实验者向婴儿伸出手说："给我一些球。"

[1] 无法推导出一般结论的样本。——译者注

如果样本不具有代表性，那么你会想："他为什么要那样做？他一定喜欢白球。"事实上，当样本不具有代表性时，婴儿会把白球给实验者。换句话说就是，婴儿不仅能分辨出一次抽样是不是随机的，而且如果不是随机的，他们会想："哦，这不是随机抽样，其中一定有什么隐情。"当长到 18 个月大的时候，他们似乎会想："哦，原来他更想要白球，而不是红球。"

这不仅体现出宝宝们有多么神奇，而且体现了宝

宝学习各种各样新事物的机制。我们不能直接问他们有关概率和统计的问题，因为他们还不知道 2+2=4。不过，我们可以看他们的实际做法，以此来推断他们是怎么想的。这些能力为宝宝学习各种新事物提供了一个框架。这有助于解释人类如何能学会那么多东西，因为每个人都当过一段时间的婴儿。

事实证明，孩子们还会进行实验。你可以在他们每天的玩耍中看到这种情况。他们来到外面，拿起一个玩具，按下按钮或者拉动玩具上的细绳。看似很随意地玩耍，但当你仔细观察时，会发现这些表面上随意的玩耍其实是一系列用心的实验。它们让孩子能够发现玩具应该怎么玩。麻省理工学院的劳拉·舒尔茨（Laura Schulz）对此做了一些漂亮的研究。

孩子们需要搞明白的最重要的东西就是其他人。我们可以看到，当我们与宝宝互动时，他们会分辨我们的做法和他们的做法之间的对应性。这是有关爱的统计学。我们向他们微笑，他们也向我们微笑。孩子们还会对他人进行实验，尝试着判断出他人会有什么做法、想法和感受。如果把他们看成是小小的心理学家，那么我们就是实验室里的老鼠。

图灵在他新颖独到的文章中提出了学习的问题，这篇文章成了认知科学的基础。经典的图灵问题是“能否把计算机造得非常精密复杂，让人分辨不出计算机与人的差别”。不过图灵提出，还存在一个更深奥的问题，一个更深奥的图灵测试：能否有这样一台计算机，给它输入人类儿童日常获得的数据，它便能学会儿童所学到的东西？

对于这个问题，乔姆斯基会说：“哦，我们其实没有学到很多，那都是与生俱来的。”这种具有哲学意味的回答有很古老的传统，可以追溯到柏拉图、笛卡儿等哲学家，这为最初阶段的认知发展理论设定了基调。当如安德鲁·梅尔佐夫（Andrew Meltzoff）、莉兹·史培基（Liz Spelke）和勒妮·巴亚尔容（Renee Baillargeon）等发展心理学家发现婴儿知道的东西其实远比我们认为的多时，这种观点得到了进一步强化。

与生俱来的说法之所以看似很有说服力，一部分原因在于传统的学习观非常狭隘，比如斯金纳的强化学习或联想学习理论。一些认知科学家，尤其是联结主义者和神经网络理论家，试图证明这些机制能够解释儿童是如何学习的，但这并不令人信服。儿童的知识似乎太抽象、太连贯，与数据的关系太远，因此无法通过联想进行学习。当然，皮亚杰否认这些替代理论并提出了“建构主义”，但那只不过是一个名词而已。

大约 20 年前，一些根据皮亚杰的传统理论进行研究的发展心理学家，包括我、梅尔佐夫、苏姗·凯里（Susan Carey）、亨利·韦尔曼和苏姗·格尔曼（Susan Gelman）开始发展出了我所说的“理论论”（theory theory）。这个观点认为婴儿和儿童的学习行为非常类似科学归纳法和理论改变。

问题是，当我们问科学哲学家“好吧，那么科学家如何能解决这些归纳问题，对世界有了那么多的了解”时，他们回答：“我们不知道，去问心理学家吧。”认识到孩子的学习行为与科学家的学习行为很相像，对我们来说很有帮助，但这并不是真正的认知科学解答。

大约 15 年前，一些卡内基梅隆大学的科学哲学家，如克拉克·格利莫尔（Clark Glymour）和他的同事，以及一些加州大学洛杉矶分校的计算机科学家，如朱迪亚·珀尔（Judea Pearl）和他的同事，通过独立的研究得出了一些相似的观点。他们各自发展出了贝叶斯因果图示模型。这个模型提供了世界运转方式的图形表征，然后系统化地将这一表征映射到概率模式上。这是形式计算的一个巨大进步。

一旦拥有了这种形式计算系统，人们便可以开始设计能够运用这种系统学习因果结构的计算机。但是你也会开始问，人的做法也是这样吗？克拉克·格利莫尔和我对此进行了很长时间的探讨。他说：“哦，我们真正开始了解人们如何解决归纳的问题了。”我会说：“哎呀，这听起来很像婴儿在做的事情。”他则说：“不，不，他们只是婴儿，怎么可能那样做。”

大约 10 年前，我们开始用实验方法检验儿童有可能使用这些计算过程的观点。我的实验室是最早进行这类研究的，目前已经有一批杰出的年轻认知科学家在对这些观点进行研究了。麻省理工学院的乔希·特南鲍姆（Josh Tenenbaum）和加州大学伯克利分校的汤姆·格里菲斯（Tom Griffiths）研究的是计算方面。在发展心理学方面，加州大学伯克利分校的许飞、麻省理工学院的劳拉·舒尔茨、布朗大学的戴维·索贝尔（David Sobel）和其他研究者一直在对儿童进行实验研究。一方面我们有哲学家与计算机科学家，另一方面我们有实证发展心理学家，他们将多种观点融汇在一起。有趣的是，除了罗切斯特大学以外，其他两个从事这方面研究的中心分别是麻省理工学院和加州大学伯克利分校，而麻省理工学院是传统的“东海岸”先天论的中心，加州大学伯克利分校是传统的“西海岸”经验论的中心。新观点超越了这两种传统分歧。

很多观点是“贝叶斯革命”的一部分。这种革命跨越了认知科学的范畴，发生在视觉科学、神经学、认知心理学等多个领域中，现在它还发生在发展心理学领域中。有关贝叶斯推理的观点最初来自心理学，现在它开始在认知科学中变得越来越有影响力。

每当人使用一系列新工具时，出人意料的洞见就会突然冒出来。非常奇怪的是，以这种书呆子式的形式计算方式进行思考，实际上能让我们对想象的价值产生新的洞见。所有这一切都始于把孩子们看成是小小的科学家，不是吗？我们其实可以证明孩子们能够发展理论，并像科学家那样改变这些理论。宇宙就在这里，世界就在这里。我们如何能知道世界是怎样运转的？

我开始逐渐意识到实际发生的事情比我们认为的更多。使这些因果表征在人工智能领域如此强大、有益的原因之一是，它们不仅让人能够预测世界，还让人能够构建反事实。反事实并不只告诉我们世界目前是什么样，它们还告诉我们不同于目前方式的其他可能的运转方式。格利莫尔和珀尔了不起的见解之一是，从形式上看，构建这些反事实与只做出预测非常不同。因果图示表征和贝叶斯推理是一种非常好的结合，因为这不仅是在探讨此时此刻，而是在探讨一种可能性，并对这种可能性进行检验。

从人类进化的角度来思考的话，我们了不起的能力就不只是认识世界的能力。让人类真正与众不同的是，我们能够想象另外一种世界。这才是人类大量进化动力的真正来源。我们了解这个世界，这让我们可以去想象以其他方式运转的世界会是什么样，并使其他世界变成现实。这就是创新和科技的全部。

想一想你目前所在的房间里的每一件东西，包括直角的桌子、电灯、计算机和窗玻璃。从狩猎采集者的视角看，这个房间里的每一件东西都是想象中的。我们生活在想象的世界里。

当你以这种方式思考时，关于婴儿和儿童的其他许多事情便开始显得合理了。例如我们知道年幼的儿童拥有生动鲜明、不切实际、不可思议的想象。他们无论何时都生活在疯狂的想象世界中，拥有多得不计其数的想象中的朋友，他们会想象自己变成日本忍者或美人鱼。没人认为这与注重实际的认知心理学有很大关系。但是一旦你认识到我们之所以想要构建有关世界的理论，是因为这样我们便可以想象出以其他方式运转的世界是什么样，那么你就会说这些年幼的儿童不仅是世界上最棒的学习者，而且也是最富创意的想象家。

大约 10 年前，保罗·哈里斯（Paul Harris）和马乔里·泰勒（Marjorie Taylor）等心理学家开始发现，儿童并不会混淆幻想、想象与现实，从弗洛伊德到皮亚杰等心理学家们以前就有这样的观点。儿童非常清楚想象与现实之间的区别，他们只是更喜欢生活在想象的世界中。谁会责备他们呢？在这方面，他们也与科学家、技术专家和创新者非常相像。

以这种新方式来思考婴儿和儿童，产生的令人意想不到的结果之一是，你会开始以不同的方式思考意识。意识的问题始终是一个大问题。大脑如何产生了意识体验？我怀疑我们可能永远也不会在有关意识的问题上得到单一的答案。但是关于特定种类的意识是如何与特定种类的功能过程或神经过程发生联系的，会有很多非常明确、具体的说法。

一段时间前，Edge 在世界问题中心（World Question Center）提出了这样一个问题：什么事情是你相信但却无法证明的？我认真进行了思考，我的回答是我相信婴儿不只是有意识的，而且拥有比成年人更丰富的意识。当然，那是我无法证明的事情。如今，经过一段时间的思考和研究，我觉得我虽然不能完全证明这一点，但至少我能提供很好的实证案例。婴儿的意识肯定与我们的不同。

很长时间以来，像我一样的发展心理学家们认为，婴儿能够做所有这些极其令人吃惊的事情，但他们完全是无意识的，这些过程是内隐的。然而我在直觉上对此有些怀疑，毕竟我对婴儿进行过长时间的研究。当我与一个7个月大的宝宝相对而坐时，我看着他的眼睛、他的脸，我看到是天真纯洁的表情，我想："天哪，他当然是有意识的，他在集中注意。"

我们对注意的神经学已经有了很多了解。作为成人，如果我们关注某事，便会对有关这件事的信息变得更开放，但大脑其他部分会受到抑制。心理学家常常用聚光灯来比喻注意。当一个人注意某个事物时，就好像将光照向了特定的那个部分，使得一小块脑区开始进行信息加工，从而改变了他正在思考的事情，对其他事情则置之不理。

在对婴儿注意的研究中，我们从心理学和神经学两个角度进行探究，发现他们的注意不是狭窄的自上而下的聚焦型注意，婴儿对周围世界发生的所有事情都保持开放，驱动他们注意的不是他们选择去关注的事物。观察他们的大脑时，我们发现，与成人的情况不同，他们不是将少量神经递质喷射到相应的脑区，而是整个大脑都浸没在神经递质中。

婴儿特别不擅长的事情是抑制，因此我们说婴儿不擅长专注。但我们真正的意思是，他们不擅长不专注。成年人非常擅长不去关注周围的干扰物，我们一次只关注一件事情，而婴儿真的非常不擅长这样做。因此他们的意识更像是普通的灯，而不像聚光灯。

他们的注意对周围的一切都是开放的。

成年人当然有时候也会处于这种状态，比如当我们第一次来到一个新城市，我们会重新像婴儿一样加工信息。那样做的时候，我们感到自己的意识似乎被扩展了。我在自己熟悉的城市生活几个月所留下的记忆远不及在陌生城市生活三天的记忆鲜明生动，我们每天像行尸走肉一样走路、说话、教课、开会。因此我们其实对婴儿的意识有一些了解，这有助于我们了解意识本身是什么样的。

我来自一个大家庭，家里有 6 个孩子，家人之间的关系很亲密。在 20 世纪五六十年代，也就是第二次世界大战后犹太人生活的黄金时期，我们的家庭可以说多多少少是一个疯狂的、充满艺术与知识气氛的家庭。我的童年生活非常丰富，沉浸在艺术与知识中。同时，我也是 6 个孩子中的老大，因此我有很多时间是与小宝宝和小孩子一起度过的。

我有 3 个孩子，我 23 岁的时候生了第一个宝宝。在我的生活中，身边没有婴儿和儿童的时间非常短。从一开始我就认为，婴儿和儿童是世界上最有趣的人。如果有人用轻蔑、忽视的态度来对待婴儿和儿童，我就会感到有些愤慨，我在生活中一直保持着这种态度。

从很小的时候开始，我就知道自己想成为一名哲学家。我想解答有关世界的宏大而深奥的问题，或至少是提出这样的问题。我想用毕生的精力来讨论、研究这些问题，事实上这就是我在读本科时做的事情。我在哲学的方向上一路向前，曾经是麦吉尔大学哲学系的荣誉学生、哲学系学生会主席等。我之所以上牛津大学读博士，一部分原因是我想学习哲学和心理学。

我一直在追问那些哲学问题，我相信自己能够找到解答。如果我想知道语言来自哪里，就可以去观察儿童，搞明白他们是如何学会语言的；如果我想知道人是如何逐渐认识世界的，就可以去观察儿童，了解他们是如何逐渐认识世界的，那也是我们认识世界的方式；如果我想知道我们如何成了有道德的人类，就可以去观察儿童的道德直觉。在以前那些最糟糕的日子里，每当我这样做的时候，周围的哲学家看我的眼神就好像我在用小刀吃豆子。牛津大学的一位哲学家曾对我说："你知道，一个人当然可以观察儿童，但永远无法与他们进行实际意义上的交谈。"在那时，这种对待儿童的态度并不少见。

从根本上说，我依然认为自己是一名哲学家。我是加州大学伯克利分校哲学系的一员，还在美国哲学学会进行演讲并发表哲学论文。非常巧的是，我用来解答这些哲学问题的方法就是观察儿童、探究儿童。这样做的人并不只有我一个。当然，依然有一些哲学家认为坐在椅子上想一想就可以研究哲学了。不过许多最有影响力的心智哲学思想家知道，用实验方法来研究发展问题是非常重要的。

事实上，认知发展始终是心理学领域中最具哲学性质的分支，这在很大程度上是因为皮亚杰。抛开我的研究，你可以去看一看安德鲁·梅尔佐夫、亨利·韦尔曼、苏姗·凯里、莉兹·史培基或皮亚杰自己的研究，就会发现它们非常具有哲学性。皮亚杰也认为自己是一名哲学家，他通过观察儿童来回答哲学问题。

思考人的发展还会改变我们思考进化的方式。传统的进化心理学认为，人类的大脑是在更新世进化出来的，我们具有的特殊模块或固有机制都存在于基因密码中，然后逐渐成熟，逐渐施展出来。这种进化心理学的观点与大多数发展心理学家通过研究儿童得出的结论不相符。

当研究儿童的时候，我们当然会看到很多固有的结构，但是也会看到学习和改变对世界的认知的能力，以及将世界想象成另一种样子的能力。事实上，一个很关键的进化事实是，人类有着超长的童年期，人类不成熟的时期比其他物种长得多。这是人类进化中的一个基本事实。乍看之下，这是令人困惑的。为什么婴儿在那么长的时间里是无助的？为什么我们必须为他们投入大量的时间和精力，而从表面上看，这样做只是为了让他们能够活下来？

看一看其他各种不同的物种，比如鸟类、啮齿类以及各种家畜，你就会发现，很长的不成熟期与高度的灵活性、高智商、高学习能力相关。让我们以乌鸦和小鸡为例。因为会使用工具，乌鸦上了《科学》杂志的封面，而鸡最终进了汤锅。乌鸦的不成熟期和依赖期比鸡长很多。

有的生物天生就具有设计得非常好的、适合特定生态位的模块，这是一种合理的生存策略。不过或许存在更强大的策略。人类先天并没有被设定好，非常适合某种生态位，但人类可以学会接触并了解各种环境，还能够想象并创造新的环境。这就是人类的策略。

然而这种策略有一个非常大的缺点，那就是在进行学习的时候，人类会非常无助。有能力思考如“我应该用这种工具还是那种工具来攻击那头乳齿象”当然是一件好事，这种能力会让人过上更好的生活。不过当乳齿象冲过来的时候，你肯定不想坐在那里思考那些可能性。

进化对这个问题的解决方式似乎是进行认知的分工，婴儿和儿童就像是人类的研发部门，他们进行不切实际的学习和想象；而成年人进行生产和营销。人类不仅能有效地发挥机能，而且能够适应各种惊人的新环境，哪怕新的环境与我们进化过程中所处的环境完全不同。我们之所以能做到这些，是因为人类拥有很长的受到保护的时期。在这段时期中，婴儿和儿童可以进行各种学习和想象。由此会发生一种质变，就好像毛毛虫和蝴蝶的区别，只是婴儿更像是蝴蝶，他们飞来飞去地进行探索。成年人则像是毛毛虫，沿着狭窄的道路费力地前行。

思考人的发展不仅会改变你对学习的思考方式，也会改变你对进化的思考方式。这是一种令人欣喜的逆转，如今在心理学的很多领域中你都能看到这种逆转。人们不再只是把人类看成是具有竞争性的猎人和战士，他们开始意识到，从很多方面看，照顾他人的能力对于塑造人类本质来说具有更根本的作用。

高普尼克的作品《宝宝也是哲学家》中文简体字版已由湛庐文化策划，浙江人民出版社出版。——编者注

THIS IS REALLY ONE OF THE

OF CONSCIOUSNESS: TO PR

INTERNAL SPACE WHERE YO

THOUGHT EXPERIMENTS, AS

AN ISOLATED WAY, DETACH

EXTERNAL WORLD.

IAIN FUNCTIONS

VIDE AN

CAN PERFORM

T WERE, IN

FROM THE

意识的主要功能之一就是：提供一个内部空间，让你能与外部世界隔离开，在这里进行思想的实验。

——《意识标志》

16

SIGNATURES OF CONSCIOUSNESS

意识标志

Stanislas Dehaene
斯坦尼斯拉斯·迪昂
法兰西学院神经科学家
著有《脑与意识》《脑与阅读》

10 年前，我通过一个高速模型制作机器打印出来了自己的大脑模型，比实际的小，由石膏做成。那个机器是一种 3D 打印机，可以把那些用磁共振成像数据做出的计算机模型变成现实的 3D 物体。

那只是个大脑的解剖结构模型，但我想用它来提出一个大问题：这个生理物体，人类的大脑，能不能理解它自己？从我的大脑被打印出来已经过了 10 年时间，我们对于这个问题的某些研究已经取得了很大进展。例如，在实验室里，我们一直在研究大脑顶叶的一个与数字加工有关的区域。我们还研究了大脑左侧枕 – 颞区的一个被称为“视觉词形区”的区域。这一区域与书写和阅读有关，当人们开始学习阅读的时候，这一区域的活动就会增加。

既然这是 Edge 论坛，我就不讨论已经发表过的那些内容，而要展现一些新的研究进展。所以，我想说一下我们近 10 年来一直开展的研究项目，那就是试图回答最受争议的意识的生物学机制问题。

神经科学家通常会等到六七十岁的时候才敢提意识这个话题，但是我觉得意识领域已经成熟了。如今我们可以讨论真实的数据，而不是只在哲学概念上讨论。

意识研究领域过去的主要问题是人们极少关注大脑，并试图仅凭直觉就从顶层开始建立关于意识的理论。比如说，优秀的物理学家试图告诉我们大脑就是一台量子计算机，只有当我们了解量子计算和量子重力后，我们才能了解意识。就我所了解的来说，这和理解大脑中的意识毫无关系。一个原因就是，大脑工作时的温度和量子计算是不相容的；另一个原因是，我和同事已经在磁共振成像仪中待过许多次，我们的量子状态可能已经被改变了，但从我个人判断，这些经历并没有改变与我们意识有关的任何东西。

关于意识的理论还有很多，但是我认为极少有理论是有效的，甚至是有用的。二元论认为意识无法还原成大脑里的物质；还有一种观点认为每一个细胞都有一点点意识，把它们累加起来，意识的数量就会增加。这两种观点我都不认同。

我还可以举出很多例子，因为人们已经提出了很多关于意识的奇怪观点，但问题是我们如何用实际的实验来往前推进呢？我们已经进行了相当多的神经成像实验，对比有意识的和无意识的加工，试图从结果中得出一种理论。接下来我就要介绍这些内容。

在这篇文章的最后，我会谈一些未来的展望。我进行研究的最主要动机就是希望能将研究结果运用在那些受到脑损伤的、似乎失去了保持某种意识状态的能力的患者身上。对这些患者而言，意识的问题尤为关键，可以说是一个生死攸关的问题。他们或是处在昏迷状态、植物人状态，或者是处在所谓的最小意识状态，我甚至不知道他们是否有意识。他们可能只是被“关”起来了，有充分的意识，但无法与他人交流，正如让－多米尼克·鲍比（Jean-Dominique Bauby）在《潜水钟与蝴蝶》里生动描绘的一种恐怖的状态。正是因为这些患者的存在，我们才必须回答意识的问题，并最终落实到医疗应用上。有理论是好的，但我们必须找到能够应用于临床的方法。

如何对意识状态进行实验研究

那么，我们如何进行意识的实验呢？很长时间以来，我以为根本没法回答这个问题，因为真的太难。我是在一个传统的神经科学和认知心理学群体里接受的训练，根据这一群体的说法，你不能问意识的问题。对他们而言，意识不是一个可以解决的问题。但是，我现在认为这是错误的。读完了由伯纳德·巴尔斯（Bernard Baars）撰写的《意识的认知理论》（*A Cognitive Theory of Consciousness*）一书，我开始意识到，意识问题可以被简化成一些可以在实验室里面研究的问题。

我要在一开始就指出，我们必须把问题简化。“意识”是一个有多种不同含义的词，在此我不打算讨论它所有的含义。我的研究解决的是意识的最简单的含义。有些人谈到意识的时候，认为只有对“自我”，也就是对成为自己的一种感受有了很好的理解后，才可以进一步了解意识。还有一种观点把意识视为一种“更高阶的”或“反身的”的心理状态,也就是“我知道自己知道”的状态。同样，这种定义也很难进行实验操作。对此我们有一些想法，但是在此我不打算谈这些。

我想谈一些更简单的、可以解决的问题，那就是一个名为“意识通达”的概念。大脑每时每刻都在被各种刺激持续地轰炸着，然而人们仅仅能意识到很小的一部分。例如，在我进行演讲的屋子里，我和听众们显然能意识到这个东西在这里，那个东西在那里，比如摄影师在摄像机后面，我面前的这张桌子上有个水瓶。听众可能没有意识到瓶子上有一个红色的标签，尽管从我开始演讲时，这个信息就已经投射到他们的视网膜上了，我说出水瓶上有标签时，他们才开始注意到它，这时它才变得明显。

简单地说，所有进入神经系统的信息和那些极少的能够实际进入意识知觉的信息之间存在一个基本的区别，这个区别就是我们在实验中一直试图捕捉的。在能动手解决意识和大脑的问题之前，我们必须从简单视觉刺激如何达到意识水平这个更简单的问题着手，我产生这一顿悟很大程度要归功于弗朗西斯·克里克和克里斯托弗·科赫（Christof Koch）。

我还产生了一个关键的顿悟，那就是我们可以设计最小对比实验来解决这个问题。所谓最小对比实验是指通过最低限度地改变实验中的某一条件，把一些不能意识到的东西转变成可以意识到的东西。帕特里克·卡瓦纳（Patrick Cavanagh）设计了大量可用于此类实验的错觉图和刺激范式，我举一个例子，就是我们已经研究了很久的“阈下图片”。

当实验人员在屏幕上闪过一些字，呈现时间大概为30毫秒时，被试完全能看到这些字。呈现时间短本身并不是问题，关键在于刺激上有足够的信息让被试看到。但是，如果在这个字闪现后，在同一个位置呈现另一个字母串，那被试只能看到字母串，而看不到这个字。这种现象的出现存在限定条件，如果在呈现第一个字后50毫秒内呈现字母串，被试就看不到隐藏的字。这就是有名的知觉现象，叫作“掩蔽”。

如果把字的呈现时间延长一点，被试就每次都能看到字了。甚至还存在一个特定的间隔时间，使被试有一半概率能看到刺激。现在我们就有了一个可实验操纵的因素，它可以在实验室里再现，而且能系统地造成意识的变化。

主观报告和客观表现

当然，为了界定实验条件，我们必须依赖于被试的主观判断。这点非常重要，我们不能仅依赖于刺激本身的变化。只有那些使被试的知觉从无意识转变到有意识的刺激变化才管用。这里我们就遇到了一个难点：如何界定被试意识到或没有意识到？在过去的研究里，很多人都不愿意使用此类主观报告。有些人认为基于主观报告进行科学研究是很困难的，甚至是不可能的。但是，我和很多人分享过我的观点：主观报告定义了意识科学。因为我们要研究的正是被试什么时候能报告出他们意识到一些刺激，什么时候他们意识不到。

意识也有其他定义。一些研究者试图提出意识的客观定义。比如说，他们认为如果被试能够区分一个词是不是动物，或是不是词典里有的词，那么这个词就必然被意识到了。然而，坚持采用这类仅仅基于客观标准的定义非常困难。我们已经重复地验证过，即使是当被试声称没有意识到出现的字，或者报告他们完全看不到的时候，他们在完成分类任务（实验后让被试判断哪些字见过，哪些没见过）的成绩却好于随机水平。所以，问题在于我们需要确定哪些任务仅仅反映了阈下加工，哪些任务反映了意识通达。

然而，关于意识的客观和主观标准的对立还是被夸大了。问题其实没那么难，因为实际上主观和客观现象在有规律地发生共变，至少在一个比较大的范围内是如此。比如说，当改变呈现的一个字和掩蔽刺激之间的间隔时，我发现被试的反应突然增强了，而且正好是在他们能够报告有字出现并能认出该字的时候。这是一个很简单的实验现象，但我认为这一点很重要：当被试能报告看到字的同时，他们也能有效地完成其他任务，成功率更高。

这并不是说被试在阈下无法做出反应。很多任务是存在阈下加工的，但是一旦超过了阈值，许多任务都可以完成了，包括主观报告。我们的研究计划就在于描绘出从低于意识阈值变为高于意识阈值那一刻的关键转变的特征。

我在这里只讲了掩蔽这一个例子，其实还有很多最小对比的实验范式来调控意识，甚至有时候根本都不用调控。比如在双目竞争实验中，大脑自己就会调控。双目竞争是指两只眼睛看到不同的图片，但是大脑只允许我们意识到其中一张，我们从来不会同时看到两张图片。这时候大脑就在进行意识转换。

尽管我只能讲掩蔽范式，因为只有这个范式是在我的实验室里研究的，但是我希望你们能理解为什么意识的实验研究已经快速成长了起来，为什么那么多人相信通过创造大脑有意识和无意识状态下的最小对比条件来进行实验是可能的。

从无意识状态转变为意识状态的标志

当然，我们需要把最小对比实验和那些使我们能看到脑活动的技术结合起来。通过脑成像技术，我们能够透过头骨看到大脑，这是何等神奇！我们不仅能看到大脑的结构，还能看到它的不同区域是如何被激活的。还有其他一些技术，能够揭示这些活动的时间动态信息。其中一种典型技术是功能性磁共振成像，它能让我们看到大约 1~2 秒内大脑的静态激活模式。还有脑电图和脑磁图，让我们可以从时间上进行追踪，一毫秒、一毫秒地看到大脑活动如何从一个位置转移到另一个位置。

在脑成像实验中，我们发现了什么呢？其中一项发现是，即使被试看不到一个阈下呈现的词或图片，并不意味着大脑就不加工它。有的人一开始认为，阈下加工意味着皮质下的加工，也就是不在大脑皮质进行的加工。我们已经知道这完全是错误的。我们观察到，阈下呈现的词能引起很多皮质活动。信息会进入皮质的视觉部分，然后传递到大脑腹侧的视觉区。如果条件正常的话，一个阈下呈现的词甚至会进入更高级水平的加工，包括语义水平。这一点曾在心理学界引发很大争议，但是现在通过脑成像实验，我们能很清楚地看到：一个阈下的信息可以一直传递到语义水平。大脑可以把视网膜上的影像成功地转化成一组字母，识别成一个词，并提取特定的语义，所有这些不需要意识的参与。

接下来的问题是：当然被试意识到这个词的时候，大脑什么地方的活动最多？我们通过功能性磁共振成像实验观察到两个主要的差异。第一个差异是早期区域的活动增加，在人们看到书面单词时，也正是这个区域的活动增加了有 10 倍之多，这就是视觉词形区。

第二个差异就是在大脑其他较远区域的活动，包括大脑前部的前额叶皮质的活动，还有额叶下部和顶叶下部区域的活动。我们还发现，这些区域开始彼此互相关联，在一种协同的情况下共同激活。我现在可以告诉你这样一个事实：脑活动强度增加且扩散到更远的区域就是意识的第一个标志。

我们通过脑电图技术获得了大脑活动随时间变化的图像，从中观察到了其他重要的东西：无意识知觉和意识知觉之间的差异在加工过程的很晚期才出现。我们以单词在屏幕上出现的时间为零点，看这之后的大脑活动变化。结果发现，在最好的情况下，需要 270~300 毫秒的时间，我们才看到有意识加工和无意识加工之间的区别。

这对大脑来说是非常长的时间，在这段时间里，无论是处在有意识还是无意识状态，大脑都会表现出相同的活动。在这期间，大脑不是不活动，我们可以观察到很多活动，如词汇通达、语义通达和其他加工（而且在这之后阈下加工也还在继续）。在大概 300 毫秒时，我们开始看到意识状态和无意识状态的巨大差异。如果我们只用放置在头皮上的电极进行记录，测量事件相关电位，我们就会观察到一个广泛的叫作 P3 或 P300 的脑波，这是第二个意识标志。这实际上很容易测量出来，我和同事们认为测量意识通达可能并没有那么难。

在被试能意识到实验刺激的时候，我们通常都能观察到 P3 波。在无意识的条件下，我们能观察到很小的 P3 波，在这里，有意识和无意识的状态之间存在非常明显的非线性的区别。当我们调控最小对比条件的时候，我们发现阈下刺激会产生一个很小的、迅速衰减的 P3 波。相反，当同样的刺激超过了阈值变得可以意识到的时候，会出现一个非常大的非线性的活动增强，导致出现一个大的事件相关电位。

P3 波在 400~500 毫秒时达到顶峰，在我们看到 P3 波的同时，还看到其他两个意识标志。我们的电极探测到一个高水平的、在高 γ 频段（50~100 赫兹）的振荡活动，这是第三个标志。当脑电波开始在高频段上振荡的时候，我们开始看到一个大规模的、在远距离脑区之间的同步活动，这是第四个标志。这意味着，在“点燃”意识之前，大脑的加工过程实际上是模块化的，是一些独立存在的、并行的同时活动。在意识通达发生的那一刻，许多脑区开始共同工作，出现了同步活动。

全脑神经工作空间

我们观察到的这些基本的意识标志也有其他人观察到。我想说一下我们认为这些发现意味着什么。我必须得说，这是一个有点危险的领域，一个更模糊的领域，我们还不能说已经有完整的关于意识通达的理论，但是我们开始有一点想法了。

我们的想法相对简单，和丹尼尔·丹尼特提出的意识是“脑中的声望”差不多。我提出的是“意识是全脑信息的共享”，也就是不同脑区之间共享的信息。我的用词是“意识是”，因为我真的认为就是这样。所谓“意识到”某些信息就是这些信息在大脑里达到了一个可以被共享的加工水平。

因为信息是可以共享的，所以你的布洛卡区就会知道你在看什么字，你就能够读出看到的字；同时，海马可能知道你看到了什么，让你可以把看到的存储在记忆里；顶叶也知道你看到了什么，由此可以调控注意……信息共享的标准与感觉有关，当一个信息能被意识到的时候，我们感觉到能用这个信息进行很多并行加工。因为这个信息是可以获得的。

若要发生这种全脑的共享，就需要专门化的大脑结构。与伯纳德·巴尔斯提出的“全脑工作空间”类似，让－皮埃尔·尚热（Jean-Pierre Changeux）和我把它称作“全脑神经工作空间”。顶叶背侧、前额叶皮质、颞叶皮质前部、前扣带回和其他一些区域是通过长距离连接而紧紧联系在一起的。这些连接不只存在于一个脑半球内部，而且也通过名叫胼胝体的结构跨越了两个脑半球。既然存在这种通过长距离连接众多区域形成的密集网络，那么我们的一个简单想法是：这些长距离连接与信息从一个区域传递到另一个区域有关，并且这些区域在一个非常高的水平上紧密连接，这些信息交互的强度就导致原先许多分散的表征被汇聚成了单个心理对象。同步就是由此而来的。

同步可能是不同脑区之间达成一致的信号，这些脑区的加工汇聚到了一个心理对象上。此时，每个脑区有自己负责编码的部分。布洛卡区负责发音的编码，再往前一点的区域负责词汇的编码，颞叶后部区域负责语音编码或者正字法编码。当一个人意识到一个词的时候，这些编码开始一起工作，汇聚成一个单独的、整合的心理对象。

根据这一想法，意识不是由一个脑区单独实现的。试图指出负责意识的脑区是没有道理的。意识是一种涉及许多脑区之间远距离同步的状态。在这个状态下，不只有高度相关的脑区被激活，最初接收感觉信息的低级脑区的活动也因为自上而下的加工而增加。

我们用电脑模拟了大脑达到意识状态的过程。如今已经有可能模拟出逼真的、具有真实的跨膜通道特性的神经网络。这些特性结合在一起就形成相当逼真的放电神经元，这些神经元依次组合在一起形成相当逼真的大脑皮质神经功能柱，还形成了一部分的丘脑。丘脑是一个皮质下核团，与皮质相连。一旦我们把这些元素组合成具有长距离连接的神经结构，就可以重现很多大脑加工的特性，还有我们通过实证观察发现的意识标志。

我们模拟出了这样的神经网络，从外周来看，激活量是随着皮质的等级升高逐渐增加的。如果有足够的回荡以及足够的自上而下的连接，那么我们会观察到一个活动量的非线性变化，就像大片网络被“点燃”了一样。这当然很好理解：对任何一个具有自我连接并能放大自身信号的动态网络而言，是存在一个非线性变化的阈值的。在这个阈值处，要么激活消退（我认为这种状态对应的是阈下加工），要么自我增强并向着更高阶段发生非线性变化，在这种情况下信息能在非常长的时间内保持稳定。我认为，这就对应我们实验记录的晚期观察到的情况，那时激活被放大并且在全脑范围内变得同步。本质上说，非常简单的模拟就能产生几乎所有的我们已经看到过的意识标志。

意识有什么用

我们的模型可能有助于回答以前很难回答的问题，比如，意识有什么用？这是一个非常重要的问题，因为它涉及意识的进化。如果这个理论正确的话，我们已经得出了很多关于“意识实际上是做什么的”的答案。意识没必要去进行贝叶斯计算，例如提取对一幅图的最好诠释。这应该是由视觉区域来完成的，视觉区域大规模地同时进行贝叶斯计算，并且能从输入图像中算出最优的贝叶斯诠释，最终形成对输入图像所有可能的诠释的后验分布。这一过程似乎是在大脑里无意识地完成的，而意识所做的就是放大并从中选择一个与当前目标有关的诠释。

在一些实验里，我们直接对比了在无意识状态下能做的事情和只能在有意识状态下做的事情。结果表明，两者之间的一个非常重要的区别是能够保留住信息的时间长短。如果信息是阈下的，它进入系统，会产生暂时的激活，但是很快就消失了。这一过程所用的时间大概是一秒钟，在不同实验里也可能更长一点，但不管怎样都消失得非常快。这一发现给那些认为阈下图片能用在广告里的人提供了一个答案，这种想法当然是一个神话。这不是说阈下图像没有任何作用，但是在大部分实验里，它们的影响是很短暂的。然而，当人能意识到信息时，基本上他想把这些信息保留多久，就能保留多久。这些信息是存储在工作记忆里的，是自我稳定的。我们认为有意识的信息在大脑里回荡，这种回荡的状态中包含一个自我稳定的循环，能够长时间地保持信息的稳定。请你设想一下自己重复一个电话号码，如果你不注意去重复它，你就会忘记。但是只要你一直注意地去重复，你就能把信息保留在头脑里。

我们的模型认为，意识的主要功能之一就是：提供一个内部空间，让你能与外部世界隔离开，在这里进行思想的实验。你可以从那些来自外部世界的信息里选择一个刺激，然后把它锁在内部的全脑神经工作空间里，阻止其他信息进入，然后在大脑里处理这个内部表征，你想处理多长时间就能处理多长时间。

实际上，我们需要的是一个类似门控的机制来决定哪些信息可以进入，哪些信息因为和现在思考的事情无关，所以要阻挡在外。这可能是这个模型里多出来的复杂的地方，但是我想你已经明白这是什么意思了：这是一个自我约束的网络，偶尔才让信息进入。

意识还具有一个重要的特性，那就是全或无的特性。信息要么进入全脑神经工作空间，要么就不进入。这是一个能把输入信息离散化的系统，它能从最初的概略分布中提取出一个数字表征。有一些证据表明，我们在实验里呈现一个刚好处在阈值处的刺激，被试要么能完全看到刺激，能够有意识地获得所有信息，要么就什么也看不到。不存在任何中间状态，至少在我们做过的实验里是这样的。

这样一个能把信息离散化的系统或许有助于解决约翰·冯·诺伊曼（John von Neumann）提出的大脑面临的一个主要问题。在他的《计算机与人脑》（*The Computer and the Brain*）一书中，冯·诺伊曼讨论到大脑正如其他类似的机器一样，面临一个问题：当它进行序列计算时，很快就会失去准确性，最终得到一个完全不准确的结果。然而，意识或许是一个把信息数字化并能保持住信息的系统，所以在连续的计算过程中，准确性并没有降低。

我还要说一点，因为全脑神经工作空间是广泛共享信息的系统，它能帮助我们发展出一系列的加工过程。我的一个推测是，一旦信息出现在全脑神经工作空间里，它就能被导入任何其他加工过程中。一个加工的输出可以成为另一个加工的输入，因此能执行长时间的、纯粹的思维运算，这就形成了一个人类图灵机。

在进化的过程中，在全脑范围内享信息可能是最主要的问题，因为每个区域都有专门的目标。我认为，为了让信息能灵活地流通，像全脑神经工作空间这样的“设备”是必需的。正是因为人类大脑具有这一功能，所以我们才能无论在哪个范畴的加工里得到一个结果，都能把它用于另一个范畴的加工中。当然，人类大脑的符号能力还能让我们做很多事情，我们可以把符号运用到几乎任何一个范畴。

所以，如果我的观点正确的话，当我们进行序列加工，一次一个步骤地用完全灵活的方式把信息从一个处理阶段传递到下一个处理阶段时，我们必须依赖这个全脑神经工作空间系统。这意味着在慢速序列加工和意识加工之间存在同一性，这就是很久以前认知心理学家迈克尔·波斯纳（Michael Posner）提出的观点。

已经有一些证据支持这种观点。我们进行过一个实验，观察当强迫人们有意识地做出反应时，他们能做什么。我们给被试闪现一个被掩蔽的数字，被试意识不到它。然后我们问被试："这个数字比 5 大还是比 5 小？"被试面前有两个按键，一个代表更大，一个代表更小，我们让被试做出反应。结果显示，尽管被试说什么也看不到，但是他们的表现比随机水平要好得多，通常能达到 60% 左右的正确率，而纯粹的随机水平是 50%。所以，这就是阈下加工。有些信息已经被加工了，但是还不足以触发意识的全脑启动状态。

接下来，我们改变了一下任务，看什么样的任务不需要意识参与就能完成。我们让被试念一个看不到的数字，尽可能快地念出来。他们依然完成得比随机水平好。这很不一般：如果有 4 个选项的话，随机水平是 25%，而他们念出的数字在 40% 的情况下是正确的。

然而，如果我们给被试一个涉及两个步骤序列加工的任务时，他们却无法完成这个任务。具体来说，如果我们让被试把阈下呈现的数字加 2，他们可以完成。但是，如果让他们把阈下数字加 2，然后判断加 2 之后的结果比 5 大还是比 5 小，他们却无法完成。这个结果很奇怪，因为最初的实验显示被试能掌握很多关于阈下数字的信息。如果被试只是要读出数字，就已经有足够多的信息可以让他们正确地完成任务，表现会比单纯的随机水平要好很多。但是，当涉及一个加工链，要加 2，然后确定结果是大于还是小于 5 时，两个连续的步骤就使成绩降到了随机水平。推测起来，这就是因为输入的信息无法通达那个能执行序列加工的工作空间系统。

我们和一群同事正一起进行一项名为"人类图灵机"的研究，目标是厘清大脑中的一个使我们完成一系列加工过程、把信息从一个阶段导入下一个阶段的系统的特点，我们假定全脑神经工作空间就是这个系统的核心。

终极检验

让我来说一下终极检验。正如我在前文中提到的，如果我们形成了关于意识的理论，应该能把它运用在具有交流障碍和意识障碍的脑损伤患者身上。

有一种神经状态叫作植物人状态，在这种状态下，人保持觉醒状态的能力可以保留下来。在这样的患者身上存在正常的睡眠－觉醒周期，然而似乎不存在任何意识，这些人似乎无法加工信息并对外部刺激和口头命令做出反应。

甚至存在一种中间状态，叫作最小意识状态，这种状态下的患者能在某种特定情况下对某些言语命令做出反应，这意味着部分意识被保留了下来。然而，在另外一些情况下，患者无法反应，处在植物人状态，导致我们不知道患者偶尔的反应是不是他具有意识的充分证据。此外，还有一种著名的闭锁综合征。这种综合征很不一样的地方在于，患者有充分的意识，但是不能表达自己是有意识的。这种患者可能长期处在一种完全无法交流的状态下，其他人很难辨认出他实际上完全能意识到周围的事情。

我们和利昂内尔·纳卡什（Lionel Naccache）一起，试图基于我们之前的观察结果设计出一个检验意识标志的测验，这个测验能够仅基于观察到的脑电波在几分钟之内显示出患者是否存拥有意识。我们采用了听觉刺激，因为这和视觉输入不同，能让我们刺激患者时无须担心他到底有没有在看图像。我们决定采用一种叫失匹配反应的方式进行测验。简而言之，失匹配反应就是大脑能对新异信息做出反应，不管是有意识的还是无意识的反应。这两种情况很好区分，这得益于作为意识加工标志的 P3 波的出现。

这个测验基本上是这样的：我们用 5 个音刺激患者，前 4 个音是相同的，但第 5 个音不同，如“嘀，嘀，嘀，嘀，嗒”。这么刺激的时候，会产生一个在 25 年前就已经发现的古老现象，那就是大脑会对不一样的那个音做出反应，产生失匹配负波，它是完全自动产生的。甚至当人昏迷、睡觉或不注意这些刺激的时候，都会产生这个波。这是一个无意识的反应。

然而，接下来就会产生 P3 波，也就是我们之前实验中发现的全脑反应，它与意识有关。

分离这两类大脑反应向来不容易。尤其是它们在时间上是一个接着另一个的。而且在患者身上，由于意识被脑损伤扭曲了，因而也不容易区分两者。

但是有一种简单的方法，可以让大脑只产生 P3 波。当被试开始适应听到 4 个“嘀”后出现一个“嗒”时我们看到的是在最后仍然有一个对新异信息的失匹配负波，但这个新异信息是可以预期的了。因为一次次地重复听到 4 个“嘀”跟着一个“嗒”，被试就能形成有意识的预期，预期第 5 个音是不同的。那么大脑做了什么呢？当然，它仍然产生一个早期的、无意识的失匹配负波，但是之后的 P3 波消失了，因为重复的刺激不再吸引注意或意识。

经过适应之后，呈现的刺激变成了 5 个一样的音：“嘀，嘀，嘀，嘀，嘀。”这个序列现在变成了新异的序列，也就是很少出现、没预期到的情况。我们认为，只有意识才能考虑之前出现过的序列，这样才能理解这 5 个一样的音是新异的、预期不到的刺激。

我们在实验中得到的结果也正是如此。我们发现在正常被试适应了不一样的序列后，会对 5 个相同音产生一个大的类似 P3 波的反应，但这种现象只在那些注意到了刺激并且有意识的被试身上才会出现。我们在正常被试身上测试了干扰任务的影响程度，而 P3 波正如我们预期的那样，如果干扰被试的任务，就观察不到 P3 波了；而当被试注意到刺激时，就能观察到 P3 波。当被试能报告出这些序列的规律时，我们也能观察到 P3 波；当他们不能报告出规律时，就观察不到 P3 波。

最后，利昂内尔·纳卡什和特里斯坦·贝克因施坦（Tristan Bekinschtein）进一步把这些发现应用在患者身上。他们发现测验效果似乎正如我们所预期的那样。处于昏迷状态的患者大脑没有产生 P3 波。处在最严重的植物人状态的患者大脑也没有产生 P3 波，但是在最小意识状态的患者身上能观察到 P3 波。这一反应也总是在闭锁综合征患者和其他有意识的患者身上出现。

这一反应也会在一些处于植物人状态的患者身上出现，这不禁让人想到这些患者是否真的处在一种植物人状态？长久以来，这个问题都没有答案，但是似乎那些表现出这种反应的患者正是恢复得快的那些，而且实际上在测试的时候，他们已经很接近恢复的时间点了，我们甚至怀疑他们在测试的时候是不是有意识的。

总之，我们对失匹配反应的测试抱有很大希望，它将成为一个非常有用且简单的意识测试。该测试可以在床边进行，只需经过 10 分钟的脑电图记录，我们就有足够的数据检测出此类反应了。

神经成像研究的未来：解码意识

现在的情况是这样的：我们已经开始形成一个理论，但是还不完整。我们做了很多很棒的实验，但是还必须做更多。我想讲一下我和许多其他同事认为的脑成像研究领域的未来，以此进行总结。

我的感觉是，在未来我们能解码出大脑的表征，而不仅仅是探测到它们的存在。我在这篇文章中所写的，仅仅是探测了在意识水平上的大脑加工过程，下一步就是解码存在于被试头脑中的那些表征，有一些实验室已经做到了。我们需要知道意识表征的内容，而不仅仅是知道有没有意识表征。这不再是科幻小说中才存在的情景。我实验室里安德烈亚斯·克兰施密特（Andreas Kleinschmidt）研究组的博士后伊夫林·伊格（Evelyn Eger）发现，收集人类大脑的功能性磁共振成像图，然后仅仅通过观察与数字加工有关的顶叶激活模式，就能解码出这个人脑子里想的数字是什么。如果从这个区域提取出 200 个像素，看看哪些被激活了，哪些没有被激活，就可以制造一个装置，用于解码哪个数字保留在了记忆里。

我或许应该明确地说，用“解码”这个词是夸张了。此刻我们能做的是对记忆的数字进行高于随机水平的推断，并不是意味着我们在每一次测试时都在读被试的大脑，而仅仅意味着如果判断两个数字的随机水平是 50%，我们能尽力达到 60%~70% 的正确率。这其实还不错。这个结果是显著的，它意味着存在对数字的一种神经编码，而且我们已经开始对这些编码有一些了解了。

让我们再回到患者的问题上。我考虑的是，在未来，借助此类解码工具，我们将掀起新的研究浪潮，目标是要明确地解码出患者头脑中的内容，或许能使他们借助脑机接口来表达自己。的确，如果我们能解码出意识内容，没有理由不把这些内容接入电脑中，并把这种设备当成一种交流的形式，与那些已经不能说话的患者交流。

有些实验已经在我的实验室和世界各地的其他实验室中开展了。我和贝特朗·蒂里翁（Bertrand Thirion）一起观察了大脑的枕叶，这个区域能对输入图像形成视网膜影像。我们的研究表明，可以先获得这一视网膜影像的激活模式，然后解码成被试正在看的图像。从某种程度上来说，我们甚至可以推测出被试头脑中的心理影像，即使他们实际上正面对空白的屏幕。心理影像是真实的，它们把大脑对图像的活动转译成一种物理模式，让我们可以去解码。其他研究者，例如在美国的杰克·加伦特（Jack Gallant）已经在对此进行更深入的研究。

我相信，神经成像的未来在于解码心理状态，在于看到被威廉·詹姆斯称为“意识流”的东西。我们不能仅仅解码单个图像，而应当解码连续的影像。如果我们真的看到意识流，那就会更容易看被试是否有意识，因为意识流已经表现在他大脑中了，我们甚至都不需要刺激被试。不过，不要误会我。在我们已经能做的（发现意识标志）和我们希望将来能做的（解码意识状态）之间有很明显的区别。后者仍然只存在于我们的推测中，我希望我们最终能使其成为现实。目前，我们已经可以对意识进行实验研究，而且获得了很多作为意识基础的大脑状态的信息。

自然选择对人类的“设计”是，人类能够有良知、有同情心、利他且负责，能够为集体的生存出一份力。

——《受过教育的人怎么还会相信激进的环境论》

WE WERE DESIGNED BY **NATURAL SELECTION** TO BE ABLE TO DEVELOP A CONSCIENCE,

—

FEELINGS OF EMPATHY AND ALTRUISM, TO BECOME RESPONSIBLE AND TO CARRY OUR SHARE OF THE LOAD IN THE GROUP EFFORT FOR SURVIVAL.

17

HOW CAN EDUCATED PEOPLE CONTINUE TO BE RADICAL ENVIRONMENTALISTS?

受过教育的人怎么还会相信激进的环境论

David Lykken
戴维·吕肯
明尼苏达大学行为遗传学家
著有《幸福的心理学》（*Happiness:The Nature and Nurture of Joy and Contentment*）

我很奇怪，像利昂·卡明（Leon Kamin）那样的心理学家、像史蒂芬·罗斯那样的生物学家，甚至像理查德·莱旺汀（Richard Lewontin）那样古怪的遗传学家或者像斯蒂芬·杰伊·古尔德那样怪异的古生物学家，怎么会一直相信约翰·洛克（John Locke）的话，认为婴儿的心智像一块白板？他们怎么能认为婴儿的大脑就像一台新出厂的计算机？相比之下，婴儿的大脑确实更像计算机，因为至少计算机在出厂的时候安装了操作系统和各种只读存储器。怎么会有人认为在更新世的某个时期，进化神秘地停止了，而且停止进化的只是人类的神经系统？

如果人类没有因为经过数万年的进化而形成了一些原始倾向，孩子们又怎么会害怕蛇和蜘蛛，但不害怕明显更危险的枪和电源插座呢？当明尼苏达双城队在 1987 和 1991 年两次在美国职业棒球大联盟赛中取胜时，为什么近 400 万明尼苏达州人会骄傲地认为发生了天大的好事，尽管其中大多数人从来没有看过一场棒球比赛？当海湾战争中的美国士兵击败了伊拉克人，使科威特的苏丹终于可以返回祖国，重建他的皇宫时，整个美国国会的人都站了起来，有些人还站在了椅子或桌子上，为布什总统的成功欢呼。那些参议院和众议院议员并不是在演戏以拉拢选民，他们真的感到很骄傲，这是为什么？

人类学家曾一度认为浪漫的爱情是中世纪法国诗人发明出来的，现在我们知道，每一个有记录的传统社会中都存在浪漫的爱情。类人猿没有体验过恋爱的感觉，因为他们不需要一夫一妻的结合关系。小黑猩猩紧紧抓着妈妈的毛，猩猩妈妈不需要猩猩爸爸的帮助就能照顾好小猩猩，而且猩猩妈妈也不知道谁是小猩猩的爸爸。然而，我们的祖先繁衍出了大脑袋的、晚熟的宝宝，由于在几年里宝宝都需要被抱着，被细心呵护，因此妈妈再也不能独自完成照顾孩子的任务了。为此，必须发明出某种依恋关系，使爸爸也能帮助照顾宝宝。事实证明，在所有已知的允许离婚的社会中，最终分手的夫妻在离婚前一般能将婚姻维持 4 年。热恋就像一种速干的超级胶水，能将夫妻黏在一起足够长的时间，让下一代学会自己稳稳地站立。

同卵双胞胎在很多方面具有非常相似的品位，但他们爱上孪生姐妹或兄弟的恋人的可能性与爱上相同年龄和性别的陌生人的可能性几乎是一样的。假设有一个人正热恋着双胞胎中的一个，这时他遇到了双胞胎中的另一个，那么他爱上“自己恋人的克隆人”，也就是双胞胎中的另一个的可能性并不比爱上路人甲的可能性更高。自然选择用了数百万年的时间才塑造了老鹰和狼的一夫一妻关系，但在短时间内仓促完成了早期人类的一夫一妻配对。我猜用于人类的机制类似于鸭子和鹅产生印刻作用的机制。

“两个史蒂芬”，也就是史蒂芬·平克和史蒂芬·罗斯的争论里间接提到了为什么父母会爱自己的孩子的问题。敏锐的进化心理学家平克认为，这可能是因为在远古时期，那些由于某种原因没有兴趣养育自己后代的父母不太可能拥有孙辈，因此也就不太可能成为祖先。我不清楚罗斯是怎么看待这个问题的，不过，一个更有趣的问题是，为什么美国人每年会在猫狗及其他宠物上花费数十亿美元？假设平克是对的，那么自然选择是否会继续玩弄手段，使父母们只愿抚养自己亲生的后代呢？有些海豹和海鸟会运营庞大的“集体托儿所”，在那里，年幼的海豹或海鸟会和自己的妈妈走散，而妈妈和孩子似乎都进化出了通过嗅觉分辨彼此的方法。但是对于大多数哺乳类动物，包括没有羽毛的两足动物来说,父母几乎不可能“浪费”精力去抚养旁人的孩子，因此对母爱进行精确定位显然是不必要的。如果自然选择倾向于比较偏心的妈妈，那么会不利于创造出物种变化。自然选择是极端节俭的，它持续的时间刚刚够生物形成所需的模块，从而可以在进化环境中实现必要的结果。

最近新闻中讲了这样一件事：一只安装了无线电项圈的狗走丢了，最后在熊妈妈的窝里被发现。每当小狗听到主人的呼唤，爬出熊窝时，熊妈妈都轻轻地把它拉回新家里。我的妻子和我，以及无数其他人类，在这方面更像熊，而不像海豹。在大多数审判中，法律对杀死邻居家狗或猫的人的处罚与对破坏邻居家割草机的人的处罚差不多。如果法律制定者比较懂进化心理学，那么杀死邻居家狗或猫的行为应该受到更严厉的处罚。我的牛头梗更像是我收养的孩子，而不像我家的割草机。

还有一个例子也体现了自然选择的节俭性，那就是人类的排外现象。我们倾向于不信任、害怕或不喜欢看起来和自己不同的其他人类。这是在原始时期形成的一种适应行为。因为在那时，当一个陌生人从树后面走出来时，如果你是男性，那么他可能会杀死你；如果你是女性，他可能强奸你或把你掳走。更具选择性的机制会要求同时满足陌生和威胁行为两个条件时，才触发恐惧或厌恶的反应，但事实证明只是“陌生”一个条件就足够了。是不是因为这个原因，所以现代人类，包括纽约人和巴布亚新几内亚的原住民，要以一眼就能看出他们是本群体一员的方式来装扮自己？这是否也是当代洛克派哲学家相信白板说的原因之一？有人说：“不要认为排外是理所当然的。因为如果是那样，我们怎么可能有希望实现种族宽容、宗教宽容和社会宽容？”

我的三个儿子都是白人、无神论者，都有着雅利安人的外貌特征。他们分别娶了一个天主教的女孩、一个犹太女孩和一个非裔美国女孩，带给我 10 个可爱的孙子和孙女。我的同事汤姆·布沙尔（Tom Bouchard）曾经对在婴儿期就被分开抚养的双胞胎进行过研究，得出了一些著名的结论。他指出："我们有时能抗拒'基因吟唱出来的远古曲调'，但我们永远不应该忽视它。"我们能够抗拒排外的倾向，就像我的三个儿子那样，但排外倾向不应该被忽视，否则我们永远都无法解决波斯尼亚的争端。

还有一个原始特征我们也不应该忽视，那就是男性的性嫉妒。一个无法否认的人类性别差异是，女性知道她生的孩子肯定是自己的，而她的配偶却不能确定孩子一定是他的（DNA 数据显示大约有 10% 的孩子的亲生爸爸不是孩子妈妈的丈夫。在蓝色知更鸟中，这一比例大约为 20%）。自然选择很清楚这些事实，因此赋予了男性一系列补偿倾向。戴维·巴斯已经证明，在很多文化中，女性更在意自己的丈夫和其他女人有暧昧关系的迹象，因为这种暧昧关系可能会让丈夫将资源分给其他女人和孩子；而男性更在意自己妻子跟其他男人发生性关系。我曾为一些出现婚姻问题的年轻"嬉皮士"夫妻做过咨询。他们坚信着一些原则，其中包括反对越战、支持环保、精神药物合法化，以及自由的爱情。问题是年轻的丈夫总是感到不满和怨愤。对于这类夫妻的问题，解决方法就是让妻子接受这样一个事实，那就是当伴侣不断与其他男人发生性关系时，绝大多数男性肯定会感到不满和愤恨。于是妻子们说："哦，宝贝，真对不起，我以为你不会在意。"

还有一个奇妙的事实是，甚至有些进化心理学家，包括史蒂芬·平克的导师约翰·图比（John Tooby）和勒达·科斯米德斯（Leda Cosmides），都认为人与人之间的遗传差异如今已经不存在了，虽然正是在这些遗传差异的基础上，远古时期的自然选择逐渐造就了今天的人类。他们这样主张："是的，我们天生都具有物种特有的行为倾向。人类婴儿的大脑并不是通用的计算机，等着生活经历对它们进行编程。与之相反，它们具有事先设定好的模块，让我们从一出生就能成为超越其他物种的人类。但是，婴儿们出生时都非常相似，除了一些'喧闹的人造物件'。"那些持有这种主张的进化心理学家是不是因为政治上的精明才这样说的，留下行为遗传学家与政治正确的主力部队进行抗争？

否认心理差异的遗传因素是一种高水平的错误，通常只有拿到博士学位的人才会犯这样的错误。不过即使是博士，一旦有了第二个孩子，也往往会放弃激进的环境论。在明尼苏达大学，我们对具有相同基因的同卵双胞胎进行了 25 年的研究。结果发现，在我们测量的每一种特质上，同卵双胞胎之间的相似性都是异卵双胞胎的两倍（平均来说，异卵双胞胎有一半基因是相同的）。少数例外的特质包括出生时的体重、受教育的年限、恋爱对象、宗教取向，以及一些兴趣爱好，比如血腥的运动、赌博等。另外，出生时被分开抚养的同卵双胞胎在心理特质上的相似性与在一起抚养的同卵双胞胎之间的相似性并没有什么差别。中年同卵双胞胎，无论是在一起长大还是被分开抚养，智商的相关系数超过 0.7。无论是在计算机上进行的瑞文智力测验，还是不同实验者在不同的房间中对同卵双胞胎进行的标准智力测验，都得出了相同的结果。智商不完全等同于“智能”，但它非常重要。如果一个孩子的智商低于 115，那么几乎可以肯定，他进不了医学院或法学院。

我们用来测量人格的量表之一是幸福量表，可以测量当前的幸福感。与大多数心理特质一样，幸福感会因为生活中的灾难与厄运而时不时发生变化。我们相隔 10 年分别测量了两次成年双胞胎的幸福感，双胞胎内的重测相关性仅为 0.55（0.02）。但是对于同卵双胞胎来说，双胞胎间的跨时间相关性（也就是双胞胎中一个人目前的幸福感与双胞胎中另一个人当初的幸福感的相关）是 0.54（0.03），与双胞胎内的重测相关性几乎是相同的。这说明幸福“设定点”中绝大部分或者其中稳定的部分是由遗传决定的。与同卵双胞胎的情况相反，异卵双胞胎的双胞胎间的跨时间相关性仅为 0.05（0.07）。

幸福是一个有趣的特质，我称这类特质为“突生遗传”（emergenic）特质。幸福感具有很强的遗传根源，因此同卵双胞胎之间才具有很强的相关性，但异卵双胞胎之间可以忽略不计的相关性说明这些特质不具有家族遗传性。有些特质确实具有家族遗传性，比如身高，它反映了多基因影响的相加性组合

（头、脖子、躯干和腿的长度加起来就是身高）。对于幸福感这样的特质来说，多基因影响的组合方式似乎不是相加，而是构形，因此小小的基因改变会导致特质的巨大改变。由于父母双方各为孩子提供了一半基因，又因为兄弟姐妹平均共享着一半多形基因，因此一级亲属不太可能共享与突生遗传构形有关的所有基因。

美貌似乎是一种突生遗传特质，唱歌或说话的声音也是如此。在电话里，如果同卵双胞胎中的一个人假装是双胞胎中的另一个人，那么即使是家人也常常会被骗到，但异卵双胞胎的声音极少能如此相像。在明尼苏达大学，音乐专业的学生，包括那些专攻声乐的学生，通常有着爱好音乐的父母，但声乐专业的学生很少有擅长唱歌的父母。一代骄马赛克瑞泰瑞特（Secretariat）的赛跑能力似乎是一种突生遗传。它只与最有前途的母马进行了交配，并生育出了 400 多匹小马驹，其中只有一匹马曾经在赛马中取胜，而即使是这匹马也不复其父当年的雄风。

如果不是因为意识形态的偏见，任何理性的人在看到这些证据后，都会赞同人类在天资、人格特质、兴趣和癖好，甚至包括一些社会态度上的差异，有 30%~70% 是遗传差异造成的。然而，接受这些事实似乎就意味着认可了生物决定论、社会达尔文主义、种族主义或其他有害的思想，这是我们所面临的意识形态上的阻碍。我自己就时不时成为这种错误的牺牲品。例如我在一篇论文中报告了对幸福的研究数据，提出幸福“设定点”在很大程度上是遗传的，而让幸福感暂时高于或低于“设定点”的事件具有很大的偶然性。我写道：“或许尝试变得更幸福就像试图长得更高一样。”为了弥补这个错误，我不得不写了《幸福的心理学》来解释为什么试图变得更幸福不但是可行的，而且很有趣。

基因影响心理的机制仍像平克和乔姆斯基所说的那样，是一个谜，而不仅仅是一个问题。对于大脑模块如何使人类而不是大猩猩获得了语言能力，我们一无所知。鸡的大脑相对比较简单，当空中有老鹰的身影从头顶掠过时，鸡脑子里有一个“小部件”会产生报警反应，但是当身影是反着掠过时，则不会报警，因为那更可能是一只飞过的鸡。我们无法确定那个“小部件”的位置，也无法描述它的结构。我们不知道鸡的DNA中的哪段基因在远古时发生了突变，产生出这种适应性反应。我们显然也不知道基因如何在每只现代的鸡的脑子里装配了这个“小部件”。然而这个“小部件”的存在是不容置疑的。

对于大多数人类的心理特质来说，相应机制的一个很重要的部分已经不那么神秘了。我们已经知道，基因通过影响我们的体验、其他人对我们的反应方式，尤其是通过影响我们想获得的环境以及我们对体验的反应方式，基因间接地影响着人类的心理。由于遗传原因，有些宝宝比较暴躁不安、反应迟钝，而其他宝宝则比较爱笑、爱咿咿呀呀地说话。这些不同的行为会引发不同的养育反应。一个天生爱冒险的学步儿童会爬上爬下、摔倒、进行探索、把东西打翻，因此获得了身体上的经验和社会经验，而他们不太爱动的兄弟姐妹很少有机会获得这些经验。一个天生聪颖、好奇的小家伙会留意并思考事情，与思维加工比较慢并且较少从思维中获得内在益处的孩子相比，他们会阅读更多的书、问更多的问题、得出更好的答案。如果一个小男孩天生胆大，那么父母和同伴想用惩罚来威胁他，以改变他的行为就不是那么容易。很多有这样孩子的父母最终放弃了，而孩子依然无法适应社会生活，这是一种病态人格。比较有技巧、坚持不懈的父母会强调奖励而不是惩罚，他们努力灌输骄傲而不是内疚。如果放任一个胆大包天的孩子的行为，那么他可能成为一群小混混的头目，继而成为犯罪分子。但通过有技巧的教养，这个孩子就可以成长为在危急关头做出勇敢行为的人。发生危险时，我们都希望身边有这样的人。我认为英雄和精神变态者是同一遗传“树枝”上的两个“小枝”。

因此，遗传对人类心理的影响通常是因果链的末端，而最邻近的原因是环境，就像那些保守的洛克派哲学家一直主张的那样。要解释遗传对心理的影响，不应该去争论先天与后天哪个起决定作用，而应该认为是先天通过后天发挥影响。遗传的影响非常强大，大多数人在沿着个人基因决定的道路发展。通常我们可以进行干预，但那是很困难的。例如，小心地让一个天生胆怯的孩子暴露在压力逐渐增强的情境中，这个孩子只是会变得不那么胆怯。相比之下，一个天生爱冒险的孩子，比如像查克·叶格将军（Chuck Yeager）

那样的一个男孩，可以靠自己更快地做成同样的事情。他会爬得更高，冒更大的风险，学会开飞机，成为战斗机飞行员，然后成为王牌飞行员、试飞员，最后实现超音速驾驶。

朱迪·哈里斯（Judy Harris）在她的作品《教养的迷思》（*The Nurture Assumption*）中提出，父母对孩子成年后的人格、兴趣和态度的影响本质上在精子遇到卵子的时候就完成了。与之相比，主要还是家庭之外的生活经历与基因组发生相互作用，并决定孩子的未来，这些经历来自孩子的同伴群体。哈里斯指出，年轻的成年人在感恩节回家时之所以会感到有点不自在，原因之一是，年幼时他们在家学会了一套行为方式，在外面和同伴们学会了另一套行为方式，而正是后一种习惯和价值观发展成为他们成年后的人格。当回家看望父母时，他们发现又要装出父母认可的人格。当他们还是孩子时，只要离开家，就会抛掉这种人格。长大成人后，他们本以为这种人格永远可以卸载了。这些激进的学说把很多发展心理学理论丢进了垃圾桶（当然，在这里我无法公正地对待这些激进学说），这会让所有的父母感到灰心沮丧，除了那些孩子发展得不是很好的父母。

然而，哈里斯的论点非常有说服力，我不得不再来说一说。事实上，她说如果用 Y 轴表示孩子的社会化能力，X 轴上是父母的教养能力，那么会绘出一条水平线。哈里斯使我相信，在广阔的中间范围中，比如说在 X 轴上，父母的教养能力处于 10%~90% 时，曲线真的是平的，也就是说父母真的是可以取代的。不过我认为（尽管我无法证明），在最右端曲线会上升，一些超级父母真的可以产生持久的影响。例如有些父母让很难对付的孩子成功地适应了社会生活。而且我相信位于底端的 10% 的父母可能是不成熟、不适应社会、不称职或虐待孩子的父母，他们应该为美国自 20 世纪 60 年代以来犯罪和其他社会病态现象的流行负责。

尽管从 1993 年开始，美国的暴力犯罪率每年都有小幅下降，但它依然比 1960 年的暴力犯罪率高 300%。最近出现的下降主要是因为目前有 130 万美国人进了州监狱或联邦监狱，而 1965 年时只有大约 18 万人入狱。由于犯人私下里承认，在最后一次被捕入狱前，他们平均会犯下 12 项罪行，因此多关押 100 万人会使犯罪率出现小幅但显著的降低。然而这种解决方法既昂贵又不恰当。我们应该把犯罪行为扼杀在摇篮里。我的建议是按照儿童精神病学家杰克·韦斯特曼（Jack Westman）在他 1994 年的作品《父母执照》（*Parental Licensure*）中提出的方案，实行发放父母许可证的制度。

进化心理学家和行为遗传学家又一次可以提供指导了。传统社会中抚养儿童的方式和我们祖先的方式差不多，孩子们几乎不会遇到校园犯罪。在那样的社会中，很少有人因为天生的性格使他们极难融入社会而做出违法行为。如今我们将不能社会化的人称为精神变态者。自然选择对人类的"设计"是，人类能够有良知、有同情心、利他且负责，能够为集体的生存出一份力。与语言本能一样，社会化的倾向需要在童年早期被塑造和强化。进行狩猎和采集活动的人类祖先拥有较大的家庭，很多成年人和年长的孩子会帮助教养年幼的孩子。我们可以推想这种方式通常是很成功的。现代的年轻夫妻，没有经验，没有受过训练，却要靠自己来承担起这种最需要技能的人类责任。我们可以料想到失败率会比较高。单亲妈妈通常自己就不成熟，不能很好地适应社会生活，而且往往生活很困苦。如果由她们来承担教养责任，失败率一定非常高。在美国被监禁的违法者、少女妈妈、高中辍学者、离家出走的青少年以及青少年杀人犯中，有 2/3 是单亲妈妈抚养长大的。

进化心理学家并不是要告诉我们，从生理学上看，犯罪是天生注定的，而是正相反。行为遗传学家从来没有确定任何"犯罪基因"，尽管他们确定了一些会使儿童很难实现社会化的遗传性格特质。对于当今这个最大的社会问题，进化心理学和行为遗传学的研究并没有宣扬宿命论，而是提出了希望。我们应该把被关押在美国监狱里的 130 万人看成是无辜的婴儿，其中有些人非常顽劣，但大多数人是普通人，如果当初他们拥有更好的成长环境的话，几乎所有犯人都本可以被塑造成守法的公民、友善的朋友和邻居。

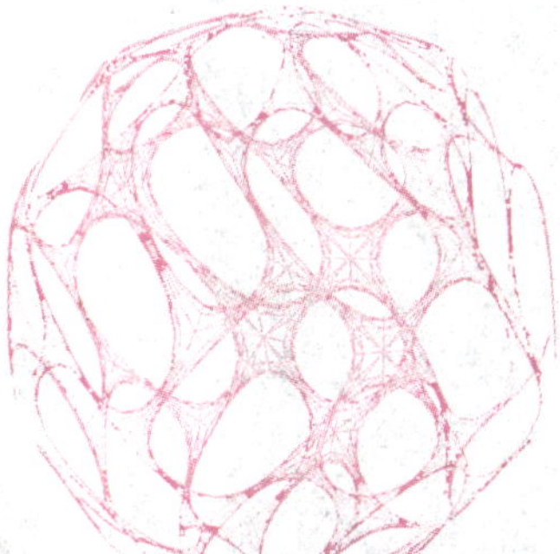

每一种长期存在的意识形态和生活方式都包含着一些智慧和洞见，这些智慧和洞见体现了如何抑制自私、增加合作、最终促进人类繁荣。
——《道德心理学与对宗教的误解》

EVERY LONGSTANDING IDEOLOGY AND WAY OF LIFE CONTAINS SOME WISDOM, SOME INSIGHTS INTO WAYS OF SUPPRESSING SELFISHNESS, ENHANCING COOPERATION, AND ULTIMATELY ENHANCING HUMAN FLOURISHING.

18

MORAL PSYCHOLOGY AND THE MISUNDERSTANDING OF RELIGION

道德心理学与对宗教的误解

Jonathan Haidt
乔纳森·海特
弗吉尼亚大学心理学家
著有《象与骑象人》（*The Happiness Hypothesis*）

我从我所能找到的各个角度对道德进行研究。道德是人性最基本的方面之一，但我们无法将道德归入某一两个学术领域中。我认为道德是独一无二的，但它具有一种掩饰自己的法术。人们都对道德充满了热切的关注，很难客观地看待它。我们都会透过某种道德“眼镜”来看世界，大多数学术团体也在使用同样的“眼镜”。我们以扭曲的视角验证对方扭曲的观点。我认为在一些有关宗教的新的科学论著中，这个问题尤其严重。

1987 年，当我开始在宾夕法尼亚大学读研究生时，发展心理学似乎掌握着心理学领域中研究道德的权利。每位发展心理学家要么运用劳伦斯·科尔伯格（Lawrence Kohlberg）的观点及他对孩子提出两难问题的方法（比如海因茨应该偷药来救他妻子的命吗？），要么对他的方法和观点提出批评。每个人都在研究儿童对道德概念的理解如何随着经历而发生了改变。然而，我认为20世纪90年代出版的两本书使学者们对道德的跨学科研究的兴趣开始高涨，由此产生了新的理论整合。这在很大程度上与1975年爱德华·威尔逊的预测是相符的。

其中一本书是1994年出版的安东尼奥·达马西奥的《笛卡儿的错误》。大量读者从这本书中得知可以用当时的新技术——功能性磁共振成像来研究道德，由此得知道德和理性本身都取决于前额叶中情绪神经回路的相应功能。另一本书是两年后出版的弗兰斯·德·瓦尔（Frans de Waal）的《好脾气》（*Good Natured*）。这本书提出在其他类人猿中也发现了人类道德的基本成分，道德是自然选择的产物，存在于高度社会性的灵长类动物中。这两本书出版时，正逢社会心理学家约翰·巴奇（John Bargh）发现人类大部分行为是由自动化的、无意识的心理过程引发的，甚至我们以为如无礼和利他等自己有意识控制的道德行为也是如此。

另外，达马西奥和巴奇都发现，与迈克尔·加扎尼加在数年前发现的一样，人们不由自主地会对自己无缘无故做出的行为进行马后炮式的分析。将这些理论发展结合在一起后，科尔伯格的道德心理学好像突然变成了是在研究狗摇尾巴，而不是在研究狗本身。如果道德的基本成分是在语言形成之前很久由自然选择塑造出来的，而且如果这些进化出来的结构的主要运作方式是通过给予我们情感，来形成自动化的行为，那么我们为什么要专注于人们在假设的道德困境中对自己的评判所做出的言语解释呢？

在我的毕业论文和其他早期研究中，我讲过一些小故事，故事的人物做出了某些令人厌恶的或无礼的行为，但这些行为完全是无害的，例如自己家的狗被车撞死后，家人把狗炖着吃了。我试图将厌恶情绪与对有害行为和个人权利的理性判断进行对比。

我发现，在我研究的所有群体中（巴西、印度和美国的被试），被试的反应中都是厌恶感占了上风，只有政治上属于自由派的大学生（尤其是美国学生）克服了他们的厌恶情绪，认为人们有权做他们想做的事情，只要不伤害其他人。

这些发现说明，情绪发挥的作用比认知发展心理学家所认为的更大，还说明不同文化间存在着重要的差异，研究者将关注点放在有关有害行为和个人权利的理性判断上可能是不恰当的，因为我们主要的研究对象和我们自己很相似，比如大学生以及大学周围私立学校中的孩子。他们的道德观不是美国道德观的代表，更不能代表整个世界。

因此在 20 世纪 90 年代，我开始思考情绪在道德判断中的作用，并阅读了达马西奥、德·瓦尔和巴奇的作品。我对跨学科的理论整合与融通感到无比兴奋。我写了一篇名为《情绪之狗与它的理性尾巴》（*The Emotional Dog and its Rational Tail*）的评论文章。这篇文章发表于 2001 年，一个月后乔希·格林（Josh Greene）在《科学》杂志上发表了他极具影响力的文章。格林用功能性磁共振成像技术证明，可以用大脑的情绪反应，而不是抽象的哲学原理来解释人们为什么认为不同形式的“电车困境”（在这个问题中，你必须在杀死一个人和让五个人死去之间进行选择）在道德意义上是不同的。

我关注的方面显然会有些偏颇，但在我看来，自从 2001 年起，道德心理学的时代思潮发生了改变。如今，大多数研究道德的人会阅读并写作有关情绪、大脑、黑猩猩、进化和推理的作品。这正是威尔逊在《社会生物学》（*Sociobiology*）中做出的预测：研究道德的旧方法，包括科尔伯格的方法，会被摒弃或被融入新方法中。新方法聚焦于大脑中的情绪中心，并把这些情绪中心看成是一种生物适应。威尔逊甚至说，这些情绪中心给予了人类道德直觉。之后道德哲学家会证明这种观点的合理性，并假装他们凭直觉就知道这些与人类心智的偶然性无关。

乔希·格林后来又发表了一篇论文，他用神经学的证据重新诠释了康德的道义论哲学，认为这是一种复杂的事后分析，证明我们对权利的本能情感以及对其他个体的尊重是合理的。我认为威尔逊应该得到更多的赞誉，因为他看透了道德的真正本质并神奇地预见到了道德心理学的未来。威尔逊、大卫·休谟(David Hume)和达尔文都是我顶礼膜拜的偶像。他们具有先见之明，促使人们将关注点放在道德情绪及其社会用途上。

最近我用 4 条原则对道德心理学领域中出现的这种新融合进行了总结。

1. 直觉具有主导地位，但它不具有独裁权。这个观点可以追溯到威廉·冯特（Wilhelm Wundt），而罗伯特·扎荣茨（Robert Zajonc）和约翰·巴奇传承了这个观点。这个观点认为，人们看到、听到周围的事物而产生的情感反应像连续不断的闪光驱动着人们的心理。

人类的大脑与其他动物的大脑一样，不断微调并试图加快对所有行为的中央决策：是趋近还是逃避。明白了这条原则后，我们才能理解为什么要对神经经济学及决策进行大量的功能性磁共振成像研究。对几乎所有事情，尤其是与道德相关的刺激，比如流言蜚语或晚间新闻，人们拥有具有情绪效价的直觉反应。相比之下，从本质上看，推理比较慢，需要几秒钟才能发挥作用。

对日常推理的研究显示，人们通常通过推理寻找证据，以支持自己在最初的几毫秒中做出的判断。不过我赞同乔希·格林的观点，那就是人们有时候能够运用可控的过程，比如用推理来推翻最初的直觉。我认为这种情况很少发生，或许在我们每周做出的几百个判断中，它只占 1% 或 2%。我也赞同马克·豪泽（Marc Hauser）的观点：需要进行大量的计算才能得出道德直觉。

豪泽和我在一个定义性的问题上存在较大分歧。这个问题是“认知”是否优于“情绪”。我从来不试图比较这两个术语，因为它们都属于认知。我认为非常重要的是直觉（直觉通常很快，而且带着情绪）与推理（推理通常比较慢，它是冷静而缺乏激情的）之间的比较。

2. 道德思维是为了社会生活。这是威廉·詹姆斯的实用主义格言“思考是为了行动”的翻版。基于对人类智能的最新研究，我对这句格言进行了更新。其中的基本理念是，人类进化出语言和推理，不是因为它们有助于我们找到真理，而是因为它们对我们有用。它们最大的益处包括声誉管理和操纵。

让我们来看一看当你想到不喜欢的政治家或当你和配偶发生小小争执的时候，你的意识流是怎样的吧。你就好像在准备出庭，推理能力被拉来应急，帮助你想出为自己辩护并攻击对方的论据。当我们对某件事没有直觉，且造成的结果也没有任何风险时，我们当然能够进行冷静客观的推理。但是道德上的分歧很少属于这种情况。正如大卫·休谟很久之前说过的，理性是激情的仆人。

3. 道德具有凝聚和构建作用。爱米尔·涂尔干（Émile Durkheim）对这个观点做出过最有力的阐述，他说道德就是一系列约束，将人们凝聚成一个自然形成的集合体。

涂尔干将关注点放在道德秩序对个人带来的益处上。在他的著作《自杀》（*Suicide*）中，涂尔干警告我们，自由和财富不可避免地会引发社会道德沦丧，形成危险的国家。在这样的国家中，规范是不明确的，人们觉得他们可以做任何想做的事情。

涂尔干没有谈到很多群体之间的冲突，但达尔文认为这类冲突可能推动了人类道德的进化。鼓励美德和自我牺牲的部落比较具有凝聚力，更有可能战胜自私的部落，从而使得这种特征变得更普遍。

当然这种简单的分析肯定会让人们质疑其中可能存在的搭便车问题[1]。乔治·威廉姆斯和理查德·道金斯曾对这个问题进行过非常有说服力的论述。不过在最近10年里，随着文化和宗教逐渐变成了道德演

[1] 搭便车问题是一种发生在公共财产上的问题。指一些人需要某种公共财产，但事先宣称自己并不需要，在别人付出代价去取得后，他们就可不劳而获地享受成果。——译者注

化探讨的核心，我认为学者们在辩论群体选择时的措辞已经发生了根本性的改变。

在后面我会更多地探讨群体选择。现在我只想表明，人类确实形成了紧密合作的群体，共同追求集体目标，惩罚骗子和懒汉。当与另一个群体发生冲突时，人们的这种做法最显著。正是道德使这一切成为可能。

4. 道德不只关乎伤害与公平。在道德心理学和道德哲学中，道德几乎总是与人们如何对待彼此有关。加州大学伯克利分校的心理学家埃利奥特·图列尔（Elliot Turiel）曾提出过一个非常有影响力的定义：道德指的是“从人们之间应该具有怎样的关系的角度，对公平、权利、福利提出的规范性评判”。

科尔伯格认为，所有的道德，包括关心他人的幸福，都源于公正心理学。卡罗尔·吉利根（Carol Gilligan）使人们相信“关心”的道德学具有不同的发展轨迹，它并非源于对公正的关注。

这样一来就存在着两种心理学体系，一种是关于公平公正的，另一种是关于关爱和保护弱小的。如果你去查看很多有关道德演化的书籍，就会发现大多数书籍只聚焦于这两种体系，它们对罗伯特·泰弗士（Robert Trivers）的互惠利他（解释公平）、亲缘利他和依恋理论进行长篇累牍的探讨，以解释我们为什么不愿意看到苦难，常常会照顾其他人的孩子。

然而，如果你试图将这两种基本的道德体系用于世界其他地区，你要么会失败，要么会成为普罗克汝斯忒斯[1]。大多数传统社会关注的远远不止是伤害/关爱和公平/公正的问题。为什么许多社会会从道德

[1] 普罗克汝斯忒斯是希腊神话中的人物。他有一种特殊的好客方式，每次有旅行者到他家，他都以最好的饭菜招待他们，然后让他们睡在一张特别的床上。为了达到完美，如果客人的身高比床长，他就砍掉客人的四肢，如果更短，他就拉伸客人的身体，从而使身体和床完美结合。——译者注

的角度深切地关注月经、食物禁忌、性，以及对老人和神明的尊敬？你无法把这些事情当作社会惯例一笔勾销。如果你想描述人类的道德，而不是受过教育的西方学者的道德，那么你必须引入涂尔干的观点，也就是道德在很大程度上是为了把人们凝聚在一起。

通过对人类学文献和进化论文献的综述，西北大学的克雷格·约瑟夫（Craig Joseph）和我得出了这样的结论：除了伤害/关爱和公平/公正之外，另外还有三个体系可以作为研究道德心理学的基础。这三个体系为内群体/忠诚、权威/尊重和纯洁/神圣。内群体/忠诚可能是从跨群体或子群体的竞争中发展出来的，它与乔·亨利希（Joe Henrich）所说的“联盟心理学”有关。权威/尊重可能是从灵长类漫长的等级制度历史中发展出来的，正如克里斯托弗·勃姆（Christopher Boehm）所描述的，文化对权力和恃强凌弱行为的限制使它发生了改变。纯洁/神圣是近期才出现的体系，源于人类独有的厌恶情绪，它似乎让人们感到某些生活和行为方式比其他方式更崇高、更高贵，而且不是那么庸俗。

约瑟夫和我将这些基础体系看成是丹·施佩贝尔（Dan Sperber）所说的“学习模块”的表达。学习模块是进化而来的模块化体系。在文化适应中，学习模块产生出大量更具体的模块，帮助儿童快速而自动化地识别出文化所强调的美德与邪恶的实例。例如，学者们对于性别歧视（与公平有关）非常敏感，但对亵渎神明则没有（与纯洁有关）。

美德是在社会中构建起来的，也是在社会中习得的，但进化了的人类心智为这些过程做出了准备并约束着这些过程。我们称上述三种基础体系为凝聚基础，因为由此产生的美德、管理和制度能够将人们凝聚在一起，形成等级化的、相互依赖的社会群体。这些群体试图规范群体成员的日常生活和个人习惯。我们将这三种凝聚基础与其他两种个人化基础（伤害/关爱和公平/公正）进行比较。个人化基础所产生的美德与惯例能够保护个体，使他们能够作为一个专注于自己目标的自主主体而过着和谐的生活。

我与弗吉尼亚大学的同事杰西·格雷哈姆（Jesse Graham）、布莱恩·诺赛克（Brian Nosek）设计了一项调查，目的是测量人们对这5种基础的赞同程度。我们收集了大约7 000人的数据，被调查者来自美国和其他西方国家。通过查看每一个样本，我们发现自称是自由主义者的人更倾向于赞同与两种个人化基础有关的道德价值观和陈述。而自称是保守主义者的人倾向于赞同与所有5种基础都相关的价值观和陈述。似乎道德领域中包含了更多的保守主义者。这种道德不只与吉利根的关爱、科尔伯格的公正有关，还关系到涂尔干的对群体忠诚、尊重权威，以及神圣不可侵犯的问题。

我希望你能把以上说法作为一种纯粹的描述性陈述而接受。你仍可以从规范的角度拒绝接受那3种凝聚基础。也就是说，你可以仍旧坚持认为内群体、权威和纯洁是古老的、危险的心理学体系，认为它们是法西斯主义、种族主义和同性恋恐惧症的心理基础。你也依旧可以认为自由主义者拒绝接受这些基础，用伤害/关爱和公平/公正的基础来构建他们的道德体系是正确的。

请再听我分析一下。非宗教的自由主义者的道德世界与宗教保守主义者的道德世界之间是有差异的。当然还存在其他许多群体，比如宗教左派和自由主义右派。但我认为说新宗教冲突中的主要参与者是非宗教的自由主义者和宗教保守主义者是很合理的。由于它们的冲突就是道德的冲突，所以我们应该可以运用前面提到的道德心理学领域中新整合的4条原则。

在下文中，我会理所当然地认为宗教是自然世界的一部分，因此可以用科学的方法进行研究。无论上帝是否存在（作为一个无神论者，我很怀疑他的存在），宗教信仰是与人类有关的一个非常重要的方面。将进化理论、发展心理学理论、神经心理学及人类学理论结合在一起，一定能够解释为什么人类的宗教习俗具有多种多样的形式，其中很多形式具有跨文化、跨时代的相似性。我也将理所当然地认为宗教原教旨主义者和大多数主张存在上帝的人，体现了道德心理学的前3条原则。

然而，由于新无神论者大谈科学的优点以及人人都应该是理性的，都应该用证据说话，因此我认为比较恰当的做法是采取比反对者的标准更高的标准。这些新无神论者的书籍是否最优化地塑造了科学头脑？或者它们是否揭示出普通人的行为基础是无神论者标准的道德心理学？

1. 直觉具有主导地位，但它不具有独裁权。理查德·道金斯的《上帝的错觉》（*The God Delusion*）和山姆·哈里斯（Sam Harris）的《给基督教国家的一封信》（*Letter To A Christian Nation*）中显然对宗教，尤其是对宗教原教旨主义者怀有强烈的情绪。考虑到这两位作者收到的攻击性信件，我不能责怪他们。道金斯和哈里斯的强烈情绪并不意味着他们错了，或者我们不能相信他们。一个仇恨奴隶制的人当然有可能在奴隶制方面做出很好的学问。

然而，强烈情绪的存在可以提醒我们，两位作者作为人类的一员，可能很难找到并公平地评价有违他们对宗教的直觉的证据。我们可以让道金斯和哈里斯对宗教提起诉讼，他们很擅长这样做，但如果读者想要评判宗教，那么我们必须找到一位辩护律师，至少必须让被告能够发言。

2. 道德思维是为了社会生活。这里被认为是科学工作者与普通大众相区别的地方。普通人（一旦被情绪推动）进行道德推理是为了找到为自己辩护或攻击别人的依据，而不是为了找到真理。普通人会攻击对手的动机和品质，因为这样做是有利的。与之相对，科学家将实验证据尊为至高无上的权威，避免感情用事的辩论。人们把科学比喻为发现之旅，而不是战争。然而当我阅读新无神论者的书籍时，我几乎看不到新的彼岸。相反，我看到的是“尸横遍野的战场”，到处都是假想敌的尸体。在这里我列举三个假想敌：

A. 新无神论者将宗教看成是关于世界的一些信念，其中许多信念绝对是错误的。然而研究宗教的人类学家和社会学家强调的是宗教仪式和宗教团体的作用，并没有强调上帝创世或生死轮回等信念。

B. 新无神论者假定信教者，尤其是原教旨主义者，是从字面意义上来理解宗教经典的。然而对原教旨主义团体，有人种学研究显示，即使当这些人宣称自己忠实于《圣经》的原文时，他们其实具有相当的灵活性，会有选择地利用《圣经》来为人性辩护或者忽略它。他们常常会利用《圣经》对复杂的社会情境做出相当与时俱进的回应。

C. 新无神论者都会考察有关宗教的最新研究并得出结论，认为宗教是进化的副产品，而不是一种适应。他们将宗教情感比作飞蛾扑火，比作被寄生虫绑架了头脑的蚂蚁以及人类社会中无处不在的感冒病毒。否认宗教是一种适应有利于他们证明宗教对人们有害，哪怕人们不这样认为。

我非常赞同这些作者对帕斯卡尔·波伊尔（Pascal Boyer）和斯科特·阿特兰（Scott Atran）的称赞。波伊尔和阿特兰证明对超自然存在的信仰确实是认知系统的一种意外产物，否则认知系统应该可以很好地分辨目标和手段。然而即使信仰上帝最初只是一个副产品，但只要这类信仰具有行为结果，那么自然选择似乎会对表型变异[1]产生作用。一些个人和群体会设法（通过遗传方法或文化方法，或者两者都有）以对自己有利的方式来运用对神的信仰，例如将信仰作为一种承诺机制，提升合作、信任与相互帮助。自然选择似乎倾向于支持这样的个人和群体。

[1] 表型变异表现在基因型相同的个体因外部环境条件状况的不同而可以形成不同的表型。——译者注

3. 道德具有凝聚和构建作用。道金斯明确地提出他的目标就是发起一项运动，以增强人们的意识，用论据将无神论者武装起来。在与信徒的战斗中，他们会需要这些论据。为了将人们团结在一个目标下，第一个关键步骤是把“我们”标榜为正直、有道德的，而把敌人贬斥为邪恶、堕落的。这种方式在新无神论者的书中比比皆是。第二个关键步骤是揪出“我们”之中的叛徒，惩罚或羞辱他们。在新无神论者的书中也出现了一些这种情况。那些为宗教的实用性进行辩护的无神论者、主张应该将科学与宗教分开对待或者

应该改善科学与宗教的关系的无神论者，被比作了姑息希特勒的亚瑟·内维尔·张伯伦（Arthur Neville Chamberlain）。

在我看来，道金斯的立场很具有讽刺意味，因为在彻底排斥群体选择的同时，他揭示出了一种宗教的正统观念。戴维·斯隆·威尔逊（David Sloan Wilson）用进化分析对道金斯的宗教观点（主要与群体凝聚力有关）进行了补充。他提出宗教是进化历史中引导人们渡过“重大变迁”的导管。

道金斯、乔治·威廉姆斯以及大多数群体选择论的批评者，承认自然选择对群体的作用类似于对个人的作用，而且从原则上看，有可能存在群体选择。然而道金斯是以威廉姆斯的论点为依据的。威廉姆斯认为个人层面上的选择压力其实始终比群体层面上的选择压力更大。道金斯认为之所以出现道德演化，是因为高尚的群体在竞争中能够胜过自私的群体，但搭便车现象削弱了道金斯观点的力量。

然而在《达尔文的大教堂》（*Darwin's Cathedral*）一书中，威尔逊提到文化，尤其是宗教改变了威廉姆斯的分析中的变量。宗教及相关的仪式大大增加了背叛的成本（通过惩罚和排斥实现），增加了个人对群体目标的贡献（通过可以增加信任的文化与情感机制实现），使群体之间的生物界限和文化界限更加分明。最近的研究发现，遗传进化发挥作用的速度比我们之前认为的更快。另外皮特·理查森（Pete Richerson）和罗勃·博伊德（Rob Boyd）有关文化群体选择的著作受到了广泛的尊重。这些事实突然使对群体选择的一致反对变得不合时宜了。

我们该重新检视这个问题了。然而，道金斯在采访中将群体选择说成是“异端邪说”，并且在《上帝的错觉》中没有任何理由地摒弃了群体选择。在书中他提到了威廉姆斯对搭便车者的反对，并认为宗教是绕过威廉姆斯的反对的一种方法。他承认达尔文相信群体选择，然后继续论述他的观点。没有任何理由地排斥一种可信的立场并称之为异端邪说，是标准的道德思维的特点，完全不是科学思维。

4. 道德不只关乎伤害与公平。在《给基督教国家的一封信》中，山姆·哈里斯提出了一个自由主义者对道德的标准定义：“道德的问题是有关幸福与苦难的问题。在某种程度上，我们的行为能够对其他生物产生积极或消极影响的说法是适用于道德问题的。”他接下来写道，从字面上来理解，《圣经》和《古兰经》是不道德的书籍，因为它们的主要内容不是关于幸福和苦难的，在很多方面它们倡导伤害人民。

阅读哈里斯的书就像在观看职业摔跤或花式篮球赛。它非常有趣，充满了巧妙的手法，但肯定不会被人误以为是真正的对抗。如果我们想看到宗教道德与非宗教道德之间公平的对抗，那便不能在比赛开始前就通过定义来消除对抗。以下是我对道德的定义，它使双方都有机会阐明自己的立场：

> 道德体系将各种价值观、惯例、制度和进化了的心理机制交织在一起。这些价值观、惯例、制度和进化了的心理机制共同作用，抑制或控制了自私，使社会生活成为可能。

在研究中，我发现文化抑制并控制自私的方式通常有两种，对于什么是社会及社会应该如何运作存在两种观点。我称它们为契约方法和蜂巢方法。

契约方法将个人看成是价值的基本单元。社会生活的根本问题是人们经常会彼此伤害，因此我们创造出含蓄的社会契约和明确的法律，以形成公平、自由和安全的社会。在这样的社会中，个体可以根据自己的选择，追求自己的志趣，发展自我，发展人际关系。

正如哈里斯所说，也正如约翰·斯图尔特·密尔（John Stuart Mill）所说，道德关乎幸福与苦难，因此为了让幸福最大化、让苦难最小化，契约主义者会随着情况的变化，不断尝试调整法律，重新发明制度并扩展新的权利。为了建立契约化的道德，需要的是两种个人化基础，也就是伤害 / 关爱、公平 / 公正。其他三种基础以及在此基础上建立起来的宗教，与最高指导原则是相冲突的。最高指导原则是，只要不伤害其他人，就应该让人们做出自己的选择。

与之相反，蜂巢方法将群体及群体的领域作为价值的基本来源。单个蜜蜂成百上千地出生并死去，但蜂巢能够存在很长时间。每个个体对群体的成功都发挥着一定的作用。社会生活的根本问题是来自外部的攻击以及来自内部的颠覆破坏。其中任何一个问题都可能导致蜂巢的毁灭，因此所有个体必须团结起来，承担自己的职责并愿意为集体做出牺牲。蜜蜂不必学会人类孩子那样的行为方式。这就是为什么文化保守主义者将注意力主要集中在学校和家庭中发生的事情上，以及媒体上。

保守主义者对人性的看法通常比自由主义者更悲观。他们更有可能相信，如果家长放手不管，让孩子们自由成长，那么他们会长成肤浅散漫、以自我为中心的人，他们的目标只是寻求愉悦。文化保守主义者努力发展基于三种凝聚性基础（内群体 / 忠诚、权威 / 尊重、纯洁 / 神圣）和基于两种具有普适性的个人化基础的道德德行。蜂巢方法的理想不是自由最大化的世界，而是秩序与传统的世界。在这样的世界中，人们被共同的道德准则团结在一起，他们可以相信彼此会履行各自的职责，这些职责具有相互依赖的关系。这样的世界具有很高的社会资本，很少出现道德沦丧的情况。

你可能觉得契约社会显然更好，它是现代的、富有创造力的，也是自由的。而蜂巢社会带有封建主义、法西斯主义和父权制的气息。作为一个不信教的自由主义者，我赞同在如今越来越多元化的现代国家中，像西欧那样的契约社会最有希望使人们能够和平地生活在一起（尽管对于欧洲是否能解决好它当前的多元化问题，我们依然拭目以待）。

我只是想表明，我们应该让契约主义者暂时停下来了。长期以来的调查显示，在美国，与不信教的人相比，有宗教信仰的人，在慈善上更慷慨，对彼此更大方。在欧洲大多数这类效应也有记载。如果你相信道德关乎幸福和苦难，那么我认为你就有责任仔细查看一下信教者实际的生活方式，问一问他们的哪些做法是对的。

不要基于对《圣经》和报纸的肤浅阅读就排斥宗教。宗教团体是否有可能让我们对人类的繁荣形成更深刻的洞悉？它们是否能传授给我们一些经验，以改善社会福祉，甚至是契约社会中的福祉。

你不能用新无神论来引导你学习这些经验。新无神论者对文献的评论带有偏见，他们得出的结论是没有任何很好的证据可以证明宗教的益处，除了对健康的益处。以下是丹尼尔·丹尼特在《破除魔咒》（*Breaking the Spell*）中对宗教是否会显露出人类最好的一面的论述：

> 或许调查会显示无神论者及不可知论者更尊重法律，对他人的需求更敏感，或者比信教的人更有道德。当然，至今还没有一项可靠的调查显示出相反的结果。支持宗教的最好的理由可能是，它有助于某些人可以达到在浅肤色黑人身上常能看到的那种道德水平。如果你觉得这种猜想令人不快，那么你应该调整你的视角。

第二句和第四句话体现出了通常的道德思维，而不是科学思维。在第一句中，丹尼特认为肯定没有这样的证据，虽然几十年来的调查显示，宗教是慈善捐助很有力的一个预测因素。最近阿瑟·布鲁克斯（Arthur Brooks）分析了这些数据并得出结论，信教者的慷慨不只限于宗教慈善机构。

信教者比不信教者为非宗教的慈善机构及其邻居捐助了更多的金钱。他们献的血更多，为慈善活动投入的时间也更多。哪怕你说这是因为他们更多地投入了政府的福利项目，以此为不信教的自由主义者开脱，也很难解释为什么不信教的自由主义者献的血那么少。布鲁克斯的结论是，信仰宗教能够大大增加人们的各种形式的捐赠，而保守主义的意识形态只有很小的促进作用。

这些数据很复杂，它们或许可以被解释成另一种样子。但是此刻丹尼特似乎在文献的阅读上犯了错误。无神论者可能具有其他许多优点，但在对道德行为最没有争议、最客观的衡量指标上（为需要帮助的人贡献时间、金钱和鲜血），信教者显然优于不信教者。

我并不认为非宗教的自由主义社会应该为了功利目的而倡导宗教和保守主义，以期望增加幸福、慈善、社会资本并让人们更长寿。如此一来，太多有价值的权利会受到威胁，太多人会遭到排挤。社会是如此复杂，这样的社会工程不可能只得到你想得到的结果。我的观点是，每一种长期存在的意识形态和生活方式都包含着一些智慧和洞见，这些智慧和洞见体现了如何抑制自私、增加合作、最终促进人类繁荣。

然而一旦产生了敌意，甚至是科学工作者都极难发现这些智慧。一种激进的无神论观点主张支持科学，鼓励"浅肤色的黑人"起来反抗宗教，这或许能促进无神论。但是，这样做也许会产生事与愿违的效果，使宗教的科学研究被道德教条所玷污，并由此进一步损害了科学的声誉。

海特的作品《象与骑象人》中文简体字版已由湛庐文化策划，浙江人民出版社出版。——编者注

译者后记

这本书的关键词应该是“心智”和“Edge”。这里有最前沿的观点和最顶尖的学者。Edge 是学术大咖们的游戏场，跨学科的新锐思想在这里碰撞出无数火花。

Edge 的理念是：“寻找最复杂、最深邃的头脑，将他们汇聚起来，交流彼此的困惑与答案，从而抵达全球知识的最前沿。”Edge 成立于 1996 年，最初只有网络版本。它将科学家、艺术家、哲学家、技术专家以及处于当今知识、科技和科学领域中心的企业家聚集一堂，产生出许多最新锐的观点。将有关心智的新锐观点结集成册便有了这部著作。这里的心理学大腕都是心理学各个分支中最著名的学者，很多人的名字对中国普通读者来说也耳熟能详。比如哈佛大学的史蒂芬·平克教授，2004 年他被《时代周刊》评选为世界上最有影响力的 100 人之一，2005 年又被评选为最著名的 100 名公共知识分子之一。再比如斯坦福大学心理学家菲利普·津巴多，他在 1971 年实施了当年在社会心理学领域颇具先锋性的监狱实验。由于津巴多教授 40 多年来在心理学研究与教学上的杰出贡献，美国心理学会特向他颁发了终身成就奖。可以说这本书的观点都来自这样的牛人们。

除了提供观点的人非同凡响之外，这本书极具价值的另一个原因是，它涉及心理学领域的各个方面，能够解答人们对心理奥秘的诸多困惑，比如幸福是什么？如何获得幸福？人格是如何形成的？好人为什么会作恶？寄生虫对人类的行为有什么影响？等等。翻开一章就像打开一扇通向不同世界的门。不过这对译者来说真是有点痛苦，每开始一章，就要重新开始熟悉作者的语言风格和观点。常言道，万事开头难，翻译这本书就好像在不断从头开始翻译一本新书。由于书中涉及的领域比较多，因此对译者的专业要求也比较高。有些领域的确是我很少涉足的，虽然我已尽心尽力，但也难免存在不尽如人意的地方，还请藏龙卧虎的读者们批评指正。最后，在此对翻译过程中给予我大量支持与帮助的黄宁、王鹏、巩樱、崔凯、范文斌以及曲晓东表示由衷的感谢！

未来，属于终身学习者

我这辈子遇到的聪明人（来自各行各业的聪明人）没有不每天阅读的——没有，一个都没有。巴菲特读书之多，我读书之多，可能会让你感到吃惊。孩子们都笑话我。他们觉得我是一本长了两条腿的书。

——查理·芒格

互联网改变了信息连接的方式；指数型技术在迅速颠覆着现有的商业世界；人工智能已经开始抢占人类的工作岗位……

未来，到底需要什么样的人才？

改变命运唯一的策略是你要变成终身学习者。未来世界将不再需要单一的技能型人才，而是需要具备完善的知识结构、极强逻辑思考力和高感知力的复合型人才。优秀的人往往通过阅读建立足够强大的抽象思维能力，获得异于众人的思考和整合能力。未来，将属于终身学习者！而阅读必定和终身学习形影不离。

很多人读书，追求的是干货，寻求的是立刻行之有效的解决方案。其实这是一种留在舒适区的阅读方法。在这个充满不确定性的年代，答案不会简单地出现在书里，因为生活根本就没有标准确切的答案，你也不能期望过去的经验能解决未来的问题。

湛庐阅读APP：与最聪明的人共同进化

有人常常把成本支出的焦点放在书价上，把读完一本书当作阅读的终结。其实不然。

时间是读者付出的最大阅读成本
怎么读是读者面临的最大阅读障碍
“读书破万卷”不仅仅在“万”，更重要的是在“破”！

现在，我们构建了全新的 “湛庐阅读”APP。它将成为你“破万卷”的新居所。在这里：

- 不用考虑读什么，你可以便捷找到纸书、有声书和各种声音产品；
- 你可以学会怎么读，你将发现集泛读、通读、精读于一体的阅读解决方案；
- 你会与作者、译者、专家、推荐人和阅读教练相遇，他们是优质思想的发源地；
- 你会与优秀的读者和终身学习者为伍，他们对阅读和学习有着持久的热情和源源不绝的内驱力。

从单一到复合，从知道到精通，从理解到创造，湛庐希望建立一个“与最聪明的人共同进化”的社区，成为人类先进思想交汇的聚集地，与你共同迎接未来。

与此同时，我们希望能够重新定义你的学习场景，让你随时随地收获有内容、有价值的思想，通过阅读实现终身学习。这是我们的使命和价值。

湛庐阅读APP玩转指南

湛庐阅读APP结构图:

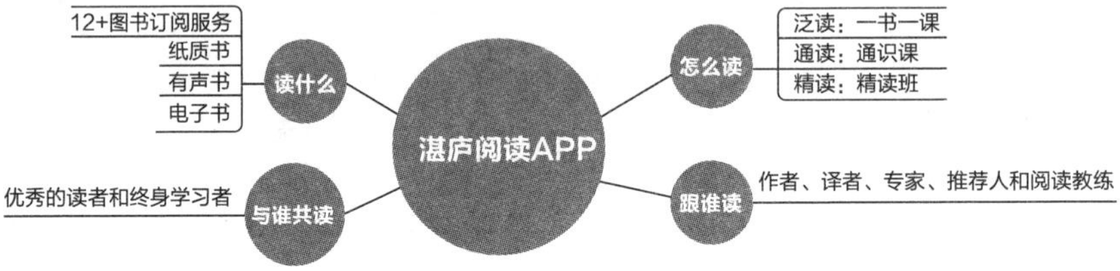

三步玩转湛庐阅读APP:

读一读

湛庐纸书一站买，
全年好书打包订

听一听

泛读、通读、精读，
选取适合你的阅读方式

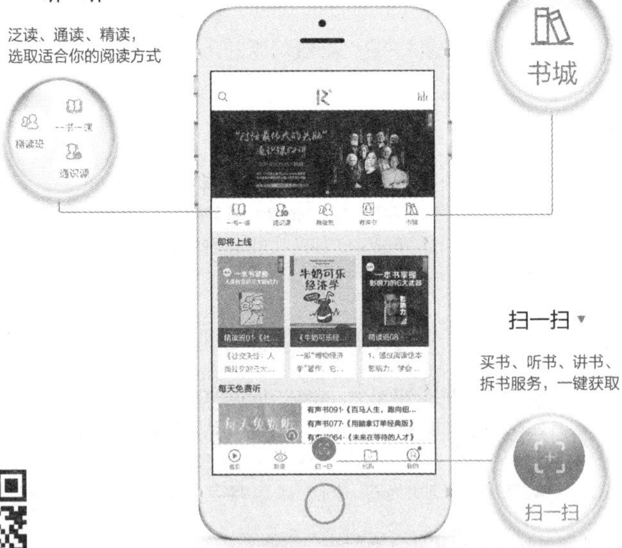

扫一扫

买书、听书、讲书、
拆书服务，一键获取

APP获取方式：
安卓用户前往各大应用市场、苹果用户前往APP Store
直接下载“湛庐阅读”APP，与最聪明的人共同进化！

使用APP扫一扫功能，
遇见书里书外更大的世界！

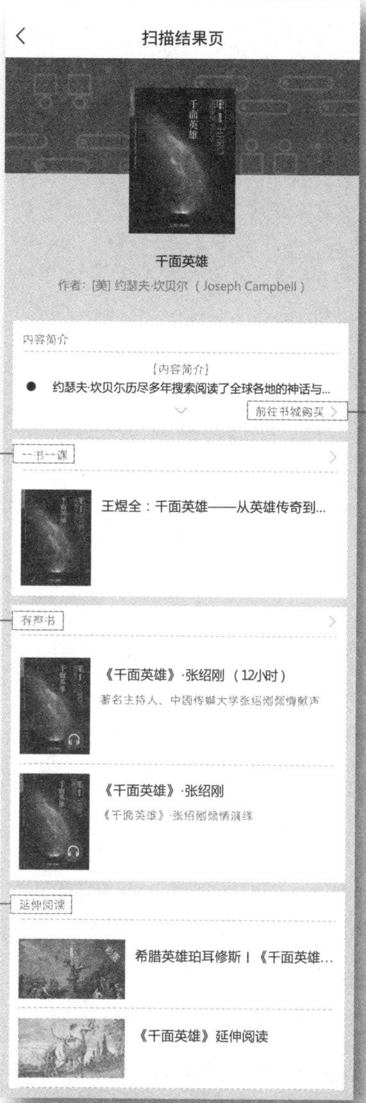

快速了解本书内容，
湛庐千册图书一键购买！

大咖优质课、
献声朗读全本一键了解，
为你读书、讲书、拆书！

你想知道的彩蛋
和本书更多知识、资讯，
尽在延伸阅读！

延伸阅读

《当下的启蒙》

使用"湛庐阅读"APP，
"扫一扫"获取本书更多精彩内容
ISBN 978-7-213-08983-1

◎ 史蒂芬·平克对当前世界进行了全景式的评述，让读者了解人类状况的真相，人类面临怎样的挑战，以及该如何应对这些挑战。他呼吁我们避开惊悚的头条新闻和灰暗的末日预言，相反，用数据说话：通过 75 幅震撼的图表，平克论证人类的寿命、健康、食物、和平、知识、幸福等都呈向上趋势，这种趋势不仅限于西方，而是遍及全世界。这是启蒙运动的礼物——理性、科学和人文主义促进了人类的进步。

◎ 我们该如何寻找生活的意义和目的？ 300 年来，启蒙运动理念取得了辉煌胜利，这个伟大故事却很少有人提起。平克分析了伟大进步的原因，将拯救几十亿生命的无名科学家展示出来，雄辩地证明：通过理性和同情来促进人类的繁荣，本身就是人生的意义。

《思想本质》

使用"湛庐阅读"APP，
"扫一扫"获取本书更多精彩内容
ISBN 978-7-213-06799-0

◎ 一扇进入人类心智的窗户。

◎ 一次针对语言与思想之间的关系深刻的论述。

◎ 一些令人信服、生动有趣的例证。

◎ 一场思想之本质的探索之旅。

《心智探奇》

使用"湛庐阅读"APP，
"扫一扫"获取本书更多精彩内容
ISBN 978-7-213-07026-6

◎ 解答"什么是智能"这一深刻问题，破解机器人难题。

◎ 详细剖析心智的四大能力，解读"心智如何工作"。

◎ 一扇窥视人类心智活动神奇与奥秘的窗户。

◎ 一场探索心智本质的奇幻之旅。

《表象与本质》

使用"湛庐阅读"APP，
"扫一扫"获取本书更多精彩内容
ISBN 978-7-213-08987-9

◎《表象与本质》深刻地丰富了我们对心智的理解，它带领读者进入语言、思想和记忆的各种丰富多彩的情境中去，逐步揭示出完全隐藏的认知机制，这些机制总是处于不断地变化之中，在这些认知机制里还发现了一个不变的核心——我们总是无意识地联系过往经验去做类比。本书对我们的思考提出了一个彻底而且令人震惊的新解释。

◎ 人类大脑中的每个概念都源于多年来不知不觉中形成的一长串类比，这些类比赋予每个概念生命，我们在一生中不断充实这些概念。大脑无时无刻都在作类比。类比，就是思考之源和思维之火。

图书在版编目（CIP）数据

浙江省版权局
著作权合同登记章
图字：11-2016-25号

心智 /（美）约翰·布罗克曼编著；黄珏苹，邓园，欧阳明亮译．—杭州：浙江人民出版社，2019.4
书名原文：The Mind
ISBN 978-7-213-09220-6

Ⅰ．①心… Ⅱ．①约… ②黄… ③邓… ④欧… Ⅲ．①心理学 Ⅳ．① B84

中国版本图书馆 CIP 数据核字（2019）第 047945 号

上架指导：心理学 / 思想前沿

心智

［美］约翰·布罗克曼 编著
黄珏苹 邓园 欧阳明亮 译

出版发行：浙江人民出版社（杭州体育场路 347 号 邮编 310006）
市场部电话：（0571）85061682 85176516
集团网址：浙江出版联合集团 http://www.zjcb.com
责任编辑：方 程
责任校对：戴文英
印 刷：河北鹏润印刷有限公司
开 本：720mm×965mm 1/16 印 张：18
字 数：266 千字
版 次：2019 年 4 月第 1 版 印 次：2019 年 4 月第 1 次印刷
书 号：ISBN 978-7-213-09220-6
定 价：79.90 元